高职高专国际商务专业系列教材

U0623179

国际贸易实务

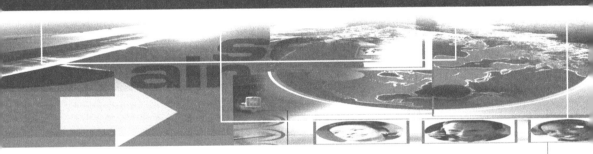

顾　问/薛荣久　　主　编/刘红燕　　副主编/李家龙　朱　彤　马　勇

重庆大学出版社

内容提要

本书共分 11 章,从国际贸易实务的概述开始,详细介绍了国际贸易的全部业务流程。全书以国际贸易理论和政策为依据,以国际贸易法律,特别是《联合国国际货物销售合同公约》和国际贸易惯例为线索,结合国际贸易业务的实践,对国际货物买卖合同各项条款、合同的磋商、签订和履行以及当代国际贸易中常用的贸易方式进行了全面系统的介绍。

本书作为高职高专国际商务专业或其他经贸类专业的学生教材,也可作为国际商务从业人员的学习培训用书。

图书在版编目(CIP)数据

国际贸易实务/刘红燕主编. —重庆:重庆大学出版社,2006.7(2021.8 重印)
(高职高专国际商务专业系列教材)
ISBN 978-7-5624-3692-8

Ⅰ.国... Ⅱ.刘... Ⅲ.国际贸易—贸易实务—高等学校:技术学校—教材 Ⅳ.F740.4

中国版本图书馆 CIP 数据核字(2006)第 069611 号

高职高专国际商务专业系列教材
国际贸易实务
顾　问　薛荣久
主　编　刘红燕
副主编　李家龙　朱　彤　马　勇
责任编辑:马　宁　何建云　　版式设计:马　宁
责任校对:任卓惠　　　　　　责任印制:张　策

*

重庆大学出版社出版发行
出版人:饶帮华
社址:重庆市沙坪坝区大学城西路 21 号
邮编:401331
电话:(023) 88617190　88617185(中小学)
传真:(023) 88617186　88617166
网址:http://www.cqup.com.cn
邮箱:fxk@ cqup.com.cn(营销中心)
全国新华书店经销
POD:重庆新生代彩印技术有限公司

*

开本:720mm×960mm　1/16　印张:18.25　字数:332 千
2006 年 9 月第 1 版　　2021 年 8 月第 4 次印刷
ISBN　978-7-5624-3692-8　定价:49.00 元

本书如有印刷、装订等质量问题,本社负责调换
版权所有,请勿擅自翻印和用本书
制作各类出版物及配套用书,违者必究

编委会

顾　问　薛荣久（对外经济贸易大学教授、博士生导师）

主　任　刘红燕（深圳职业技术学院副教授、博士）

　　　　陈科鹤（广西国际商务职业技术学院副教授、系主任）

副主任　蒋　琳　李国冰　卢永忠　刘冰涛
　　　　谢晋洋

委　员　黄志平　侯贵生　李小红　姜　洪
　　　　唐友清　李秀平　刘　靖　雷裕春
　　　　李玫宇　韦海燕　李晓璇　江运芳

序言

　　进入 21 世纪以来,随着经济全球化的深入发展,世界经济贸易发生了巨大变化,特别是我国加入WTO 后的权利与义务,也对我国的国际经济贸易环境产生了深远影响,也对我国的人才素质和知识结构提出了更高的要求。对我国高等职业教育提出了要求:如何跟上我国国际经济贸易的迅速发展?如何为我国培养出合格的、综合型和实用性的国际商务职业人才?

　　高职高专教育是我国高等教育的重要组成部分,担负着为国家培养输出生产、建设、管理和服务第一线技术应用型人才的重任。进入 21 世纪后,高职高专教育的改革和发展呈现出前所未有的发展势头,在校学生数量和毕业数量已占我国高等教育的半壁江山,成为我国高等教育的一支重要的生力军;"以就业为导向"、"够用、适用"、"订单式培养"的办学理念成为高等职业教育改革与发展的主旋律。

　　为适应我国开放型经济和高等职业教育的发展要求,必须加强高职高专院校的教学改革和教材建设。为了进一步提高我国高职高专的教材质量,重庆大学出版社在全国范围内进行了深入的调研,2005年 8 月在昆明组织了 10 多所在国际商务专业方面有丰富办学经验的高职高专院校的专家和一线骨干教师,就该专业的系列教材在书目品种、结构内容、编写体例等多个方面进行了科学严格的论证。

在重庆大学出版社精心策划下，经过与会者的共同努力，我认为本套系列教材具有如下的亮点：

第一，全新的课程体系。本套系列教材是根据岗位群的需要来规划、设置而编写的。

第二，立体化的教材建设。课程突出案例式教学以及实习实训的教材体系，并配套推出电子教案，为选用本系列教材的老师提供电子教学支持。

第三，突出实用性。参与本套教材编写的教师均具有多年的国际贸易实践经验和长期从事教学和研究工作的经历。在教材编写中力求把二者结合起来，做到实用，使学生较好地掌握实际操作本领，使得"实务"课程真正体现"务实"。

第四，内容体现前沿。本套系列教材反映了国际商务的最新研究成果和规范。教材内容既能满足高职高专国际商务专业学生培养目标的需要，又能满足培养具有外贸实务操作、业务外语交流、熟悉电子商务技术等具有较强业务能力的复合型人才的需要。

本人1964年从北京对外贸易学院（对外经济贸易大学前身）研究生毕业，留校至今，一直从事国际贸易的教学与研究。对我国的国际贸易教育与研究一直积极支持。2005年8月重庆大学出版社邀我参加"国际商务高职高专系列教材"编写会议，就这套教材编写应考虑的国际商务发展背景、教材定位、书目品种、结构内容、编写体例发表了意见，还就已经编写出的教材大纲发表了修正建议，与参会的老师进行了交流。

　　此外,重庆大学出版社邀我担任这套系列教材的主审,对此盛情我婉言谢绝。主要理由是我没有履行主审任务的时间。因为我一直担任本科、硕士研究生和博士研究生的教学,还承担教育部"211"重大课题《国际经贸理论通鉴》的总主编工作,此外,还有一些社会活动,没有时间从事这套系列教材的主审,但可为它作序。

　　总之,我相信,在重庆大学出版社精心策划下,在全体编写老师和编审委员会的共同努力下,一套内容新、体系新、方法新、工具新的符合我国国际商务发展需要的"国际商务高职高专系列教材"已基本成型,其中有的教材已被教育部列为普通高等教育"十一五"国家级规划教材。相信本套系列教材能够满足国际商务教学和高等国际商务职业人才培养的需要。

对外经济贸易大学教授、博士生导师

2006 年 7 月 13 日

目录 CONTENTS

第1章
国际贸易实务概述

【本章导读】

进入 21 世纪,世界市场的日益扩大,国际贸易迅猛发展,随着全球经济的一体化和中国加入WTO 所带来的中国经济的发展变化,国际贸易日益成为我国经济的重要组成部分,今天每个人都面对着国际贸易所带来的产品和消费格局的变化,在我们的工作和生活中都离不开国际贸易的内涵。因此,学习和了解国际贸易的有关知识是十分必要的。本章作为本教材的开篇,将分别介绍和概述国际贸易实务课程的入门知识、国际贸易的有关概念、国际贸易中进出口业务的运作程序以及作为本教材的核心内容——贸易合同的主要条款。

1.1 国际贸易实务的主要内容

国际贸易实务是一门专门研究国际间商品交换的具体过程的学科。它是一门具有涉外活动特点、实践性很强的综合性应用科学;它涉及国际贸易理论与政策,国际贸易法律与惯例、国际金融、国际市场营销、国际运输与国际保险等学科的基本原理与基本知识的运用。

国际贸易实务,又称对外贸易或进出口业务。它有广义和狭义之分:广义的国际贸易实务(又称现代贸易)包含国际货物买卖、加工贸易、租赁贸易、技术贸易和劳务输出业务等;狭义的国际贸易实务(又称传统贸易)是国际间的货物买卖,即营业地在不同国家的当事人之间的货物买卖。

1.1.1 国际贸易实务研究的对象和内容

国际贸易实务这门课程研究的对象和内容主要是:

1)国际贸易法律与惯例

国际贸易实务需要在一定的法律规范下开展。只有这样,才能保证国际贸易持久、有序地健康发展,才能保证贸易商的权益不受侵害。因此,国际贸易法律与惯例是开展国际贸易实务的基本条件,掌握各国的法律、国际条约和国际惯例这三个方面的知识是完全必要的。

2)国际贸易条件

贸易商为了实现各自的经济目的,在贸易中必然要提出一系列贸易条件。国际贸易是围绕这些贸易条件进行的,因此,贸易条件是国际贸易实务活动的基本内容。

对于每一笔交易来说,贸易商除了要运用国际贸易术语来确定贸易条件外,还要确定以下几个方面的交易条件:

①商品条件。这方面包括商品品名和品质、数量、包装及商品检验。商品条件用来约束出口方应提交什么商品及怎样的商品,并要避免在这些方面产生争议。

②价格条件。价格条件往往与国际贸易术语联系起来加以确定。另外,价

格条件还包括佣金和折扣等。

③商品装运条件。这方面包括装运时间、地点、运输方式、是否分批装运和转运、运输单据等。装运条件用来确定出口方怎样把商品交给进口方。

④货运保险条件。考虑到商品在国际运输中可能会遇到风险乃至商品受损，因此，需要办理保险，从而把运输风险转嫁给保险公司。那么，运输保险由哪一方办理、投保什么险别、保险费由谁付，这需要在贸易商之间商定。

⑤支付条件。这方面包括支付工具、支付方式等。支付条件用来确定进口方如何向出口方按价款支付，并保证付款。

⑥争议和违约处理条件。这方面包括索赔、不可抗力和仲裁。

3) 国际贸易程序

国际贸易程序是指国际贸易实务操作是按照怎样的顺序进行的。国际贸易程序大体上可分为 3 个阶段：第一个阶段是国际贸易准备。这个阶段的内容是开展国际市场调研、制定国际贸易计划，以及对将要进行的一笔交易进行成本、价格及经济效益核算。第二个阶段是交易磋商和订立合同。这个阶段的内容主要是谈判成交的过程，其中包括询盘、发盘、还盘、接受和订立合同等环节。第三个阶段是履行合同和违约处理。这个阶段的内容主要包括：怎样履行合同；在履行合同过程中要注意哪些问题；怎样避免违约；如果发生了违约事件，应该如何去处理，等等。

4) 国际贸易方式

国际贸易方式也是国际贸易实务中的一个重要内容。要发展对外贸易，就要研究和运用新型的国际贸易方式。在当代国际贸易中，有很多贸易方式。例如，在传统的国际货物买卖基础上，扩展的技术贸易和劳务输出业务；为稳定贸易双方长期关系的包销、代理和寄售；为引起买家之间或卖家之间竞争的招标、投标和拍卖；生产与贸易相结合的加工贸易；进口与出口相结合的易货贸易、互购贸易、补偿贸易；以不转移货物所有权为特点的租赁贸易；以有特定组织形式和买卖公开竞争为特点的期货贸易，等等。

1.1.2　学习和研究国际贸易实务应注意的问题

1) 注意国际贸易与国内贸易的区别

国际贸易与国内贸易都是商品交换，两者的原理、运作过程和操作方法基本上是相同的。但是,由于国际贸易中一般伴随着商品的出口或进口,会涉及不同的政治法律制度、外贸法规、不同的金融制度和人文环境。因此,国际贸易比国内贸易更加复杂。具体表现在以下几个方面:

①国际贸易所适用的法律规范更为广泛。在国际贸易中,根据双方当事人的意愿,所适用的法律可以是某一方当事人所在国的法律,也可以是其他国家的法律,还包括国际贸易条约、国际贸易惯例。但是,在国内贸易中,所适用的法律只能是该国国内的法律。

②政府对国际贸易有更多的管理措施。各国政府对商品进出口有各种各样的限制或鼓励措施。例如,关税、配额、许可证、出口补贴、出口信贷等。另外,商品进出口还要接受海关的监管、政府有关管理部门的审批以及法定的进出口商品检验。办理进口付汇和出口收汇的核销也要接受有关管理部门的监控。而国内贸易就没有这方面的管制。

③国际贸易面临更大的风险。在国际贸易中,货物从一国运往另一国,需要经过长途运输,有的还需要多种运输方式,所以,其运输风险比国内贸易大。再如,国际贸易中一般不易做到交货和付款同时进行,因此,还存在着支付风险。另外,国际贸易中还存在着价格风险、政治风险、汇率风险等。

④国际贸易业务在操作上更为复杂。由于国际贸易的业务环节多、涉及面广,因此,需要办理的手续很多,如进出口审批、商检、运输、保险、报关、外汇核销、退税、获取产地证等;此外,还要制作各种单据,解决语言不同和度量衡制度不同的问题,以及适应不同的风俗习惯和商业惯例等。

⑤由于国际贸易与国内贸易存在的种种区别,因此,对从事国际贸易业务的企业和人员的要求比较高。国际贸易经营者必须具备广泛的专业知识、较高的外语水平和良好的基本素质,才能胜任国际贸易实务工作。

2)学习和研究国际贸易实务应注意的具体问题

①要注重理论与实际相联系。学习本课程时,要以国际贸易基本原理和国家对外方针政策为指导,将《国际贸易》、《中国对外贸易概论》等先行课程中及本课程中所学到的基础理论和基本政策具体运用于实践,以提高分析和解决实际问题的能力。

②注重业务与法律的联系,并注重研究和运用国际惯例。国际货物买卖业务是围绕合同进行的,而合同的成立必须经过一定的法律步骤;国际货物买卖合同是对合同当事人双方有约束力的法律文件,履行合同是一种法律行为,处理履约当中的争议亦是解决法律纠纷问题。所以,学习本课程时,应同有关的

国际贸易法律知识相联系。

③注意研究和运用国际惯例。国际商会等国际组织相继制定了有关国际贸易的各种规则,如《国际贸易术语解释通则》、《托收统一规则》和《跟单信用证统一惯例》等,现已成为当今国际贸易中公认的国际贸易惯例,成为国际贸易界共同遵守的行为准则。因此,在学习本课程时,要注意研究这些通行的国际惯例并学会灵活运用,以便在贸易做法上加速同国际市场接轨。

④注意学用结合和知识的更新和补充。由于本课程是一门实践性很强的应用学科,故在学习时,要注意案例分析和操作练习,并结合校外参观、实习,增加感性认识,加强基本技能的训练,真正做到学以致用。

国际贸易的做法和规定是在不断发展变化的,在学习中应注意经常和及时地补充新的资料,研究新法规、新术语、新业务、新操作,以适应形势发展的要求。

1.1.3　有关国际贸易的基本概念

在国际贸易中,我们会遇到一些专门的术语,在学习国际贸易实务之前,我们有必要了解这些专门的术语,以帮助我们更好学习和阅读相关资料。

(1)国际贸易与对外贸易

国际贸易(international trade),又称世界贸易,泛指世界各国(或地区)之间的货物、服务和技术的交换。它是各国(或地区)之间分工的表现,反映了世界各国(或地区)在经济上的相互依赖性。国际贸易由各国(或地区)的对外贸易构成,是世界各国(或地区)出口总值或进口总值之和。

对外贸易(foreign trade),又称国外贸易,是指一国(或地区)与另一国(或地区)之间的货物、服务与技术的交换。海岛国家,如英国、日本等,也常用海外贸易表示对外贸易。

国际贸易和对外贸易有广义和狭义之分。包括货物、服务与技术的国际贸易和对外贸易,称为广义的国际贸易与对外贸易。如不把服务与技术贸易包括在内,即国际货物贸易和对外货物贸易,称为狭义的国际贸易和对外贸易。

(2)有形贸易、无形贸易和无纸贸易

有形贸易(visible trade),又称国际货物买卖或贸易,是指不同国家(或地区)之间的货物交易。它是不同国家(或地区)之间的买卖双方经过协商约定,卖方向买方转移买卖标的物的所有权与使用权、买方向卖方支付合同约定的货物价款的一种国际间的货物交易活动。

无形贸易(invisible trade),也称劳务贸易或服务贸易,是指一切不具备物质自然属性的商品或无形商品的国际交易活动。例如,运输、保险、金融、国际旅游、技术有偿转让等各种服务的提供和接受,以及其他非实物形态的进出口贸易活动。无形贸易分为服务贸易和技术贸易。国际服务贸易是指不同国家(或地区)之间的服务交易;其交易的标的物是跨国界(或区界)的服务。国际技术贸易是指不同国家(或地区)之间的有偿技术转让,又称商业性的国际技术转让,其交易标的物是技术。技术转让只是让渡技术使用权,而不是所有权。

无纸贸易,是一种将贸易、运输、保险、海关、银行等部门的电子计算机联网,对商务信息(主要包括订单、发票、提单、信用证、进出口许可证等)按国际统一标准进行格式化处理,并把这些数据通过计算机网络,进行商务文件相互交换和自动处理。在不使用纸单证的情况下完成询价、订单、托运、投保、报关、结算等一系列业务手续的一种现代化的新型贸易方式。

(3)对外贸易值与国际贸易值、对外贸易量与国际贸易量

对外贸易值(value of foreign trade),是以货币表示的对外贸易金额。一定时期内一国从国外进口的商品的全部价值,称为进口贸易额或进口额;一定时期内一国向国外出口的商品的全部价值,称为出口贸易额或出口额。两者相加为进出口贸易总额或进出口总额,它是反映一个国家对外贸易规模的重要指标。联合国编制和发表的世界各国对外贸易值的统计单位以美元表示。

把世界上所有国家的进口总额或出口总额用同一种货币换算后加在一起,即得到世界进口总额或世界出口总额。就国际贸易而言,一国的出口就是另一国的进口。如果把各国进出口值相加作为世界国际贸易总值就是重复计算。因此,一般是把各国的出口值相加,作为世界的国际贸易值。由于各国一般都是按 FOB 价格(启运港船上交货价,只计成本,不包括运费和保险费)计算其出口额,按 CIF 价格(成本加保险费、运费价)计算进口额。因此世界出口总额略小于世界进口总额。

对外贸易量(quantum of foreign trade),是以一定时期的不变价格为标准来计算的对外贸易值。国际上,通常是以固定年份为基期计算的进口或出口价格指数去除当时的进口额或出口额的方法,剔除了价格变动因素得出按不变价格计算的贸易值,就是贸易量。然后,以一定时期为基期的贸易量指数同各个时期的贸易量指数相比较,就可以得出比较准确反映贸易实际规模变动的贸易量指数。

(4)贸易差额

贸易差额(balance of trade),是一国在一定时期内(如一年、半年、一个季

度、一个月)的出口总值与进口总值之间的差额。当出口总值与进口总值相等时,称为"贸易平衡"。当出口总值大于进口总值时,出现贸易盈余,称"贸易顺差"或"出超"。当进口总值大于出口总值时,出现贸易赤字,称"贸易逆差"或"入超"。通常,贸易顺差以正数表示,贸易逆差以负数表示。

一国的进出口贸易收支是其国际收支中经常项目的重要组成部分,是影响一个国家国际收支的重要因素。

(5)对外贸易与国际贸易商品结构

对外贸易商品结构(composition of foreign trade),是指一定时期内一国进出口贸易中各类货物的构成,即各类商品分别在一国进出口贸易总额中所占的比重。

国际贸易商品结构(composition of international trade),是指一定时期内各大类货物或某种货物在整个国际贸易中的构成,即各大类货物或某种货物贸易额占整个世界出口贸易额的比重。为便于分析比较,世界各国均以 SITC(联合国国际贸易标准分类)公布的国际贸易值计算对外贸易货物结构。

SITC 在 1974 年的修订本里,把国际货物贸易共分为 10 大类、63 章、233 组、786 个分组和 1 924 个基本项目。这 10 类货物分别为:食品及主要供食用的活动物(0);饮料类(1);燃料以外的非食用粗原料(2);矿物燃料、润滑油及有关原料(3);动植物油脂及蜡(4);未列名化学品及有关产品(5);主要按原料分类的制成品(6);机械及运输设备(7);杂项制品(8);没有分类的其他商品(9)。在国际贸易统计中,一般把 0—4 类货物称为初级产品,把 5—8 类货物称为制成品。

对外贸易或国际贸易货物构成可以反映一国或世界的经济发展水平和产业结构状况。

(6)对外贸易与国际贸易地理方向

对外贸易地理方向(direction of foreign trade),又称对外贸易地区分布或国别构成,指一定时期内各个国家在一国对外货物贸易中所占的地位,通常以它们在该国的出口总额或进口总额中所占的比重来表示。对外贸易地理方向指明一国的出口货物的走向和进口货物的来源,从而反映一国与其他国家之间经济贸易联系的程度。一国的对外贸易地理方向通常受经济互补性、国际分工的形式与贸易政策的影响。

国际贸易地理方向,也称"国际贸易地区分布"(international trade direction)和商品流向,用以表明世界各洲、各国或各个国家经济集团在世界国际贸易中所占的比重和地位。通常用它们的出口额(或进口额)占世界出口贸易总额(或进口贸易总额)的比重来表示。

(7)直接贸易、间接贸易与转口贸易

直接贸易(direct trade),指货物生产国与货物消费国直接买卖货物的行为。货物从生产国直接卖给消费国,对生产国而言,是直接出口;对消费国而言,是直接进口。

间接贸易(indirect trade),指货物生产国与货物消费国通过第三国(或地区)进行买卖货物的行为,称为间接贸易。其中生产国是间接出口,消费国是间接进口;第三国(或地区)是转口。

转口贸易(entraport trade),指生产国与消费国之间通过第三国(或地区)进行的货物贸易,该第三国(或地区)所从事的这种贸易就是转口贸易。即使货物直接从生产国运到消费国去,只要两者之间并未直接发生交易关系,而是由第三国(或地区)的转口商分别同生产国和消费国发生交易关系,仍然属于转口贸易的范畴。

(8)复出口与复进口、净出口与净进口

复出口(re-export),指外国商品进口以后未经加工制造又出口,也称再出口。复出口在很大程度上同经营转口贸易有关。

复进口(re-import),指本国商品输往国外,未经加工又输入国内,也称再进口。复进口源于偶然原因,如出口退货等造成。

净出口(net export),是净进口(net import)的对称。一个国家(或地区)在同种商品上往往既有出口又有进口,在一定时期内,如该商品出口数量大于进口数量,其差额称为净出口;反之如该商品出口数量小于进口数量,其差额称为净进口。

(9)外贸条件和外贸依存度

外贸条件,又称一国的贸易条件,是指一国在一定时期内的出口商品价格与进口商品价格之间的比率。因此,贸易条件又被称为"进出口交换比价"或简称"交换比价"。它反映一国参与国际分工的状况。

外贸依存度,从定性的角度看,应该是指一国的经济依赖于外贸的程度。它的定量表示,是指一国在一定时期内对外贸易总值与国内生产总值之比。它反映一国经济发展与对外贸易的关联度。

1.2 国际贸易的主要程序

国际贸易分为出口业务和进口业务,这是交易环节的两个方面。所以,对于国际贸易的主要程序,这里也从两个方面介绍。

1.2.1 出口业务程序

出口业务程序包括在进行交易磋商之前,做好一系列准备工作,如制订出口计划、国外市场调研、建立客户关系、组织生产出口货源、制订出口经营方案、开展广告宣传和商标注册等。在做好准备工作的基础上同国外进口商进行交易磋商,一般要经过5个环节,即询盘、发盘、还盘、接受和签订合同。在履行出口合同时,卖方必须按照合同规定,交付货物,移交一切与货物有关的单据并转移货物所有权,这是卖方的基本义务。履行出口合同一般要经过准备货物、落实信用证、安排装运和制单结汇,即货、证、船、款4个基本环节(见图1.1)。

1) 出口贸易前的准备(preparation for export)

出口贸易前的准备工作是:3W + H(what, where, whom and how)

①What——(卖什么)组织生产和落实出口货源。

②Where——(选择目标市场)进行国别和国外商品市场调研、市场供求调研、市场价格调研等,以寻找有利的出口贸易机会和目标市场。国际市场调研的内容有很多,主要有:国外的商品供求、产品结构、价格趋势、市场竞争、贸易限制措施、社会文化等。

③Whom——(选择潜在的交易客户)进行国外客户及其资信和商业信誉调查,认真谨慎地筛选国外客户,建立并且发展客户关系。

④How——(怎样卖,价格多少)制订出口计划、出口销售策略与方案,如出口的产品系列、目标市场、选定的客户、贸易方式、价格和支付条件的掌握、成本及经济效益的核算,开展广告宣传和商标注册等。

在我国,开展出口贸易还要了解我国对出口贸易的有关政策和规定,例如,出口退税、出口奖励、出口信贷支持等出口鼓励政策和对出口商品经营范围的规定、出口许可证和配额制度、出口收汇等限制性规定。

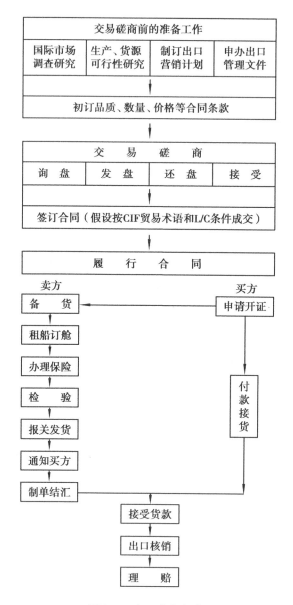

图 1.1　出口业务程序

2）出口贸易磋商与合同的签订(negotiation and contract conclusion)

贸易磋商是指对出口贸易条件的具体内容进行谈判,如交易的品名、品质、数量、包装、价格、交货、支付等。贸易磋商可以通过书信、电报、传真等书面形式进行,也可以通过电话、当面谈判的口头形式进行。贸易磋商的一般程序是:询盘(inquiry)、发盘(offer)、还盘(counter-offer)和接受(acceptance)。在贸易磋商中,若一方的发盘被另一方接受,合同即告成立。但是,根据某些国家的法律规定,双方当事人还应签署一份书面合同(conclude a contract)。

3)出口合同的履行(fulfillment of contract)

出口合同成立后,买卖双方按照合同规定履行各自的义务;若有违约,则要承担相应的责任。合同的履行程序依据合同规定的交易条件而定。如果合同规定采用CIF贸易术语和信用证支付方式,则出口方履行合同需要做的工作及程序主要有4个方面:货、证、船、款。

①货(goods),是指准备货物,即出口方按合同规定的数量和质量,在合同规定的交货时间前准备好货物。有些制成品,考虑到出口市场的定向性,往往在收到相关的信用证后安排生产。

②证(credit letter),是指落实信用证,包括:催证、审证和改证。催证是指合同订立后,出口方催促进口方尽快申请开立信用证。信用证是出口方收取货款的保证。出口方收到信用证后,要根据合同的规定审查信用证,如果发现信用证中有与合同不符或不能接受的条款,应向进口方提出,由进口方通过银行修改信用证。

③船(shipment),是指租船订仓,这方面的工作包括:商品报验、安排运输、办理保险、报关出口和装运货物。

商品报验,是指货物准备好以后,在收到与合同条款相符的信用证后,出口方要按照合同的规定或有关法规,就所要出口的商品报请商检机构进行检验,经检验合格,并获得商检证明后,才能出口。

安排运输和办理保险,是指出口方委托运输代理机构办理运输事宜。运输代理机构根据出口方对运输的时间、装运地和目的地等的要求,办理运输手续;安排了运输,明确载货工具后,出口方要及时办理运输保险。

报关出口,是指出口方在货物出口前要通过海关的检查,并向海关办理报关手续。根据国家对出口贸易的管理规定,有些商品的出口要获得国家颁发的出口许可证和出口配额。因此,在报关出口前,需要提前办理申报出口手续。

装运货物,是指办完通关手续,经海关查验放行后,可将货物装上运输工具,并从运输公司那里获取运输单据。然后,向进口方发出货物已装运的通知,以便进口方准备接收货物和安排付款等事宜。

④款(money),是指制单结汇。这方面包括的工作有:缮制单据,议付货款。

　　缮制单据,是指货物装运后,出口方要着手缮制和备妥各种信用证规定的单据,包括发票、汇票、运输单据、保险单据等主要单据以及其他单据。

　　议付货款,是指把结汇单据交给有关银行议付。银行审查这些单据是否与信用证规定一致。如果没有问题,银行就把货款支付给出口方。出口方收取货款后,合同履行完毕。在我国,合同履行完结时,还需要向有关银行和国家税务局办理出口后的外汇核销手续。

1.2.2　进口业务程序

　　进口业务程序主要分为3个阶段:一是办理交易洽商前的各项准备工作;二是对外洽商、订立合同;三是履行合同。如图1.2所示。

　　1)进口交易前的准备工作(preparation for import)

　　进口交易前的准备工作除了像出口那样进行国际市场调研和制订进口贸易计划(即一定时期的进口设想、做法,如产品系列、供应商的选定、贸易方式、价格和支付条件的掌握、进口成本、进口关税和国内税、经济效益的核算等)外,还包括四个方面的内容:M + P + 2W。

　　①M(money)——准备货款,是指落实进口所需的外汇和配套人民币。

　　②P(policy and regulation about import)——了解国家有关进口贸易的政策、法规和进口关税制度。根据国家的政策和法规,办理有关的进口审批手续,落实进口许可证、配额和用汇额度。

　　③W(where to buy)——从何处进口,是指拟定进口的产品系列、国别和供应商的筛选。在选定供应商时,最少应进行"货比三家"。

　　④W(where to sell)——销往何处,是指落实所进产品的最终用户,以保证进口业务的盈利性。

　　2)进口贸易磋商与合同的签订(negotiation and contract conclusion)

　　进口贸易磋商和订立进口合同的做法与出口贸易基本相同。在与国外出口商建立业务关系之初,要做好比价和还盘工作。贸易磋商的内容也是各项贸易条件。贸易磋商的程序和方式等都与出口贸易差不多,不同之处主要是对贸易条件提出的要求不同。最明显的是出口时设法提高价格,进口时设法降低价格,各方从不同的立场提出对自己最有利的条件。

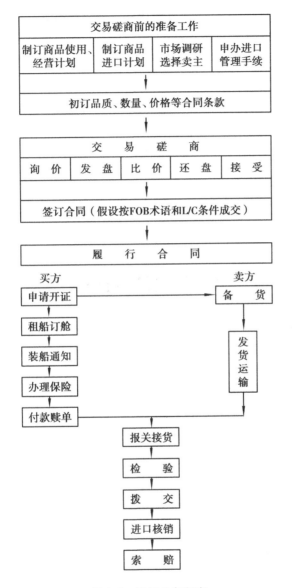

图1.2　进口业务程序

3）进口合同的履行

进口合同订立后,如果合同规定采用 FOB 贸易术语和信用证支付方式,则进口方履行合同需要做的工作及程序如下:

①申报进口。向政府有关管理部门申领进口许可证或获取进口配额。

②开证、改证。向银行申请开立信用证。如果出口方收到信用证后经审核发现内容与合同规定不符而提出修改,则进口方要向银行申请修改信用证。

③托运、投保。进口方租船订舱和向卖方催装,收到卖方装船通知后及时办理海运保险。

④审单、付款。收到开证银行提交的出口方的交货单据后,进口方要对这些单据进行审核。如果单据符合信用证的规定,则要向开证银行付款赎单。

⑤提货、报关。货物到港后,进口方凭提单向船方交单提货,向海关申报,接受审核,并缴纳进口关税。报关纳税后,货物才能进入国内。

⑥商品报验。进口方收到货物后,按合同规定可以行使货物的检验权,即向国内的商检机构申请商品检验。商品检验合格,进口方须接收货物;商品检验不合格,进口方可凭检验证明向出口方提出索赔。

1.3　国际贸易合同的主要条款

国际贸易合同主要是指"国际货物买卖合同",又称"国际货物销售合同"(contract for international sale of goods),其含义是指位于不同国家的买卖双方就一批货物的交易条件达成意思一致的结果,亦即出售人转移标的物的所有权于购买人,购买人支付价款的合同。

1.3.1　国际贸易合同适用的法律规定

我国企业与国外企业或自然人签订的国际货物买卖合同所适用的法律规定是:

①合同当事人可以选择处理合同争议所适用的国家法律。

②中华人民共和国法律未作规定的,可以适用国际惯例。在国际货物贸易中常用的国际惯例有《国际贸易术语解释通则》(International Rules for the Intepretation of Trade Terms)、《华沙—牛津规则》(Warsaw-Oxford Rules)、《托收统一规则第 522 号》(Uniform Rules for Collections No. 522)、《跟单信用证统一惯例第 500 号》(Uniform Customs and Practice for Documentary Credit No. 500)等。

③中华人民共和国缔结或者参加的与合同有关的国际条约,同中华人民共和国法律的规定不同时,应适用该国际条约规定。

1.3.2 合同有效成立的条件

国际货物买卖合同有效成立的条件包括：
①买卖双方的当事人应具有法律行为的资格与能力；
②应是双方当事人在自愿基础上的意思一致；
③必须是互为有偿的；
④合同的标的必须合法；
⑤须符合法律规定的形式及审批程序；
⑥合同必须具有履行的确定性。

1.3.3 合同的结构

国际货物买卖合同的结构，由下列3个部分组成：

1) 合同的首部或序言

买卖合同的首部一般都载明合同的名称及编号、合同签订的时间及地点以及订约双方的名称，有时还在序言中载明据以订立合同的有关函电的日期及编号。

2) 合同的主体

合同的主体部分，包含各种条款。具体一个合同所含条款的多少和内容，视具体商品和交易情况不同而异。但是绝大多数国际货物买卖合同都包含两大类条款（或条件）：一类为主要交易条件（main terms and conditions）；另一类为一般交易条件（general conditions），在我国又称其为标准条款。

①主要交易条件。从贸易实务讲，主要交易条件是指买卖双方根据购买意图或销售意图逐项磋商而在书面合同中固定下来的条款。买卖合同中的主要交易条件有品名和品质条款、数量条款、包装条款、装运条款、价格条款和支付条款等。从法律上讲，主要交易条件是指重要的、带有根本性的合同条款，合同一方当事人违反这些条款（condition breach or fundamental breach），另一方不仅可以提请索赔损失，要求修复或拒收货物，也有权解除合同。

②一般交易条件或标准条款是指对于在该行业中任何一笔交易均可适用的条款，是当事人为了重复使用而预先拟订的，并在磋商交易时并不与对方详细协商的条款，通常是在书面的格式合同中已经印就了的条款。例如合同中的

保险条款、检验条款、索赔和罚金条款、不可抗力和仲裁条款等。从法律上讲，一方当事人违反一般交易条件(warranty breach or non-fundamental breach)，受到损害的一方不可以解除合同，而只可以提请损失索赔。

3)合同的结尾

合同的结尾是合同的最后一部分，主要载明合同以何种文字作成以及各种文本的效力。在合同的结尾部分，应当载明双方当事人在合同签字栏内的签字。必要时，可加列见证人并副签。同时签字栏内还应载有双方企业或公司的名称及签署人的职务。有些国家的法律规定，签字人必须是法定代表人，如果其他人签字，必须经法定代表人授权，否则该合同无效。

1.3.4　合同条款简述

对于每一笔交易来说，合同条款应包括哪些；怎样确定这些合同条款既对自己有利，又能让对方接受。这些问题一直困扰着贸易商。在交易中，采用的国际贸易术语对一部分基本合同条款做了规定。贸易商除了运用国际贸易术语来确定合同条款外，还要确定以下几个方面的条件：

①关于商品的条款。这方面的条款包括商品品名和品质、数量、包装及商品检验条款。关于商品的条款是用来约束出口方应提交什么商品及商品状况，并避免在这些方面产生争议。

②价格条款。价格条款往往与国际贸易术语联系起来加以确定，因为价格构成与贸易术语是密切相关的。所以，价格条款主要包括单价与贸易术语、总价、佣金和折扣等。

③装运条款。这方面的内容包括装运时间、地点、运输方式、是否分批装运和转运、运输单据等。装运条款用来确定出口方怎样把商品交给进口方。

④保险条款。考虑到商品在国际运输中可能会遇到风险乃至商品受损，因此，需要办理保险，从而把运输风险转嫁给保险公司。那么，运输保险由哪一方办理、投保什么险别、保险费由谁付等都需包含在保险条款中。

⑤支付条款。这方面包括支付工具、支付方式等。支付条款是用来确定进口方如何向出口方按价款支付，并保证付款。

⑥有关争议和违约处理的条款。这方面的条款包括索赔、不可抗力和仲裁条款。

【课后练习】

一、简答题

1. 国际贸易实务是一门怎样的学科？它的研究对象主要有哪些？

2. 学习和研究国际贸易实务应注意哪些问题？

3. 国际贸易和国内贸易有哪些区别？

4. 什么叫国际货物买卖？简述进出口业务的一般程序。

5. 国际货物买卖合同成立的条件是什么？

6. 国际货物买卖合同中有哪些主要条件和一般条件？

二、案例分析

1. 如果甲国某公司在乙国设立了一个分公司 A，该分公司与乙国的某公司 B 签订了一份货物买卖合同。合同规定，乙国 B 公司负责将货物运送至乙国某地。试问：A 公司和 B 公司之间的货物贸易是否属于国际贸易？

2. 中方从法国某贸易公司进口国际通用标准的化肥一批，7 月起分批装运。合同签署后国际上该种商品价格猛涨，高出合同价 20%。6 月 25 日对方来电，称其所属的一家化肥厂在生产过程中发生爆炸，工厂全部被毁，要求援引合同中的不可抗力条款解除合同。问我方应如何处理？

第2章
合同条款：商品的名称与品质

【本章导读】

本章学习在国际贸易磋商与签订合同时，有关商品的品名、品质条款的一些具体规定以及在实践中要注意的问题以及应用中的技巧。商品品质的表示方法、签订品质条款的注意事项是学习的重点。

在国际贸易往来中,常会碰到以下诸如此类的贸易问题或纠纷：

案例1

我方出口苹果酒一批,国外开来信用证上货物的名称为：“APPLE WINE”,于是为了单证一致,所有单据上均用了“APPLE WINE”,不料货到国外后遭海关扣留罚款,因该批酒的内外包装上均写的是“CINDER”字样,结果外商要求我方赔偿其罚款损失——问:我方对此有无责任?

案例2

某出口公司与国外成交红枣一批,合同与开来的信用证上均写的是三级品,但到发货装船时始发现三级红枣库存告罄,于是改以二级品交货(二级红枣质优、价高于三级红枣),并在发票上注明“二级红枣仍按合同签订的三级红枣计价”。——问:这种以好顶次、原价不变的做法妥当吗? 是否可行?

诸如此类的问题在贸易往来中经常会碰到,那究竟应如何处理该类问题呢? 在下面的部分将解决此类问题。

2.1　商品的名称

2.1.1　商品名称的概念

商品的名称或品名是交易双方描述成交商品的名字。商品的名称应与商品本身的内容相符。在国际贸易中,大多数情况都不是看货成交,只是凭借描述,因而正确列明商品名称是合同中必不可少的条件,这也是交易的前提。

2.1.2　规定品名条款应注意的问题

1) 内容必须明确、具体、准确

文字的表达应确切反映标的物的特点,切忌空泛,笼统。如:花生仁、棉布、钨砂等。一种产品往往有许多不同的品种、型号、等级,因此,表述这类产品时除了名称,还应有明确的型号、等级等条件的相应描述,以免造成混淆。

2) 必须实事求是,准确反映商品的实际情况

在本章开头的案例一中,为什么进口商品遭到进口国的海关扣留罚款呢?

就是因为不能恰当运用品名条款。作为出口单位来说,理应知道自己所售货物的英文名称,"APPLE WINE"和包装上"CIDER"字样不一致,"CIDER"既可以是苹果酒,也可以是苹果汁,而这两种商品的税率是不一样的。在向海关申报时,必须将货物名称填报正确,否则将影响海关的监管、税收和统计分类,将会遭到海关罚款。现以我国海关对一些进口商品的监管征税的情况为例,复印机的税率为50%,胶版复印机的税率为30%;又如,同是汽车零件,由于规格不同税率也不同,统计分类也不一样。30吨以上的货车零件税率为6%,8~30吨汽车零件为30%,大客车税率为50%。由此可见,实事求是地反映商品内容是非常重要的。

3)对商品的名称尽可能使用国际上的通用名称,避免误解

例如"BIKE",通称为"自行车",有些地区习惯称"脚踏车",还有一些商品既有"学名",又有"俗名",在贸易中应注意国际名称的选用。对商品名称的使用应有利于方便货物进出口;且能节省运输费用和降低关税,能避免同一商品由于名称不同而多支付运费。

2.2 商品的品质

2.2.1 商品品质的概念

商品的品质(quality of goods),就是商品的内在素质(包括物理的、化学的、生物的构造、成分和性能)和外表形态的综合。

2.2.2 商品品质的作用

商品的品质具有十分重要的意义。

首先,商品品质的优劣直接影响着商品的销路和市场,甚至影响到企业和国家声誉。在当今国际市场竞争空前激烈的情况下,许多国家都把提高商品质量、力争以质取胜作为非价格竞争的一个重要组成部分。

其次,商品的品质问题是买卖双方产生争议的主要原因,按照《联合国国际货物销售合同公约》,卖方交付的货物,必须符合约定的质量。如卖方交付的是不符合约定的品质条件的货物,买方有权要求损害赔偿,也可要求修理或交付替代货物,甚至拒收货物和撤销合同。因此,不断改进和提高我国出口商品的

质量具有重要的意义。

【案例分析】

> "凤凰"自行车在我国可谓家喻户晓,人人皆知。可在 20 世纪 80 年代初,"凤凰"自行车参加了在意大利米兰的国际自行车展销会。展销会上,与国外五颜六色、灵巧轻便、多挡变速的自行车放在一起,显得相形见绌,品种单调,款式陈旧。尽管欧美的名牌自行车一台卖一千美元左右,"凤凰"自行车只卖几十美元,可仍无人问津。——试分析,"凤凰"为何飞不起来呢?

2.2.3 商品品质的表示方法

概括起来,国际贸易中常用来表示商品品质的方法基本上有两大类(见表 2.1)。

表 2.1 商品品质的表示方法

商品品质的表示方法	细 目	定 义
以实物表示	看货买卖	买卖双方根据实际的货物情况,看货成交
	凭样品买卖	凡以样品表示商品品质并以此作为交货依据的称为凭样品买卖(样品通常是指从一批商品中抽出来的或由生产、使用部门设计、加工出来的,足以反映和代表整批商品品质的少量实物)
以说明表示(凡是通过文字、图表、照片等方式说明商品的品质者,均属于凭说明表示商品品质的范畴)	凭规格买卖	用具体指标表示商品品质的交易称为凭规格买卖。这种方法较科学、简单、方便,在国际贸易中广泛应用
	凭等级买卖	用商品等级表示商品品质的交易称为凭等级买卖。(商品的等级是指同类商品,按其规格品质的不同,分为不同的等级)
	凭标准买卖	用商品标准表示品质进行买卖的方式。(商品的标准是由政府机关或商业团体对某一商品的某一规格或等级予以标准化。)如我国机电产品为了打入欧洲市场,采用 IEC(国际电工委员会)和 NEMA(美国全国电气制造商协会)标准
	凭说明书和图样买卖	用说明书以及图样、照片、分析表和有关数据,来具体反映商品的性能、构造特点及其他品质情况的买卖方式
	凭品牌、商标或产地买卖	用品牌、商标或产地表示商品品质的方式

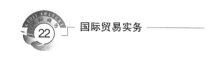

对表2.1,补充说明如下:

①看货买卖一般适用于一些规格复杂、难以用其他方法表示品质的商品。例如首饰、工艺品、地毯、服装等,看货买卖的方法常用于寄售、拍卖、展卖的业务。

②在凭样品买卖中,凡以买方样品成交的,称为凭买方样品成交;凡以卖方样品成交的,称为凭卖方样品成交。

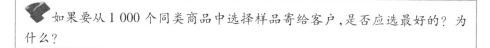 如果要从1 000个同类商品中选择样品寄给客户,是否应选最好的? 为什么?

采用凭样品买卖,应注意以下问题:

a.凭样品买卖,卖方缴交货物品质必须与样品完全一致。在凭样品成交的条件下,买方应有合理的机会对卖方交付的货物与样品进行比较。卖方所交货物,不应存在合理检查时不易发现的、有导致不合商销的瑕疵。

 【案例分析】

> 我方与美方凭样品成交一批高档出口瓷器。复验期为60天,货到国外经美商复验后未提出任何异议。但事隔一年买方来电称:瓷器全部出现"釉裂",只能削价销售,因此要求我方按原成交价赔偿60%。我方接电后立即查看留存之复样,亦发现釉下有裂纹。——问:我方应怎样处理?
>
> (提示:这批瓷器釉下发生裂纹,行话称之为"冷裂",是由于配料本身和加工不当所致。这种潜在的缺陷,要经一定的时间之后才能暴露出来,尽管买方于收货时进行了检验,但这种缺陷是双方当时无法发现与预知的。)

b.应注意根据商品特点,适当选择凭样品成交的方式。凭样买卖交易在实际操作中,往往难以做到"货""样"完全一致,交易中极易发生纠纷,因此当凭样品成交时,应注意选择一些不能用科学方法表示品质的商品才用凭样买卖的方式,如工艺美术品、服装、某些土特产、少数轻工产品及个别矿产品。鉴于凭样品买卖多属品质难以标准化的商品,在合同中应做出灵活规定,可特别注明:"品质与样品大致相同"(quality shall be about equal to the sample)或"品质与样品近似"(quality is nearly same as the sample)。

c.应注意留存样品,以免日后纠纷。凭卖方样品成交时,应注意留有复样,以备日后使用。凭买方样品成交时,最好先复制一样品(对等样)供买方确认。

同时任何凭买方样品生产时,应在合同中注明:如果将来该商品发生任何侵权行为,由买方负责。

d. 不是凭样品成交的业务应在订约时注明。在日常业务中,买卖双方为了发展双边贸易,也采用寄送样品的方法争取客户,这种以介绍商品为目的而寄出的样品仅供参考。订约时,应表明"仅供参考"(for reference only),以免造成误会。

【案例分析】

> 我方某外贸公司向某外国公司出口一批货物,双方在签订的货物买卖合同中,明确规定了商品的规格、等级等品质标准。我方业务人员在合同签订后,又给对方寄了一个样品。我方货物运抵对方时,外方认为我方售给的商品只符合合同中的品质标准,而与样品不符,要求我方支付赔偿金。——问:我方是否应承担赔偿?

③凭标准买卖的商品,各国的标准常随生产技术的发展而有所变动和修改,因此在援引时应说明援引标准的版本、年限,以免发生争议。

对于农副产品,常有下列两种标准:

一是 F. A. Q. (fair average quality,良好平均品质)。F. A. Q. 是指一定时期内某地出口商品的平均品质,即平均中等品质,俗称"大路货"。有时这种含义太笼统,还要表明某些具体规格。

二是 G. M. Q. (good merchantable quality,上好可销品质)。G. M. Q. 一般是指卖方所交付的货物:品质上好,合乎商销。这种标准含义更为笼统,不易掌握,一般不要采用为好。

④凭说明书和图样买卖,主要运用于机械、电器、仪表等结构复杂、型号繁多、性能各异、难以用几项指标来表示,必须附上说明书以及图样、照片、分析表和有关数据,来具体反映商品的性能、构造特点及其他品质情况。

⑤凭品牌、商标或产地买卖,主要用于质量稳定,规格划一;或受产地、自然条件和传统工艺影响,受消费者欢迎,在国际市场上有较佳信誉,为广大购买者所熟悉的产品。如:欧米加手表、金华火腿、四川榨菜等。当然,在交货时必须保证产品应有的质量。

2.2.4　订立品质条款应注意的问题

商品的品质条款是出口合同的基本条件。合同签订和生效后,卖方就将承担所交货物的品质应符合合同规定的法律责任。美国《统一商法典》和英国《货物买卖法》都规定卖方保证所出售的货物必须具有商销性。《国际货物销售合同公约》规定:"卖方交付的货物必须与合同规定的数量、质量、规格相符。其所交付的货物,必须是第三方不能提出任何权利或要求的货物……必须是第三方不能根据工业产权或其他知识产权主张任何权利或要求的货物。"

1. 如何理解美国《统一商法典》和英国《货物买卖法》中规定的卖方出售的货物必须具有商销性?

2. 如何理解《国际货物销售合同公约》中规定的卖方所交付货物,必须是第三方不能提出任何权利或要求的货物?

本章开头案例二中卖方不能按合同交货,尽管用二级红枣顶三级红枣,以好顶次,但是不符合《国际货物销售合同公约》的规定,这种做法不但不可取,还可能"赔了夫人又折兵"。因而,一定要按合同规定交货。

在我们的业务中,订立品质条款时,应注意内容和文字上的灵活性,力求做到准确、具体,便于检验和分清责任。应根据商品特点,注意下列问题:

(1)应根据不同的商品特点,确定表示商品品质的方法

在国际贸易中哪些商品适宜凭样买卖,哪些商品适宜凭规格、等级、标准买卖,都有行业习惯可循。当可用一种方式表示商品品质时,就不要采用两种或两种以上方法表示。如若采用两种或两种以上的方式表示,则所交货物就应符合各项要求。因此,应防止把品质指标订得过于繁琐,以免日后作茧自缚,顾此失彼,难以兼顾而影响交货。

(2)对于凭规格、等级等方式成交的买卖,如寄样品,应声明是参考样品

如采用凭等级或标准成交的买卖,在洽谈中又寄了样品,应说明"仅供参考",否则对方有理由认为该笔业务既凭规格又凭样品,而所交货物只要不符合样品,便会授人把柄,买方有权拒收和索赔。

(3)凡能采用品质机动幅度或品质公差的商品应订明幅度的上下限或公差的允许值

①品质机动幅度,是指买方允许卖方所交商品的质量指标可在一定的幅度内机动。规定的方法有 3 种:

a. 规定范围。例如棉布幅阔 35/36 寸(1 寸 ≈3.33 厘米)。

b. 规定极限。例如大豆含水量最高 14%,含油量最低 18%。

c.规定上下差异。例如羽绒的含绒量16%,上下1%(1% more or less)。

②品质公差(tolerance),是指卖方所交付的商品品质可以高于或低于合同规定品质的最大的限度。品质公差允许值可以由双方商定,也可以按国际行业所公认的幅度掌握。例如钟表每天出现若干秒误差,应算行走正常。

标明品质机动幅度和品质公差可带来一定灵活度,凡在其范围内的货物,买方不得拒收或调整价格。

 【案例分析】

> 我方出口白砂糖一批,合同规定质量以96度旋光度为标准,如不足96度,每低1度按FOB出口价折让1.5%,不够1度时按比例关系计算,若货物低于93度则买方有权拒收。——问:订立这样的品质条款是否合理?

(4)对于商品的品质应力求做到具体、明确、详细

应避免使用含糊的词句,更忌用词绝对化。对于进口商品,尤其机器设备的附件和备用件的方法也应在合同中加以明确。

【课后练习】

一、名词解释

1.商品品质

2.良好平均品质

3.品质公差

4.上好可销品质

5.品质机动幅度

二、英文词语翻译

1. sale by description

2. F. A. Q

3. G. M. Q

4. quality tolerance

5. sale by sample

三、问答题

1.为什么说国际货物买卖中,商品的品质是主要的交易条款?

2. 表示商品品质的方法有哪些?

3. 凭样成交有什么基本要求? 应注意哪些问题?

四、案例分析

1. 出口合同规定的商品名称为"手工制造书写纸"(Handmade Writing Paper),买方收到货物后,经检验发现部分制造工序为机械操作,而我方提供的所有单据为手工制造,对方要求我方赔偿,而我方拒赔。主要理由是:

(1)该商品的生产工序基本上是手工操作,而且关键工序完全采用手工。

(2)该交易是经买方当面看样品成交的,且实际货物品质又与样品一致,因此应认为所交货物与商品的品质一致。

要求:试分析上述案例,判断责任在哪方,并说明理由。

2. 我某出口公司向外商出口一批苹果。合同及对方开来的信用证上均写的是三级品,但卖方交货时才发现三级苹果库存告罄,于是该出口公司改以二级品交货,并在发票上加注:"二级苹果仍按三级计价不另收费。"请问:卖方这种做法是否妥当? 为什么?

第3章
合同条款：商品的数量

【本章导读】

本章学习在国际贸易磋商与签订合同时,有关商品的数量条款的一些具体规定以及在实践中要注意的问题以及应用中的技巧。商品的计量方法、机动幅度的恰当应用是学习的重点。

商品的数量是国际货物买卖合同中不可缺少的主要条件之一。按照某些国家的法律规定,卖方交货数量必须与合同规定相符,否则,买方有权提出索赔,甚至拒收货物。在对外贸易往来中,碰到下列贸易纠纷,该如何解决及避免呢?

案例 1

某贸易公司向外商出口一批水果罐头,合同中规定每箱 30 听。但在交货时,有的一箱装 30 听,有的一箱装 24 听,虽然总数不差,而且每听容积一致,对售价也没有影响,但仍遭买方拒收,理由是与合同数量条款不符。——问:我方是否有责任?

案例 2

某单位对中东某海湾国家出口电扇 1 000 台,国外来证规定不允许分批装运。但在出口装船时始发现有 40 台的包装破裂,有的风罩变形,有的开关按钮脱落,临时更换已来不及,为保证质量起见,发货人员认为根据"UCP500"规定,即使不准分批装运,在数量上也可有 5% 的伸缩。如甩下 40 台并未超过 5%,结果实装 960 台。当持单到银行议付时,则银行不予议付。——问:原因何在?

下面具体介绍一下数量条款及如何解决这类问题。

3.1 商品数量的计量方法

3.1.1 商品数量的定义

商品的数量是指以一定的度量衡单位表示的货物重量、个数、长度、面积、容积等。一般来说,合同中的数量条款常由 4 部分内容组成,包括商品名称、计量单位、总重量和单位重量。

3.1.2 计量单位

在国际贸易中,由于商品的种类、特性和各国度量衡制度的不同,计量单位和计量方法因而就多种多样。通常采用的计量方法有以下几种:

◇ 按重量计算
◇ 按数量计算
◇ 按长度计算
◇ 按面积计算
◇ 按体积计算
◇ 按容积计算

1)按重量计算

矿产品、农副产品以及适合按重量计量的部分工业制成品、半制成品均可考虑按重量计量。按重量计量的单位主要有按公制单位的吨(ton)、英制单位的长吨(long ton)、美制单位的短吨(short ton)以及千克(公斤,kilogram)、克(gram)、磅(pound)、盎司(ounce)等。

以重量计量时的主要换算关系为:

1 磅 = 0.453 6 千克

1 长吨 = 2 240 磅 = 1 016 千克

1 短吨 = 2 000 磅 = 907.2 千克

1 吨 = 1 000 千克

试确定1.5吨等于多少长吨、短吨。

【案例分析】

某出口公司在某一产品交易会上与外商当面谈妥出口大米 10 000 公吨,每公吨275 美元 FOB 价(USD275.00/MT FOB Dalian),但在签约时合同上只是笼统地写上了 10 000 吨,当事人主观上认为合同上的吨就是指公吨而言。——问:是否可以? 为什么?

2)按数量计算

大多数工业制成品,尤其是日用消费品、轻工业产品、机械产品、部分土特产品以及一般杂货均可考虑用数量计量。主要有件(piece)、双(pair)、套(set)、打(dozen)、罗(gross)、令(ream)等。

1 罗 = 12 打 = 144 个

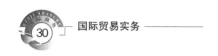

1 令 = 500 张

3）按长度计算

丝绸、布等都可按长度计算,主要的长度单位有米(meter)、英尺(foot)、英寸(inch)、码(yard)等。

其中主要的换算关系为:

1 米 = 1 公尺 = 100 厘米

1 英尺 = 12 英寸 = 1/3 码 = 30.48 厘米

1 码 = 36 英寸 = 0.914 399 米

4）按面积计算

在玻璃、地毯、皮革等商品的交易中,一般习惯于用面积作为计量单位,常见的有 米^2(square meter)、尺^2(square foot)、码^2(square yard)等。

其中主要的换算关系为:

1 码^2 = 0.836 1 米^2

1 英尺^2 = 929 厘米^2

1 英寸^2 = 6.452 厘米^2

5）按体积计算

按体积成交的商品主要是木材、化学气体等。常见的有米^3(cubic metre)、英尺^3(cubic foot)、码^3(cubic yard)等。

6）按容积计算

多用于粮食、石油等货物。常见的有升(litre)、加仑(gallon)、夸脱(quart)以及蒲士耳(bushel)等。

其中主要的换算关系有:

1 升 = 1 市升 = 0.22 加仑

1 加仑 = 4 夸脱 = 4.546 升

1 夸脱 = 1.136 5 升

1 蒲士耳 = 36.366 6 升

由于各国使用的度量衡制度不同,同一计量单位所代表的数量也各不相同。例如,美国棉花每包净重为 480 磅,而巴西为 396.8 磅,每蒲士耳燕麦为 32 磅,大豆为 6.9 磅。因而贸易实务中必须考虑贸易对象习惯采用的数量单位及其区别。目前,国际上常用的度量衡制度有:国际单位制,代号为"SI"(International System of units);公制(the Metric System);英制(the British System)和美制(the U. S. System)。

我国的基本计量制度是米制,从 1991 年 1 月 1 日起也开始采用国际单位制。

3.1.3 计量方法

在国际贸易中,按照一般商业习惯,计算重量的方法有以下几种:

> ◇ 毛重
> ◇ 净重
> ◇ 公量
> ◇ 理论重量

1)毛重(gross weight)

毛重指商品本身的重量加上包装物的重量(也即皮重)就等于毛重。这种计重方法一般用于低值物品。

2)净重(net weight)

净重指商品本身的重量,不包括包装的重量,在国际贸易中以重量计价的商品,绝大部分都是按净重计算。但也有一些商品因包装与商品不便分别计量,如卷筒纸即属之;又或者因包装与商品的价格相差无几,如农产品中装粮谷、饲料的麻袋。对于这类商品习惯上均按毛重计价,也称为"以毛作净"(gross for net)。

在采用净重计价时,如何计算包装重量(皮重)有以下几种办法:

①按实际皮重(actual tare)。通过衡量每件包装的实际重量而求得总的包装皮重。

②按平均皮重(average tare)。有些商品的包装材料和规格比较划一,因此从全部商品包装抽出部分包装称其重量,即可求得每件的平均皮重,然后乘以总件数即可得出全部商品的总皮重。

③按习惯皮重(customary tare)。有些商品的包装重量已被市场所公认,因

而无须再行称量,这种已被公认的皮重即为习惯皮重,如装运粮食的机制麻袋公认的重量,每条为 2.5 磅。

④按约定皮重(computed tare)。对于包装的重量不必经过衡量而是按买卖双方事先约定的重量为准。这种计算皮重的方法称为约定皮重。

在国际贸易中,净重有时还包括销售包装的重量,如水果糖常常包括糖纸的重量。但是,有些贵重金属、化工原料等,往往以"净净重"(或纯净重)(net net weight,缩写 Nett)计算重量。所谓纯净重,是指货物本身的重量。从毛重中减去外包装的重量为净重,再从净重中减去内包装的重量即为"净净重"。

 举实例说明毛重、净重、净净重、以毛作净。

3) 公量(conditioned weight)

这种计算重量的方法适用于经济价值高,含水成分又极不稳定的商品,如生丝、羊毛等。指用科学的方法抽出商品中的水分,尔后再加上标准含水量所求得的重量即为公量。国际上公认羊毛、生丝的标准回潮率为 11%。具体计算公量的方法按下面公式:

$$公量 = 干量 + 标准含水量 = \frac{实际重量(1 + 标准回潮率)}{1 + 实际回潮率}$$

今出口羊毛 10 公吨,实际回潮率从货物中抽取小样进行测算,假设抽取 10 公斤,然后用科学方法去掉水分,设若净剩 8 公斤羊毛。问该出口羊毛的公量是多少?

4) 理论重量(theoretical weight)

理论重量适用于某些具有统一规格的货物,如马口铁、钢板等。由于它们具有统一形状和尺寸,只要规格一致、尺寸符合,其重量大致相同,根据其件数即可计算出它的重量。

3.2 合同中的数量条款

合同中的数量条款(quantity clause)是重要条款,一般包括总数量、单位数量、计量单位,是买卖双方交接货物和处理数量争议的依据。《联合国国际货物销售合同公约》规定,按约定的数量交付货物是卖方的一项基本义务,卖方交付的货物必须与合同规定的数量相符。如卖方交货数量大于约定的数量,买方可以拒收多交的部分,也可以收取多交部分中的一部分或全部,但仅按合同价格付款。如卖方交货数量少于约定的数量,卖方应在规定的交货期限满前补交,但不得使买方遭受不合理的不便或承担不合理的开支,即使如此,买方也有保留要求损害赔偿的权利。

本章开头案例 1 中,尽管我方交货总数量和合同相符,但单位数量与合同数量不符,因此,外方可根据国际货物买卖合同的有关规定拒收。这说明在出口交易中我方必须严格按照合同规定的数量条款备货,总数量、单位数量、计量单位都要与合同完全一致,以免造成不必要的损失。那么,在贸易往来中,订立数量条款时,我们应注意哪些问题呢?

3.2.1 正确掌握成交数量

对于出口商品的规定中,应根据国外市场的供求状况、国内货源的供应情况、国际市场的价格动态,再结合国外客户的资料状况和经营能力确定适当的成交量。

对于进口商品应考虑市场实际行情和国内的实际需要,再根据国内支付能力确定进口数量,避免盲目进口。

 如何做到"正确掌握成交数量"？

3.2.2 合理规定数量机动幅度

有些货物由于计量不易精确,或因自然条件的影响,或受包装和运输条件的限制,实际交货数量往往不易符合合同规定的交货数量。为避免发生争议,买卖双方应事先约定并在合同中订明交货数量的机动幅度。一般有两种规定方法：

1) 约量(about or approximate)规定法

约量规定法是指合同数量前加"约"定,对此各国解释不一,有的为 2% ,有的为 2.5% 或 5% 。国际商会《跟单信用证统一惯例》(1993 年修订本,国际商

会第 500 号出版物)第 39 条规定:"凡'约'、'大概'、'大约'或类似的词语,用于信用证金额、数量和单价时,应解释有关金额、数量或单价不超过 10% 的增减幅度。"因此,出现"大约"字样时,可按 10% 增减,但为了避免争议,最好明确。

2)溢短装(more or less)规定法

在合同中规定卖方交货数量,可以按一定的机动幅度多交或少交若干,这种规定通常称为"溢短装条款"。按照国际商会《跟单信用证统一惯例》(第 500 号出版物)规定,除非信用证规定货物的指定数量不得有所增减,在付款总额不超过信用证金额条件下,即使不准分批装运,货物数量允许有 5% 的伸缩。但信用证规定的货物数量如按包装单位或个体计数者此项伸缩则不适用。

 【案例分析】

> 我国某粮油进出口公司向拉美某国购买 12 000 吨小麦,合同规定在数量上可溢短装 5%,由卖方选择。由我方派船接货。而在装货时,国际市场上小麦价格大幅上扬,按规定的价格对卖方不利,卖方因此少装 600 吨(5%),造成空舱给我方带来损失。——问:该种损失是否可以避免?

溢短装一般由卖方规定。如果交易数量大,价格又经常变化时,为防止卖方或买方利用溢短装条款,故意多装或少装,可规定溢短装条款只是为了适应船舶等运输工具的需要才能适用。对大宗货物用程租船运输的情况下,除了有总数的溢短装规定,对每批货的机动幅度也应有规定。

对溢短装部分的货物有两种计价方法,一是按合同价格计算,二是按装船时的市场价格计算。如未规定,则按合同计算。

3.2.3 明确、合理用词

应注意用词明确具体,避免使用笼统含糊的字眼。由上文可以看出,国际上对"约量"的解释各不相同,为了避免不必要的纠纷,买卖双方当事人应对"约量"的含义做出明确的规定。

【课后练习】

一、解释名词

1. 毛重

2. 净重

3. 以毛作净

4. 溢短装条款

5. 公量

二、英文词语翻译

1. gross for net

2. more or less clause

3. conditioned weight

4. gross weight

5. net weight

三、问答题

1. 国际贸易中常用的重量规定的方法有哪几种?

2. 合同中规定数量机动幅度应注意哪些问题?

3. 溢短装条款包括哪些内容? 合同中如何规定? 举例说明。

四、案例分析

1. 我国某出口公司与俄罗斯进行一笔黄豆出口交易,合同中的数量条款规定如下:每袋黄豆净重 100 千克,共 1 000 袋,合计 100 公吨,但货物运抵俄罗斯后,经俄罗斯海关检查发现每袋黄豆净重 94 千克,共 1 000 袋,合计 94 公吨。当时市场黄豆价格下跌,俄罗斯以单货不符为由,提出降价 5% 的要求,否则拒收。请问俄罗斯的要求是否合理? 我方应采取什么补救措施?

2. 中国某公司从国外进口某农产品,合同数量为 100 万吨,允许溢短装 5%,而外商装船时共装运了 120 万吨,对多装的 15 万吨,我方应如何处理?

第4章
合同条款：商品的包装

【本章导读】

本章学习在国际贸易磋商与签订合同时，有关商品的包装条款的一些具体规定以及在实践中要注意的问题以及应用中的技巧。商品的运输标志是学习的重点。

商品的包装（packing of goods），是指为了有效保护商品品质的完好和数量的完整，采用一定的方法将商品置于合适容器中的一种措施。近年来，许多国家对于在市场上销售商品的有关包装管理条例愈来愈严，对此，我们必须了解和适应不同国家规定的特殊要求，否则会造成索赔、退货等经济损失，带来其他不良影响。

4.1 包装的分类

国际货物包装的目的是保护货物本身质量和数量上的完整无损；便于装卸、搬运、堆放、运输和理货；对危险品货物包装还有防护其危害性的作用。在国际货物买卖中，包装是说明货物的重要组成部分，包装条件是买卖合同中的一项主要的条件。按照某些国家的法律规定，如卖方交付的货物未按约定的条件包装，或者货物的包装与行业习惯不符，买方有权拒收货物。如果货物虽按约定的方式包装，但却与其他货物未按约定混杂在一起，买方即可以拒收违反规定包装的那部分货物，甚至可以拒收整批货物。搞好包装工作和按约定的条件包装，对国际商品与货物包装具有重要的意义。

包装的分类方法很多，通常人们习惯把包装分为两大类，即运输包装和销售包装。

表4.1 包装的分类

商品分类 （大类）	小 类	细 目
运输包装	单价运输包装	一
	集合运输包装	集装包（袋）
		托 盘
		集装箱（干货集装箱、冷冻集装箱、开顶式集装箱、散装货集装箱……）
销售包装	陈列展销类	堆叠式包装、挂式包装、展开式包装
	识别商品类	开窗包装、透明包装、习惯包装
	使用类	携带式包装、易开包装、喷雾包装、礼品包装

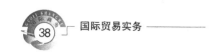

1)运输包装

商品在运输过程中,不一定都需要包装。随着运输装卸技术的进步,越来越多的大宗颗粒状或液态商品,如粮食、水泥、石油等,都采用散装方式(称其为散装货)(cargo in bulk),即直接装入运输工具内运送,配合机械化装卸工作,既降低了成本,又加快了速度。另外有一类可以自行成件的商品,在运输过程中,只需加以捆扎即可,这种方式称为裸装(称其为裸装货)(nude cargo),如车辆、钢材、木材等。但绝大多数商品,在长途运输过程中,需要进行运输包装。运输包装又称为外包装,是以运输为主要目的的包装,这种包装具有保障产品安全,方便储运、装卸,加速交接、点验等作用。它通常又分为单件运输包装和集合运输包装。

(1)单件运输包装

单件运输包装是货物在运输过程中作为一个计件单位的包装。单件包装从不同的角度分类,可以分为以下几种:

①以包装容器形状分类:可分为箱(case)、桶(drums)、袋(bags)、包(bales)、筐(pannier)、捆(bundles)、罐(jar)、缸(bowl)、瓶(bottle)等。

②以包装材料分类:铁桶(iron drums)、木箱(wooden casks)、纸箱(cartons)、木桶(woodencase)、塑料桶(plastic casks)、纸袋(paper bags)、麻袋(gunny bags)、塑料袋(plastic bags)。

(2)集合运输包装

集合运输包装,是在单件包装的基础上,把若干单件组合成一件大包装,以适应港口机械化作业的要求。集合运输包装能更好地保护商品,提高装卸效率,节省运输费用。

在国际贸易当中,由于商品流通的加快和对货物运输的要求提高,集合式的运输包装应用得越来越广。很多国家都明文规定进口物品的包装都必须使用集合式的运输包装。集合式的运输包装主要包括集装箱、集装袋和托盘。

①集装箱(container)。所谓集装箱,是指具有一定强度、刚度和规格专供周转使用的大型装货容器。使用集装箱转运货物,可直接在发货人的仓库装货,运到收货人的仓库卸货,中途更换车、船时,无须将货物从箱内取出换装。它既是货物的运输包装,又是货物的运输工具,一般由承运人提供。集装箱规格众多,目前国际上最通用的集装箱规格是20(20×8×8)英尺和40(40×8×8)英尺两种。

20英尺长集装箱的载货重量,最高可达17.5公吨,其容积为31~35米^3;

40 英尺长集装箱的载货重量,最高可达 22 公吨,其容积为 68 米³。但一般在计算集装箱的流通时,都以 20 英尺集装箱作为计算衡量单位。20 英尺的集装箱其容积约为 31 米³,但实际装货最多不超过 17 公吨或 25 米³。一般计算集装箱的流通量时,都以 20 英尺集装箱作为计算衡量单位,通常用"TEU"(twenty-foot equivalent unit)表示。

　　集装箱的种类很多,按其用途不同分类,有干货集装箱(dry container),用以装载除液体货、需要调节温度货物及特种货物以外的一般件杂货;开顶集装箱(open top container),这是一种没有刚性箱顶的集装箱,但有可折式顶梁支撑的帆布、塑料布或涂塑布制成的顶篷,其他构件与干货集装箱类似;台架式及平台式集装箱(platform based container),台架式集装箱是没有箱顶和侧壁,甚至有的连端壁也去掉而只有底板和四个角柱的集装箱;通风集装箱(ventilated container),这种集装箱一般在侧壁或端壁上设有通风孔,适于装载不需要冷冻而需通风、防止汗湿的货物,如水果、蔬菜等;冷藏集装箱(frozen container),箱内有恒温设备,温度可在 −28 ~ +26℃ 之间调整,适用于装载肉类、水果等货物;散货集装箱(cargo in bulk container),这种集装箱除了有箱门外,在箱顶部还设有 2 ~ 3 个装货口,适用于装载粉状或粒状货物;动物集装箱(cattle container),这种集装箱两侧有金属网,便于喂养牲畜和通风;罐式集装箱(tank container),这是一种专供装运液体货而设置的集装箱,如酒类、油类及液状化工品等货物;汽车集装箱(car container),这种集装箱无侧壁,仅设有框架和箱底,专为装运小型轿车而设计;服装集装箱(garment container), 这是一种适合于装运服装类商品的集装箱。

　　自从出现集装箱运输之后,不少国家的港口为了提高装卸货物速度和码头的利用率,往往规定进口货物必须使用集合运输包装,否则不准进口卸货。像伊朗、沙特阿拉伯、伊拉克等国对于包装材料也有严格限制,如不符合规定的就限制进口或课以重税;又例如英国也限制使用玻璃、陶瓷等材料制造包装;美国、日本、加拿大等国禁用干草、报纸作为包装衬垫;此外,许多国家在运输包装的重量方面,在危险品的防爆防毒方面也有严格的规定。因此必须及时了解不同国家的有关规定和习惯。

　　②集装袋(flexible container)。集装袋又称柔性集装箱,它是一种合成纤维或复合材料编织成的圆形大口袋或方形大包,一般 1 ~ 4 吨,最多可达 13 吨。集装袋配以起重机或叉车,就可以实现集装单元化运输。它适用于装运大宗散状、粉粒状物料。它的特点是结构简单,自重轻,可以折叠,回空所占空间小,价格低廉。

③托盘(plate)。它是按一定规格制成的单层或双层平板载货工具,在平板上集装一定数量的单件货物,并按要求捆扎加固,组成一个运输单位。

托盘通常以木制为主,但也有用塑料、玻璃纤维或金属制成的。托盘上可以再加上层装置。常见的托盘有平板托盘(flat plate)、箱形托盘(box plate)、柱形托盘(post plate)等。

使用集合运输包装可以加速装卸和更好地保护货物。有些国家为了提高装卸速度和港口码头使用效率,常常在信用证上规定进口货物必用集合运输包装,有的港口甚至规定进口货物如果不使用集合运输包装,不许卸货。

2) 销售包装(consumer package, sales package)

(1) 销售包装种类

在 GB/T 4122.1—1996 国家标准中定义为:"销售包装是以销售为主要目的,与内装物一起到达消费者手中的包装。它具有保护、美化、宣传产品,促进销售的作用。"

销售包装采用何种形式,主要根据商品特性和形状而定,常见的销售包装有下列几种:

①挂式包装;

②堆叠式包装;

③携带式包装;

④易开包装;

⑤喷雾包装;

⑥配套包装;

⑦礼品包装;

⑧复用包装。

(2) 物品条码标志(product code)

物品条码标志是一种产品代码,它是由一组粗细间隔不等的平行线条及其相应的数字组成的标识。国际物品编码协会 EAN(European article number)条码由 12 位数字的产品代码和 1 位校验码组成,前 3 位数字为国别码,中间 4 位数字为厂商号,后 5 位数字为产品代码。

国际上通用的条形码有两种：

①由美国、加拿大组织的统一编码委员会 UCC(universal code council)编制，其使用的物品标识符号为 UPC(universal product code)。

②由欧共体 12 国成立的欧洲物品编码协会编制，该组织后改名为国际物品编码协会(international article number association)，其使用的物品标识符号为 EAN(European article number)码。除非国外进口商特别要求，一般使用 EAN 码，但出口到北美地区的食品，必须使用 UPC 码。

为了适应国际市场的需要，扩大出口，1988 年 12 月中国建立了"中国物品编码中心"，负责推广条形码技术，并对其统一管理。1991 年 4 月中国正式加入国际物品编码协会。我国的国别号为 690。

【案例分析】

在荷兰某一超级市场上有黄色竹制罐装的茶叶一批，罐的一面刻有中文"中国茶叶"四字，另一面刻有我国古装仕女图，看上去精致美观，颇有民族特点，但国外消费者少有问津。——问：其故何在？

4.2　包装的标志

包装标志是为了便于货物交接、防止错发错运，便于识别，便于运输、仓储和海关等有关部门进行查验等工作，也便于收货人提取货物，在运输的外包装上书写、压印、贴印、刷制的图形、文字和数字等记号，按其用途可分为运输标志、指示标志和警告标志等。

运输包装的具体分类见下表：

运输包装标志	分　类	定　义
	运输标志 (shipping mark)	又称唛头，常由一个简单的几何图形和一些字母、数字及简单的文字组成
	指示性标志 (indicative mark)	是提示人们在装卸、运输和保管过程中需要注意的事项，一般都是以简单醒目的图形、文字表示
	警告性标志 (warning mark)	又称危险品标志，是指在易燃、易爆、有毒、有放射性等危险品的外包装上做上一些醒目的标志，以警告有关人员不得掉以轻心

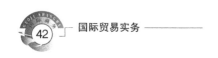

1）运输标志（shipping mark）

运输标志，即唛头（mark）。这是贸易合同、发货单据中有关标志事项的基本部分。它一般由一个简单的几何图形以及字母、数字等组成。唛头的内容包括：目的地名称或件号，收货人或发货人的代用简字或代号、件号（即每件标明该批货物的总件数），体积（长×宽×高），重量（毛重、净重、皮重）以及生产国家或地区等。按《国际货物销售合同公约》规定，在商品特定化以前，风险不转移到买方承担。而商品特定化最常见的有效方式，是在商品外包装上，标明运输标志。此外，国际贸易主要采用的是凭单付款的方式，而主要的出口单据如发票、提单、保险单上，都必须显示出运输标志。商品以集装箱方式运输时，运输标志可被集装箱号码和封口号码取代。

按 ISO 建议的唛头应为 4 行，每行不得超过 17 个字母，不采用几何图形（因为几何图形不能用打字机一次做成，且易有所疏漏）。例如：

ABC ———————	收货人代号
SC9823 ———————	合同号码
CHONGQING ———————	目的港
No. 4-20 ———————	件号（顺序号和总件数）

【案例分析】

我方某商品出口，在与外商签订合同时规定由我方出唛头，因此，我方在备货时就已将唛头刷好，但到装船前不久，国外开来的信用证上又指定了唛头。——问：在这种情况下应如何处理？

2）指示性标志（indicative mark）

按商品的特点，对于易碎、需防湿、防颠倒等商品，在包装上用醒目图形或文字，标明"小心轻放"、"防止雨淋"、"此端向上"等等。

3) 警告性标志(warning mark)

对于危险物品,例如易燃品、有毒品或易爆炸物品等,在外包装上必须以图形及文字醒目标明,以示警告。对危险性货物的包装储运,各国政府制定有专门的法规,应严格遵照执行。

【案例分析】

> 我方某公司出口一批货物到美国,合同规定用塑料袋包装,每件要使用英语、法语两种文字的唛头。但我方某公司实际交货改用其他包装代替,并使用只有英文的唛头。国外商人为了适应当地市场的销售要求,不得不雇人重新更换包装和唛头。后向我方提出索赔。——问:从该案例中可以得到什么启示?

4.3　中性包装

采用中性包装(neutral packing)和定牌生产,是国际贸易中常用的习惯做法。中性包装是指既不标明生产国别、地名和厂商名称,也不标明商标或品牌的包装。也就是说,在出口商品包装的内外,都没有原产地和厂商的标识。

中性包装包括无牌中性包装和定牌中性包装两种。前者,是指包装上既无生产国别和厂商名称,又无商标或品牌,俗称"白牌";后者,是指卖方按买方要求在其出售的商品或包装上标明买方指定的商标或牌号,但无生产国别和厂商名称,这种做法也叫定牌生产。在国际贸易中,定牌商品有的在其定牌商标下标明产地,有的则不标明产地和生产厂商。后一种做法,称为定牌中性。我国目前接受外商定牌的出口产品很多,大部分均标明"中国制造"。

在定牌业务中,要特别注意买方指定的商标是否存在侵权的行为。对此,可以在合同中规定:"买方指定的商标,当发生被第三者控告侵权时,应由买方

与控告方交涉,与卖方无关,并由此给卖方造成的损失由买方负责赔偿。"

采用中性包装,是为了打破某些进口国家与地区的关税和非关税壁垒以及适应交易的特殊需要(如转口销售等),它是出口国家厂商加强对外竞销和扩大出口的一种手段。为了把生意做活,我们对国际贸易中的这种习惯做法,也可酌情采用。但使用时要注意避免发生知识产权纠纷。

【案例分析】

> 越南某轻工业进出口公司与中国某电钻厂洽谈业务,打算从我国进口"菊花"牌电钻5 000个,但要求我方改用"鲨鱼"牌商标,并在包装上不得注明"Made in China"字样。——问:我方是否可以接受?在处理此项业务时,应注意什么问题?

4.4　合同中包装条款表述的技巧

4.4.1　合同中的包装条款

包装条款(packing clause)主要规定货物的包装方式、包装材料、包装费用的负担和运输标志。按照国际贸易习惯和某些资本主义国家的法律规定,包装条件是主要的交易条件之一,是货物说明的组成部分。如果货物的包装与合同规定或行业习惯有重大不符时,买方有权索赔损失,甚至拒收货物。

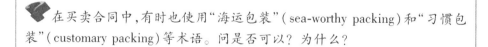
> 在买卖合同中,有时也使用"海运包装"(sea-worthy packing)和"习惯包装"(customary packing)等术语。问是否可以?为什么?

1)包装方式和包装材料问题

在合同中要明确使用的包装方式及包装材料,一般包括用料、尺寸、每件重量,以及填充物料和加固条件等,不能含糊,以免造成争议。经买卖双方约定,包装材料由买方负责供应时,合同中应规定包装材料最迟到达卖方的时期和逾期到达的责任。例如,包装:每件装一塑料袋,半打为一盒,10打装一纸箱(Packing: each piece in a polybag , half dozen in a box and 10 dozen in a carton)。

2) 包装费用负担问题

包装费用一般包括在货价之内,不另计算。但如果买方有特殊要求,其超出的费用应由买方负责,在合同中应注明。在进口合同中,特别是对于包装技术性较强的商品,通常要在价格条款的后面注明"包括包装费用"(Packing charges included),以免事后发生纠纷。

3) 运输标志

运输标志按国际惯例,一般由卖方设计确定,也可由买方决定。但在签约时,进口单位必须提出明确的要求和责任,以减少运输过程中不必要的损失。

4.4.2　订立包装条款时的原则

包装条款的制订应认真对待,仔细详尽的包装条款是销售合同的重要组成部分,制订时一般应掌握以下原则:

①商检规定法定检验的商品以及列有包装条件的商品,在签订合同时应按法定检验规定办事,不属于法定检验的商品,其包装条款由双方商定。

②如客户要求我方出口商品使用其指定或提供的标贴牌号,为防止涉嫌仿冒和侵权,应由买方事先提供"授权生产"等证明。

③我方能够按质按量供应出口包装,应尽量采用我方包装,如由客户提供包装,应在合同中注明客户供应包装的最后到达日期,以防影响备货。同时应注明如发生物料、标贴等延迟到达,对方应负担损失。

④如双方按中性包装条款成交,则商品的内外包装上均不能有"中国制造"的中英文字样,也不能使用印有中文的纸做衬垫和包装。由于各国对食品、药品和纺织品、服装均严格规定要标示原产地,这些商品的包装应按进口国产品标示法规进行标贴。

⑤装运标志的内容和式样通常由买方指定,如买方不予指定,也可由卖方确定并通知收货人。

⑥若买方开来的信用证只提出"Seaworthy Packing",而未提出详细的包装条款,卖方应按照报价单和商品样本目录上所载的包装方式对商品进行包装,不得随意更改。

⑦如买方要求提供额外的特殊包装,费用和支付方式应在合同中规定。

另外,应注意到在一些合同中,包装条款仅写明"标准出口包装"(Standard

Export Packing),这是一个较为笼统的概念。界定包装是否符合"标准出口包装"的要求,在国际上并没有统一的标准,因此,国外一些出口商在这方面大做文章,偷工减料,以减少包装成本。

因此,订立合同的包装条款,应对必须使用的包装物料、包装方式、包装费用及运输标志作出明确规定,对发货人进行有效的约束,避免货物残损。

【案例分析】

国内甲公司与国外乙客户在 2005 年 12 月份下了 1×40′ 集装箱产品 P1 (货号为 118-12)的订单。客户要求所有包装上不能显示货号"118",由于此次进口国海关对于"118"等几种产品征收很高的反倾销关税,所以客户有此要求。而甲公司在给供应商下订单上仅仅注明了在货物的外箱上不能注明"118",其他具体要求跟此客户以前的出货一致(以前订单的产品包装上都有"118"),所以造成产品包装生产下来都有"118"字样。客户在收到甲公司寄来的货样照片时,发现产品上仍有"118"字样,随即提出去掉"118"字样,由于货物已全部完成,若更换其他产品会造成 5 万元的经济损失,同时交货期将推迟 20 天。甲公司告诉客户货物已全部生产完毕,若返工将损失 5 万元并希望客户接受有"118"的产品。最后客户答应愿意接受这批货物,但是客户疏通海关需要 USD 2 000.00 的费用,甲公司只好同意接受了。——试分析从上述案例中甲公司可以吸取的教训。

【课后练习】

一、解释名词

1. 中性包装

2. 物品条码

3. 指示性标志

4. 唛头

5. 包装条款

二、英文词语翻译

1. shipping mark

2. packing charges

3. product code

4. indicative mark

5. bulk cargo

三、问答题

1. 试述包装的意义及其内容。

2. 选用包装时应注意哪些问题?

3. 包装条款的内容主要有哪些?

四、案例分析

1. 某公司在一笔出口业务中,合同规定由买方指定唛头。尔后,在开来信用证的第一页最下行"Shipping Mark"处填有 P. T. O. 字样。问这是不是唛头,卖方应如何操作?

2. 我方出口某种化工原料,共 500 公吨。合同与来证均规定为麻袋装。但我方到装船发货时才发现麻袋装的货物只够 450 公吨,所缺 50 公吨便以塑料袋装的同样货物充抵,问这样做有无问题?

3. 对于装在同一船上的同样的货物,其包装、毛净重又均相同的选港货,为什么在唛头上最好不要刷件号(指箱或桶的顺序编号)?

4. 我方出口自行车 800 辆,合同规定木箱装,来证为:Packed in Wooden Case。但在 Case 之后加有 C. K. D. 字样。我方所有单据按来证照打。结果货到目的港被海关罚款并多上税。因而买方向我方索赔。问我方有无责任?

第5章
合同条款：商品的对外报价

【本章导读】

　　本章学习国际贸易中涉及的 13 个国际贸易术语，以及这些术语的含义、区别；在学习贸易术语的基础上，学习在国际贸易中如何对外报价，如何计算佣金、折扣，核算外贸效益，以及在实际报价中要注意的问题和应用中的技巧。FOB、CFR、CIF 三个贸易术语的含义、区别、使用中的技巧以及对外报价时相互之间的换算是学习的重点。

商品的对外报价是国际货物买卖合同中不可缺少的主要条件之一,恰当的报价及贸易术语的选择是贸易成功的关键因素。

在对外贸易往来中,我们碰到下列贸易纠纷,该如何解决及避免呢?

案例1

国内某贸易公司以 FOB 条件进口一批货物。在目的港卸货时,发现有几件货物外包装破裂,并且货物有被水浸的痕迹。经调查,货物是在装船时因吊钩不牢掉在甲板上摔破的,因包装破裂导致里面的货物被水浸泡。试分析该贸易公司能否以对方未完成交货义务为由提出赔偿。

案例2

我国某公司按 CIF 条件成交出口货物一批,信用证规定装运期为 4 月份,该公司于 4 月 19 日将货物运出后,即凭全套货运单据(海运提单、保险单和商业发票等)向银行议付,随即获得全部货款。4 月 22 日,买方来电宣称:货物在海上全部消失,要求卖方退还全部货款,并要求卖方向保险公司办理索赔事宜。对此,双方应如何解决?

5.1 国际贸易术语的含义、作用以及国际惯例

国际贸易的买卖双方分处两国,相距遥远,在卖方交货和买方接货的过程中,涉及许多问题。例如:由何方洽租运输工具、装货、卸货、办理货运保险、申领进出口许可证和报关纳税等进出口手续,由何方支付运费、装卸费、保险费、税捐和其他杂项费用,由何方负担货物在运输途中可能发生的损坏和灭失的风险。如果每笔交易都要求买卖双方对上述手续、费用和风险逐项反复洽商,将耗费大量的时间和费用,并影响交易的达成。为此,在国际贸易的长期实践中,逐渐形成了各种不同的贸易术语。在一笔出口或进口贸易中,通过使用贸易术语,即明确买卖双方在手续、费用和风险方面的责任划分,以促进交易的达成。

5.1.1 国际贸易术语的含义

贸易术语(trade terms)又称贸易条件、价格术语,是进出口商品价格的一个重要组成部分。它是用一个简短的概念(如"Free on Board")或三个字母的缩写(如"FOB"),来说明交货地点、商品的价格构成和买卖双方有关费用、风险和责任的划分,确定卖方交货和买方接货应尽的义务。

在国际贸易中采用某种专门的贸易术语,主要是为了确定交货条件,即说明买卖双方在交接货物方面彼此承担责任、费用和风险的划分。例如,按装运港船上交货条件(FOB)成交与按目的港船上交货条件(DES)成交,由于交货条件不同,买卖双方各自承担的责任、费用和风险就有很大区别。同时,贸易术语也可用来表示成交商品的价格构成因素,特别是货价中所包含的从属费用。由于其价格构成因素不同,所以成交价格应有所区别。不同的贸易术语表明买卖双方各自承担不同的责任、费用和风险,而责任、费用和风险的大小又影响成交商品的价格。一般来说,凡使用出口国国内交货的各种贸易术语,如工厂交货(EXW)和装运港船边交货(FAS)等术语,卖方承担的责任、费用和风险都比较小,所以商品的售价就低;反之,凡使用进口国交货的各种贸易术语,如目的港码头交货(DEQ)和完税后交货(DDP)等术语,卖方承担的责任、费用和风险则比较大,这些因素必然要反映到成交商品的价格上。所以,在进口国交货的价格自然要高,有时甚至高出很多。

由此可见,贸易术语具有两重性,即一方面表示交货条件,另一方面表示成交价格的构成因素。这两者是紧密相关的。

5.1.2　国际贸易术语的作用

贸易术语在国际贸易中的作用,有以下几个方面:

1)有利于买卖双方洽商交易和订立合同

由于每种贸易术语都有其特定的含义,因此,买卖双方只要商定按何种贸易术语成交,即可明确彼此在交接货物方面所应承担的责任、费用和风险。这就简化了交易手续,缩短了洽商交易的时间,从而有利于买卖双方迅速达成交易和订立合同。

2)有利于买卖双方核算价格和成本

由于贸易术语是表示商品价格构成的因素,所以,买卖双方确定成交价格时,必然要考虑采用的贸易术语中包含哪些从属费用,这就有利于买卖双方进行比价和加强成本核算。

3)有利于买卖双方解决履约当中的争议

买卖双方商订合同时,如某些合同条款规定不够明确,致使履约当中产生争议不能依据合同的规定解决，在此情况下，可以援引有关贸易术语的一般解释来处理。因为，贸易术语的一般解释已成为国际惯例，它是大家所遵循的一种类似行为规范的准则。

5.1.3　贸易术语的国际贸易惯例

在国际贸易中使用贸易术语，始于 19 世纪。随着国际贸易的发展，逐渐形成了一系列贸易术语，各种特定行业对各种贸易术语也有各自特定的解释和规定。因此，在使用贸易术语时，由于对贸易术语解释的不同，会出现矛盾和分歧。为解决这些矛盾，以便于国际贸易的发展，国际商会、国际法协会等国际组织以及美国一些著名商业团体经过长期的努力分别制定了解释国际贸易术语的规则，这些规则在国际上被广泛采用，从而形成为国际贸易惯例，并受到各国广泛的欢迎和使用。由此可见，习惯做法与贸易惯例是有区别的。国际贸易中反复实践的习惯做法只有经国际组织加以编纂与解释才形成为国际贸易惯例。

国际贸易惯例的适用是以当事人的意思自治为基础的，因为，惯例本身不是法律，它对贸易双方不具有强制性，故买卖双方有权在合同中作出与某项惯例不符的规定。但是，国际贸易惯例对贸易实践仍具有重要的指导作用。在我国的对外贸易实践中，在平等互利的前提下，适当采用这些国际惯例，有利于外贸业务的开展。而且，通过学习和掌握有关国际贸易惯例的知识，可以帮助我们避免或减少贸易争端。在发生争议时，也可以引用有关惯例，争取有利地位，减少不必要的损失。

有关贸易术语的国际贸易惯例主要有以下 3 种：

1)《1932 年华沙—牛津规则》(Warsaw-Oxford Rules 1932)

《华沙—牛津规则》是国际法协会专门为解释 CIF 合同而制定的。19 世纪中叶，CIF 贸易术语开始在国际贸易中得到广泛采用，然而对使用这一术语时买卖双方各自承担的具体义务，并没有统一的规定和解释。对此，国际法协会于 1928 年在波兰首都华沙开会，制定了关于 CIF 合同的统一规则，称之为《1928 年华沙规则》，共包括 22 条。其后，将此规则修订为 21 条，并更名为《1932 年华沙—牛津规则》，沿用至今。这一规则对于 CIF 的性质、买卖双方所承担的风险、责任和费用的划分以及所有权转移的方式等问题都作了比较详细的解释。

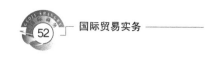

2)《1941 年美国对外贸易定义修订本》(Revised American Foreign Trade
Definitions 1941)

《美国对外贸易定义》是由美国几个商业团体制定的。它最早于 1919 年在
纽约制定,原称为《美国出口报价及其缩写条例》,后来于 1941 年在美国第 27
届全国对外贸易会议上对该条例作了修订,命名为《1941 年美国对外贸易定义
修订本》。

《美国对外贸易定义》中所解释的贸易术语共有 6 种,分别为:

①Ex(Point of Origin,产地交货);

②FOB(Free on Board,在运输工具上交货);

③FAS(Free Along Side,在运输工具旁边交货);

④C&F(Cost and Freight,成本加运费);

⑤CIF(Cost,Insurance and Freight,成本加保险费、运费);

⑥Ex Dock(Named Port of Importation,目的港码头交货)。

《美国对外贸易定义》主要在北美国家采用。由于它对贸易术语的解释与
《国际贸易术语解释通则》有明显的差异,所以,在同北美国家进行交易时应加
以注意。

3)《2000 年国际贸易术语解释通则》(《INCOTERMS 2000》)

《国际贸易术语解释通则》(International Rules for the Interpretation of Trade
Terms,INCOTERMS)。这是由国际商会制定并进行过多次修订。在进入 21 世
纪之际,国际商会广泛征求世界各国从事国际贸易的各方面人士和有关专家的
意见,对实行 60 多年的《国际贸易术语解释通则》进行了全面的回顾与总结。
为使贸易术语更进一步适应世界上无关税区的发展、交易中使用电子信息的增
多以及运输方式的变化,国际商会再次对《国际贸易术语解释通则》进行修订,
并于 1999 年 7 月公布《2000 年国际贸易术语解释通则》,简称《INCOTERMS
2000》(以下简称《2000 年通则》)。《2000 年通则》于 2000 年 1 月 1 日起生效。
《2000 年通则》的公布和实施,使《国际贸易术语解释通则》更适应当代国际贸
易的实践,这不仅有利于国际贸易的发展和国际贸易法律的完善,而且起到了
承上启下、继往开来的作用,标志着国际贸易惯例的最新发展。

(1)《2000 年通则》的适用范围

《2000 年通则》明确了适用范围,该通则只限于销售合同当事人的权利、义
务中与交货有关的事项。其货物是指"有形的"货物,不包括"无形的"货物,如

电脑软件等。本通则只涉及与交货有关的事项,如货物的进出口清关、货物的包装、买方受领货物的义务以及提供履行各项义务的凭证等。不涉及货物所有权和其他产权的转移、违约、违约行为的后果以及某些情况的免责等。有关违约的后果或免责事项,可通过买卖合同中其他条款和适用的法律来解决。

(2)《2000年通则》中的贸易术语

在《2000年通则》中,根据买卖双方承担义务的不同,将13种贸易术语划分为下列4组:

E组(启运)

E组仅包括EXW(工厂交货)一种贸易术语。当卖方在其所在地或其他指定的地点(如工厂、工场或仓库等)将货物交给买方处置时,即完成交货。卖方不负责办理货物出口的清关手续以及将货物装上任何运输工具。EXW术语是卖方承担责任最小的术语。

F组(主要运费未付)

F组包括FCA(货交承运人)、FAS(装运港船边交货)和FOB(装运港船上交货)三种贸易术语。在采用装运地或装运港交货而主要运费未付的情况下,即要求卖方将货物交至买方指定的承运人或指定装运港时,应采用F组术语。按F组术语签订的买卖合同属于装运合同。

在F组术语中,FOB术语的风险划分与C组中的CFR和CIF术语是相同的,均以装运港船舷为界。但如合同当事人无意采用越过船舷交货,可相应地采用FCA、CFR和CIP术语。

C组(主要运费已付)

C组包括CFR(成本加运费)、CIF(成本、保险费加运费)、CFR(运费付至目的地)和CIP(运费/保险费付至目的地)四种贸易术语。按此类术语成交,卖方必须订立运输合同,并支付运费,但对货物发生灭失或损坏的风险以及货物发运后所产生的费用,卖方不承担责任。C组术语包括两个"分界点",即风险划分点与费用划分点是分离的。按C组术语签订的买卖合同属于装运合同。

从上述可以看出,C组术语和F组术语具有相同的性质,即卖方都是在装运国或发货国完成交货义务。因此,按C组术语和F组术语订立的买卖合同都属于装运合同。

D组(到达)

D组包括DAF(边境交货)、DES(目的港船上交货)、DEQ(目的港码头交货)、DDU(未完税交货)和DDP(完税后交货)五种贸易术语。采用D组术语,卖方应负责将货物运至边境或目的港(port)或进口国内约定目的地(place)或地点(point),并承担货物运至该地以前的全部风险和费用。按 D 组术语订立的买卖合同属于到货合同。

　　在《2000 年通则》中,对各种贸易术语采用上述分类排列方法,科学合理,一目了然,便于理解和使用。为了便于查找和使用各种贸易术语,现将贸易术语分类排列如表5.1 所示。

表5.1　贸易术语分类表

E 组 (启运)	EXW(Ex works)	工厂交货
F 组 (主要运费未付)	(1)FCA(Free Carrier) (2)FAS(Free Alongside Ship) (3)FOB(Free on Board)	货交承运人 装运港船边交货 装运港船上交货
C 组 (主要运费已付)	(1)CFR(Cost and Freight) (2)CIF(Cost,Insurance and Freight) (3)CPT(Carriage Paid To) (4)CIP(Carriage and Insurance Paid To)	成本加运费 成本、保险费加运费 运费付至目的地 运费/保险费付至目的地
D 组 (到达)	(1)DAF(Delivered at Frontier) (2)DES(Delivered Ex Ship) (3)DEQ(Delivered Ex Quay) (4)DDU(Delivered Duty Unpaid) (5)DDP(Delivered Duty Paid)	边境交货 目的港船上交货 目的港码头交货 未完税交货 完税后交货

5.2　国际贸易术语的内容

　　在国际货物买卖过程中,有关交易双方责任和义务的划分,是一个十分重要的问题。为了明确交易双方在货物交接过程中,有关风险、责任和费用的划分,交易双方在洽商交易和订立合同时,通常都要商定采用何种贸易术语,并在合同中订明。贸易术语是国际货物买卖合同中不可缺少的重要内容,从事国际贸易的人员,必须了解和掌握国际贸易中现行的各种贸易术语及其有关的国际贸易惯例,以便正确选择和使用各种贸易术语。在我国对外贸易中,经常使用的主要贸易术语为 FOB、CFR 和 CIF3 种。近年来,随着集装箱运输和国际多式联运的发展,采用 FCA、CPT 和 CIP 贸易术语的也日渐增多。因此,首先应对这几种主要贸易术语的解释和运用有所了解。

5.2.1 对 FOB 术语的解释

FOB 的全文是 Free on Board(...named port of shipment)，即装运港船上交货(……指定装运港)。

FOB 是指卖方在指定的装运港将货物装船，货物越过船舷后，即履行了其交货义务。也就是说装运港船舷是风险划分的界限，货物越过船舷后买方必须从那时起承担一切费用以及货物灭失或损坏的一切风险。但出口报关要卖方负责。该术语后只能跟装运港名称，只适于海洋运输。如合同当事人不采用越过船舷交货，则采用 FCA 术语更为适宜。

1) 买卖双方的基本义务

按照《2000 年通则》，FOB 合同买卖双方的主要义务如表 5.2 所示。

表 5.2　FOB 合同买卖双方的主要义务

当事人　义务	卖　方	买　方
责　任	取得出口国家的有关出口所需的各种证件并办理出口手续 在合同规定的日期或期限，在指定装运港将货物装上买方指定的船只，并及时通知买方 提供符合合同的货物和商业发票或相等的电子信息，以及按合同要求的其他有关证件	取得进口国家的有关证件，并办理进口手续 安排运输，订立从指定装运港至目的港的运输合同，并将船期、船名等通知卖方，以及自办货物运输保险 接受符合合同规定的货运单证，支付价款，受领货物
费　用	货物在指定装运港越过船舷前的一切费用 出口报关费用和出口应缴纳的一切税捐	货物在指定装运港越过船舷后的一切费用，包括运费、保险费等 进口报关费用，进口关税及需经另一国过境时所应缴纳的一切税捐
风　险	货物在指定装运港越过船舷前的一切风险	货物在指定装运港越过船舷后的一切风险

如本章开头案例中，按照 FOB 术语，卖方承担货物的风险从货物于装运港越过船舷时开始转移给买方，本案例中，包装物破裂不是在越过船舷前而是在越过船舷后发生的，该项损失按风险划分界限，理应由贸易公司自己承担。

2)《1941 年美国对外贸易定义修订本》对 FOB 的解释

《1941 年美国对外贸易定义修订本》(以下简称《修订本》)对 FOB 的解释有 6 种,其中只有第 5 种"指定装运港船上交货"——FOB Vessel(named port of shipment)与《2000 年通则》对 FOB 术语的解释相近。所以,《修订本》对 FOB 的解释与运用,同国际上的一般解释与运用有明显的差异,这主要表现在以下几个方面:

①美国惯例把 FOB 笼统地解释为在某处某种运输工具上交货,其适用范围很广,因此,在同美国、加拿大等国的商人按 FOB 订立合同时,除必须标明装运港名称外,还必须在 FOB 后加上"船舶"(Vessel)字样。如果只订为"FOB San Francisco"而漏写"Vessel"字样,则卖方只负责把货物运到旧金山城内的任何处所,不负责把货物运到旧金山港口并交到船上。

②在风险划分上,不是以装运港船舷为界,而是以船舱为界,即卖方负担货物装到船舱为止所发生的一切丢失与损坏。

③在费用负担上,规定买方要支付卖方协助提供出口单证的费用以及出口税和因出口而产生的其他费用。

3)实际业务中要注意的问题

在具体业务中,使用 FOB 术语时,应注意以下几个问题:

(1)风险划分的问题

按照 FOB 的定义,卖方承担货物越过"船舷"之前的一切风险,包括在装船时货物跌落码头或海中所造成的损失,均由卖方承担。货物上船后,包括在运输过程中所发生的损坏或灭失,则由买方承担。"船舷为界"是一种历史遗留的规则,由于其界限分明,易于理解和接受,故沿用至今。严格地讲,以船舷为界只是说明风险划分的界限,并不是指责任和费用划分的界限,因为装船作业是一个连续的过程,它包括货物从岸上起吊,越过船舷,装入船舱。如果卖方承担了装船的责任,他必须完成上述作业,而不可能在船舷办理交接。

(2)船货衔接问题

在 FOB 条件下,买方负责租船订舱,并将船名和到港日期通知卖方,卖方负责在合同规定的期限和装运港,将货物装上买方指定的船只。由于租船订舱和在指定港口、指定船交货两项相互联系的责任分属买方和卖方,须在时间上做好衔接。在船货不能很好衔接时产生的额外费用和风险,视情况由买方或卖方承担。可按下列情形处理:

①如果买方迟于装运期派船到港,则由此产生的卖方仓储费用等支出的增加,以及因迟收货款而造成的利息损失,均应由买方负责。

②如果买方未能在装运期届满前到港接货,只要货物已经按合同要求备妥待装,则风险在交货期届满之时起由卖方转移给买方,这时风险在"越过船舷"前发生转移。

③如果买方在合同规定的装运期内派船到港,而卖方货未备妥,不能在规定的期限内将货物全部装船,则卖方应承担由此而造成的空舱费(dead freight)或滞期费(demurrage charges)。

因此,采用 FOB 术语时,买卖双方要在合同中明确规定有关船货衔接的事项,避免日后纠纷。

(3)装船费用问题

按 FOB 术语成交,如果采用班轮运输,与装船有关的各项费用均包括在班轮运费之中,由买方负担。但是,如果采用租船运输,按照船运惯例,船方一般不负担装船费用。在这种情况下,买卖双方应在合同中明确装船、理舱、平舱费用的负担问题,避免日后因此发生争议。在实际业务中,可以选用 FOB 术语变形,以明确有关费用的负担问题。FOB 的变形只是为了说明装船费用的负担问题,并不改变交货地点和风险划分的界限。

4)FOB 的变形

在按 FOB 条件成交时,卖方要负责支付货物装上船之前的一切费用。但各国对于"装船"的概念没有统一的解释,有关装船的各项费用由谁负担,各国的惯例或习惯做法也不完全一致。如果采用班轮运输,船方管装管卸,装卸费计入班轮运费之中,自然由负责租船的买方承担;而采用程租船运输,船方一般不负担装卸费用。这就必须明确装船的各项费用应由谁负担。为了说明装船费用的负担问题,双方往往在 FOB 术语后加列附加条件,这就形成了 FOB 的变形。主要包括以下几种,如表 5.3 所示。

表5.3 FOB 的变形

常用的 FOB 变形英文名称	中文名称	含 义
FOB Liner Terms	FOB 班轮条件	指有关装船费用按班轮条件办理,即装船费用包括在运费之中,由负责签订运输合同的一方当事人支付
FOB Under Tackle	FOB 吊钩下交货	指卖方仅负责将货物交到买方指定船只的吊钩所及之处,有关装船的各项费用由买方负责

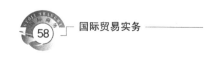

续表

常用的 FOB 变形英文名称	中文名称	含　义
FOB（FOB Stowed）	FOB 包括理舱	指卖方负责将货物装入船舱,并支付包括理舱费用在内的费用。理舱费是指货物入舱后进行安置和整理的费用
FOB T（FOB Trimmed）	FOB 包括平舱	指卖方负责将货物装入船舱,并支付包括平舱费在内的装船费用。平舱费是指对装入船舱的散装货物进行平整所需要的费用
FOBST（FOB Stowed and Trimmed）	FOB 包括理舱、平舱	指卖方负责将货物装上船,并支付包括理舱费和平舱费在内的费用

FOB 的上述变形,只是为了表明装船费用由谁负担而产生的,并不改变 FOB 的交货地点以及风险划分的界限。《2000 年通则》指出,本通则对这些术语后的添加词句不提供任何指导规定,建议买卖双方应在合同中加以明确。

5.2.2　对 CFR 术语的解释

CFR 的全文是 Cost and Freight(… named port of destination),即成本加运费(……指定目的港)。CFR 是指卖方必须支付货物的成本费和将货物运至指定的目的港所需要的运费,但货物灭失或损坏的风险以及货物装船后发生事件所产生的任何额外费用,自货物于装运港越过船舷时起即从卖方转由买方承担。它要求卖方办理出口结关手续。本术语只适合于海运或内河运输。

如合同当事人不采用越过船舷交货,则应使用 CPT 术语。

1)买卖双方基本义务的划分

按国际商会对 CFR 的解释,买卖双方各自承担的基本义务,概括起来,可作如下划分:

(1)卖方义务

①自负风险和费用,取得出口许可证或其他官方批准的证件,在需要办理海关手续时,办理货物出口所需的一切海关手续。

②签订从指定装运港承运货物运往指定目的港的运输合同;在买卖合同规定的时间和港口,将货物装上船并支付至目的港的运费;装船后及时通知买方。

③承担货物在装运港越过船舷为止的一切风险。

④向买方提供通常的运输单据,如买卖双方约定采用电子通讯,则所有单据均可被同等效力的电子数据交换(EDI)信息所代替。

（2）买方义务

①自负风险和费用,取得进口许可证或其他官方批准的证件,在需要办理海关手续时,办理货物进口以及必要时经由另一国过境的一切海关手续,并支付有关费用及过境费。

②承担货物在装运港越过船舷以后的一切风险。

③接受卖方提供的有关单据,受领货物,并按合同规定支付货款。

④支付除通常运费以外的有关货物在运输途中所产生的各项费用以及包括驳运费和码头费在内的卸货费。

2）使用 CFR 的注意事项

（1）卖方应及时发出装船通知

按 CFR 条件成交时,由卖方安排运输,由买方办理货运保险。如卖方不及时发出装船通知,则买方就无法及时办理货运保险,甚至有可能出现漏保货运险的情况。因此,卖方装船后务必及时向买方发出装船通知,否则,卖方应承担货物在运输途中的风险和损失。

（2）按 CFR 进口应慎重行事

在进口业务中,按 CFR 条件成交时,鉴于由外商安排装运,由我方负责保险,故应选择资信好的国外客户成交,并对船舶提出适当要求,以防外商与船方勾结,出具假提单,租用不适航的船舶,或伪造品质证书与产地证明。若出现这类情况,会使我方蒙受不应有的损失。

3）CFR 的变形

按 CFR 术语成交,如货物是使用班轮运输,运费由 CFR 合同的卖方支付,在目的港的卸货费用实际上由卖方负担。大宗商品通常采用租船运输,如船方按不负担装卸费条件出租船舶,故卸货费究竟由何方负担,买卖双方应在合同中订明。为了明确责任,可在 CFR 术语后加列表明卸货费由谁负担的具体条件：

①CFR Liner Terms（CFR 班轮条件）。这是指卸货费按班轮办法处理,即买方不负担卸货费。

②CFR Landed(CFR 卸到岸上)。这是指由卖方负担卸货费,其中包括驳运费在内。

③CFR Ex Tackle(CFR 吊钩下交货)。这是指卖方负责将货物从船舱吊起卸到船舶吊钩所及之处(码头上或驳船上)的费用。在船舶不能靠岸的情况下,租用驳船的费用和货物从驳船卸到岸上的费用,概由买方负担。

④CFR Ex Ship's Hold (CFR 舱底交货)。这是指货物运到目的港后,由买方自行启舱,并负担货物从舱底卸到码头的费用。

应当指出,在 CFR 术语的附加条件,只是为了明确卸货费由何方负担,其交货地点和风险划分的界限,并无任何改变。《2000 年通则》对术语后加列的附加条件不提供公认的解释,建议买卖双方通过合同条款加以规定。

【案例分析】

> 我某外贸企业向国外一新客户订购一批初级产品,按 CFR 中国某港口、即期信用证付款条件达成交易,合同规定由卖方以程租船方式将货物运交我方。我开证银行也凭国外议付行提交的符合信用证规定的单据付了款。但装运船只一直未到达目的港,后经多方查询,发现承运人原是一家小公司,而且在船舶启航后不久已宣告倒闭,承运船舶是一条旧船,船、货均告失踪,此系卖方与船方互相勾结进行诈骗,导致我方蒙受重大损失。——试分析,我方应从中吸取哪些教训?

5.2.3 对 CIF 术语的解释

CIF 的全文是"Cost, Insurance and Freight(...named port of destination)",即"成本、保险费加运费(……指定目的港)"。CIF 指卖方除负有与 CFR 术语相同的义务外,卖方还必须办理货物在运输途中的海运保险。卖方负责订立保险合同并支付保险费。本术语要求卖方办理货物出口报关手续。本术语只适用于海运和内河运输。如合同双方不采用越过船舷交货,则使用 CIP 术语更为适宜。

1)买卖双方基本义务的划分

按 CIF 术语成交,是指卖方必须在合同规定的日期或期间内在装运港将货物交至运往指定目的港的船上,负担货物越过船舷为止的一切费用和货物灭失或损坏的风险,负责租船订舱,支付从装运港到目的港的正常运费,并负责办理货运保险,支付保险费。由此可以看出,CIF 术语除具有 CFR 术语相同的义务外,卖方还应负责办理货运保险和支付保险费。

如本章开头案例二中,按照 CIF 术语,风险发生在海上运输阶段,即货物已经越过装运港船舷,故卖方已完成交货义务,有权取得全部货款;而风险又属于保险公司承保范围,故买方可凭卖方移交的保险单向保险公司办理索赔,而不是要求卖方办理索赔事宜。

2）使用 CIF 术语应注意的事项

（1）CIF 合同属于"装运合同"

在 CIF 术语下,卖方在装运港将货物装上船,即完成了交货义务。因此,采用 CIF 术语订立的合同属于"装运合同"。但是,由于在 CIF 术语后所注明的是目的港（例如"CIF 伦敦"）,在我国曾将 CIF 术语译作"到岸价",所以 CIF 合同的法律性质常被误解为"到货合同"。为此必须明确指出,CIF 以及其他 C 组术语（CFR、CPT、CIP）与 F 组术语（FCA、FAS、FOB）一样,卖方在装运地完成交货义务,采用这些术语订立的买卖合同均属"装运合同"性质。按此类术语成交的合同,卖方在装运地（港）将货物交付装运后,对货物可能发生的任何风险不再承担责任。

（2）卖方办理保险的责任

在 CIF 合同中,卖方是为了买方的利益办理货运保险的,因为此项保险主要是为了保障货物装船后在运输途中的风险。《2000 年通则》对卖方的保险责任规定:如无相反的明示协议,卖方只需按《协会货物保险条款》或其他类似的保险条款中最低责任的保险险别投保。如买方有要求,并由买方负担费用,卖方应在可能情况下投保战争、罢工、暴动和民变险。最低保险金额应为合同规定的价款加 10%,并以合同货币投保。

在实际业务中,为了明确责任,我外贸企业在与国外客户洽谈交易采用 CIF 术语时,一般都应在合同中具体规定保险金额、保险险别和适用的保险条款。

（3）象征性交货问题

从交货方式来看,CIF 是一种典型的象征性交货（symbolic delivery）。所谓象征性交货,是针对实际交货（physical delivery）而言。前者指卖方只要按期在约定地点完成装运,并向买方提交合同规定的包括物权凭证在内的有关单证,就算完成了交货义务,而无须保证到货。后者则是指卖方要在规定的时间和地点,将符合合同规定的货物提交给买方或其指定人,而不能以交单代替交货。

在象征性交货方式下,卖方是凭单交货,买方是凭单付款,只要卖方按时向买方提交了符合合同规定的全套单据,即使货物在运输途中损坏或灭失,买方也必须履行付款义务。反之,如果卖方提交的单据不符合要求,即使货物完好无损地运达目的地,买方仍有权拒付货款。由此可见,CIF 交易实际上是一种单据的买卖。所以,装运单据在 CIF 交易中具有特别重要的意义。但是,必须指出,按 CIF 术语成交,卖方履行其交单义务,只是得到买方付款的前提条件,除此之外,他还必须履行交货义务。如果卖方提交的货物不符合要求,买方即使已经付款,仍然可以根据合同的规定向卖方提出索赔。

3) CIF 的变形

在国际贸易中,大宗商品的交易通常采用程租船运输,在多数情况下,船公司一般是不负担装卸费的。因此,在 CIF 条件下,买卖双方容易在卸货费由何方负担的问题上引起争议。为了明确责任,买卖双方应在合同中对卸货费由谁负担的问题作出明确具体的规定。如买方不愿负担卸货费,在商订合同时,可要求在 CIF 术语后加列"Liner Terms"(班轮条件)或"Landed"(卸到岸上)或"Ex Tackle"(吊钩下交货)字样。如卖方不愿负担卸货费,在商订合同时,可要求在 CIF 术语后加列"Ex Ship's Hold"(舱底交货)字样。

上述 CIF 术语后加列各种附加条件,如同 CFR 术语后加列各种附加条件一样,只是为了明确卸货费由谁负担,并不影响交货地点和风险转移的界限。

5.2.4　对 FCA 术语的解释

FCA 的全文是 Free Carrier(... named place),即货交承运人(……指定地点)。此术语是指卖方在指定地点将货物交给买方指定的承运人而言。当卖方将货物交给承运人照管,并办理了出口结关手续,就算履行了其交货义务。FCA 术语适用于各种运输方式,包括多式联运。

1) 买卖双方基本义务的划分

(1) 卖方义务

①自负风险和费用,取得出口许可证或其他官方批准证件,在需要办理海关手续时,办理货物出口所需的一切海关手续。

②在合同规定的时间、地点,将符合合同规定的货物置于买方指定的承运人控制下,并及时通知买方。

③承担将货物交给承运人之前的一切费用和风险。

④自负费用向买方提供交货的通常单据,如买卖双方约定采用电子通讯,则所有单据均可被具有同等效力的电子数据交换(EDI)信息所代替。

(2)买方义务

①自负风险和费用,取得进口许可证或其他官方证件,在需要办理海关手续时,办理货物进口和经由他国过境的一切海关手续,并支付有关费用及过境费。

②签订从指定地点承运货物的合同,支付有关的运费,并将承运人名称及有关情况及时通知卖方。

③承担货物交给承运人之后所发生的一切费用和风险。

④根据买卖合同的规定受领货物并支付货款。

2) 使用 FCA 术语应注意的事项

(1)关于交货问题

《2000 年通则》规定,在 FCA 术语下,卖方交货的指定地点如是在卖方货物所在地,则当货物被装上买方指定的承运人的运输工具时,交货即算完成;如指定的地点是在任何其他地点,当货物在卖方运输工具上,尚未卸货而交给买方指定的承运人处置时,交货即算完成。

(2)关于运输合同

《2000 年通则》中的 FCA 术语,应由买方自付费用订立从指定地点承运货物的运输合同,并指定承运人,但该通则又规定,当卖方被要求协助与承运人订立合同时,只要买方承担费用和风险,卖方也可以办理。当然,卖方也可以拒绝订立运输合同,如若拒绝,则应立即通知买方,以便买方另作安排。

(3)FCA 与 FOB 的异同点

FCA 与 FOB 两种术语均属 F 组术语,按这两种术语成交的合同均属装运合同。买卖双方责任划分的基本原则是相同的。

FCA 与 FOB 的主要不同在于适用的运输方式、交货和风险转移的地点不同。FCA 术语适用于各种运输方式,交货地点视不同运输方式的不同约定而定,其风险划分是卖方将货物交至承运人时转移;FOB 术语仅用于海运和内河运输,交货地点为装运港,风险划分以装运港船舷为界;此外,在装卸费的负担和运输单据的使用上也有所不同。

5.2.5　对 CPT 术语的解释

CPT 的全文是 Carriage Paid to(... named place of destination),即运费付至(⋯⋯指定目的地)。按此术语成交卖方应向其指定的承运人交货,支付将货物运至目的地的运费,办理出口清关手续。买方承担交货之后的一切风险和其他费用。CPT 术语适用于各种运输方式,包括多式联运。

1)买卖双方基本义务的划分

(1)卖方义务

①自负风险和费用,取得出口许可证或其他官方批准证件,在需要办理海关手续时,办理货物出口所需的一切海关手续。

②订立将货物运往指定目的地的运输合同,并支付有关运费。在合同规定的时间、地点,将合同规定的货物交给承运人,并及时通知买方。

③承担将货物交给承运人之前的一切风险。

④自付费用向买方提供交货的通常单据,如买卖双方约定采用电子通讯,则所有单据可被同等效力的电子数据交换(EDI)信息所代替。

(2)买方义务

①自负风险和费用,取得进口许可证或其他官方证件,在需要办理海关手续时,办理货物进口所需的海关手续。支付有关关税及从他国过境的费用。

②承担自货物在约定交货地点交给承运人之后的风险。

③接受卖方提供的有关单据,受领货物,并按合同规定支付货款。

④支付除通常运费之外的有关货物在运输途中所产生的各项费用和卸货费。

2)使用 CPT 术语应注意的事项

(1)风险划分的界限问题

按照 CPT 术语成交,虽然卖方要负责订立从启运地到指定目的地的运输契约,并支付运费,但是卖方承担的风险并没有延伸至目的地。按照《2000 年通则》的解释,货物自交货地点至目的地的运输途中的风险由买方承担,卖方只承担货物交给承运人控制之前的风险。在多式联运情况下,卖方承担的风险自货物交给第一承运人控制时即转移给买方。

（2）责任和费用的划分问题

采用 CPR 术语时，由卖方指定承运人，自费订立运输合同，将货物运往指定的目的地，并支付正常运费。正常运费之外的其他有关费用，一般由买方负担。

卖方将货物交给承运人之后，应向买方发出货物已交付的通知，以便于买方在目的地办理货运保险和受领货物。如果双方未能确定买方受领货物的具体地点，卖方可以在目的地选择最适合其要求的地点。

（3）CPT 与 CFR 的异同点

CPT 与 CFR 同属 C 组术语，按这两种术语成交，卖方承担的风险都是在交货地点随着交货义务的完成而转移，卖方都要负责安排自交货地至目的地的运输事项，并承担其费用。另外，按这两种术语订立的合同，都属于装运合同，卖方无须保证按时交货。

CPT 与 CFR 的主要区别在于适用的运输方式不同，交货地点和风险划分界限也不相同。CPT 术语适用于各种运输方式，交货地点因运输方式的不同由双方约定，风险划分以货交承运人为界；CFR 术语适用于水上运输方式，交货地点在装运港，风险划分以船舷为界。除此之外，卖方承担的费用以及需提交的单据等方面也有区别。

5.2.6 对 CIP 术语的解释

CIP 的全文是"Carriage, Insurance Paid to（. . . named place of destination）"，即"运费、保险费付至（……指定目的地）"。按《2000 年通则》规定，CIP 术语适用于各种运输方式包括多式联运。

1）买卖双方基本义务的划分

按 CIP 术语成交，卖方除负有与 CPT 术语相同的义务外，还须办理货物在运输途中的保险，即卖方除应订立运输合同和支付通常的运费，还应负责订立保险合同并支付保险费。卖方将货物交给指定的承运人，即完成交货。

2）使用 CIP 术语应注意的事项

（1）风险和保险问题

按 CIP 术语成交的合同，卖方要负责办理货运保险，并支付保险费，但货物从交货地点运往目的地的运输途中的风险由买方承担。所以，卖方的投保仍属于代办性质。根据《2000 年通则》的解释,一般情况下,卖方要按双方协商确定的险别投保,如果双方未在合同中规定应投保的险别,则由卖方按惯例投保最低的险别,保险金额一般是在合同价格的基础上加 10% ,即 CIF 合同价款的110% ,并以合同货币投保。

（2）应合理确定价格

与 FCA 相比,CIP 条件下卖方要承担较多的责任和费用。要负责办理从交货地至目的地的运输,承担有关运费;办理货运保险,并支付保险费。这些都反映在货价之中。所以,卖方对外报价时,要认真核算成本和价格。在核算时,应考虑运输距离、保险险别、各种运输方式和各类保险的收费情况,并要预计运价和保险费的变动趋势等方面问题。

（3）CIP 与 CIF 的区别

CIP 与 CIF 有相似之处,它们的价格构成中都包括了通常的运费和约定的保险费,而且,按这两种术语成交的合同均属于装运合同。但 CIP 和 CIF 术语在交货地点、风险划分界限以及卖方承担的责任和费用方面又有其明显的区别,主要表现在:CIF 适用于水上运输,交货地点在装运港,风险划分以装运港船舷为界,卖方负责租船订舱、支付从装运港到目的港的运费,并且办理水上运输保险,支付保险费。而 CIP 术语则适用于各种运输方式,交货地点要根据运输方式的不同由双方约定,风险是在承运人控制货物时转移,卖方办理的保险,也不仅是水上运输险,还包括各种运输险。

3）FCA、CPT、CIP 与 FOB、CFR、CIF 的比较

FCA、CPT、CIP3 种术语与 FDB、CFR、CIF3 种术语买卖双方责任划分的基本原则是相同的,但又有不同,主要表现在以下几个方面:

（1）适用的运输方式不同

FOB、CFR、CIF 三种术语仅适用于海运和内河运输,其承运人一般只限于船公司;而 FCA、CPT、CIF 三种术语适用各种运输方式,包括多式联运,其承运人可以是船公司、铁路局、航空公司,也可以是安排多式联运的联合运输经营人。

（2）交货和风险转移的地点不同

FOB、CFR、CIF 的交货地点均为装运港,风险均以在装运港越过船舷时从卖方转移至买方。而 FCA、CPT、CIP 的交货地点,需视不同的运输方式和不同的约定而定,它可以是在卖方处所由承运人提供的运输工具上,也可以是在铁

路、公路、航空、内河、海洋运输承运人或多式联运承运人的运输站或其他收货点。至于货物灭失或损坏的风险,则于卖方将货物交由承运人保管时,即自卖方转移至买方。

（3）装卸费用负担不同

按 FOB、CFR、CIF 术语,卖方承担货物在装运港越过船舷为止的一切费用。但由于货物装船是一个连续作业,各港口的习惯做法又不尽一致,所以,在使用程租船运输的 FOB 合同中,应明确装船费由何方负担,在 CFR 和 CIF 合同中,则应明确卸货费由何方负担。而在 FCA、CPT、CIP 术语下,如涉及海洋运输,并使用程租船装运,卖方将货物交给承运人时所支付的运费（CPT、CIP 术语）,或由买方支付的运费（FCA 术语）,已包含了承运人接管货物后在装运港的装船费和目的港的卸货费。这样,在 FCA 合同中的装货费的负担和在 CPT、CIP 合同中的卸货费的负担问题均已明确。

（4）运输单据不同

在 FOB、CFR、CIF 术语下,卖方一般应向买方提交已装船清洁提单。而在 FCA、CFR、CIP 术语下,卖方提交的运输单则视不同的运输方式而定。如在海运和内河运输方式下,卖方应提供可转让的提单,有时也可提供不可转让的海运单和内河运单;如在铁路、公路、航空运输或多式联运方式下,则应分别提供铁路运单、公路运单、航空运单或多式联运单据。

【案例分析】

> 我出口公司对日商报出大豆实盘,每公吨 CIF 大阪 150 美元,发货港口是大连。现日商要求我方改报 FOB 大连价,我出口公司对价格应如何调整?如果最后按 FOB 条件签订合同,买卖双方在所承担的责任、费用和风险方面有什么差别?

5.2.7　其他贸易术语

《2000 年通则》包括的 13 种贸易术语,除以上所述的 6 种常用贸易术语外,还有其他 7 种贸易术语,具体介绍如下:

1）对 EXW 术语的解释

Ex WORKS(. . . named place),即工厂交货(……指定地点),是指卖方在其

所在地(如工场、工厂或仓库等)将备妥的货物交付买方,以履行其交货义务。按此贸易术语成交,卖方既不承担将货物装上买方备妥的运输工具,也不负责办理货物出口清关手续。除另有约定外,买方应承担自卖方的所在地受领货物的全部费用和风险。因此,EXW 术语是卖方承担责任、费用和风险最小的一种贸易术语。

EXW 术语适用于各种运输方式。使用 EXW 术语时,如双方同意,在起运时卖方负责装载货物并承担装载货物的全部费用和风险,则应在合同中订明。如买方不能直接或间接地办理出口手续,不应使用该术语,而应使用 FCA 术语。

2) 对 FAS 术语的解释

FREE ALONGSIDE SHIP(... named port of shipment),即装运港船边交货(……指定装运港)。是指卖方把货物运到指定的装运港船边,即履行了其交货义务。买卖双方负担的风险和费用均以船边为界。该术语仅适用于海运或内河运输。

关于办理出口清关手续,《2000 年通则》与《1990 年通则》的规定相反,有了实质性的变化,即应由卖方自负费用和风险,取得出口许可或其他官方证件,在需要办理海关手续时,办理货物出口的一切海关手续,并交纳出口关税及其他费用。但是,《2000 年通则》又规定,双方当事人如希望买方办理出口清关手续,应在合同中订明。

3) 对 DAF 术语的解释

DELIVERED AT FRONTIER(... named place),即边境交货(……指定地点)。是指卖方须在边境指定地点和具体交货地点,在毗邻国家海关边界前,将仍处于交货的运输工具上尚未卸下的货物交给买方处置,办妥货物出口清关手续,即完成交货。卖方承担货物交给买方处置前的风险和费用。DAF 术语适用于陆地边界交货的各种运输方式。

根据《2000 年通则》的规定,买卖双方按边境交货条件成交时,"边境"一词可用于任何边境,包括出口国边境。为了明确交货责任和避免履约当中引起争议,买卖双方事先准确地规定边境交货的具体地点是非常重要的。假如交货的具体地点未约定或习惯上未确定的话,则卖方可选择最适合其要求的具体地点交货。

4) 对 DES 术语的解释

DELIVERED EX SHIP(... named port of destination),即目的港船上交货

（……指定目的港）。是卖方应将货物运至指定的目的港，在目的港船上交给买方处置，即完成交货。卖方承担在目的港卸货之前的一切费用和风险，买方则承担船上货物交由其处置时起的一切费用和风险，其中包括卸货费和办理货物进口的清关手续。

DES 术语适用于海运或内河运输或多式联运。如果双方当事人希望卖方负担卸货的风险和费用，则应使用 DEQ 术语。采用 DES 术语时，卖方虽无订立保险合同的义务，但因货物在运输途中的风险由卖方承担，故卖方必须通过向保险公司投保来转嫁这方面的风险。可见，卖方及时办理货运保险是关系到其自身利益的一项不可缺少的重要工作。卖方投保时，应根据船舶所驶航线的风险程度和货物特性，投保适当的险别。上述内容表明，DES 术语同 CIF 术语存在原则差别，具体表现在以下几个方面：第一，交货地点不同，即 CIF 是装运港船上交货，而 DES 是目的港船上交货；第二，风险划分不同，在 CIF 条件下，运输途中的风险由买方负责，而在 DES 条件下，运输途中的风险由卖方负担；第三，交货方式不同，即 CIF 属象征性交货，而 DES 属实际交货；第四，费用负担不同，在 CIF 条件下，卖方只负担正常的运费和约定的保险费，而在 DES 条件下，卖方则须负担货物运抵目的港交货前的一切费用。

5）对 DEQ 术语的解释

DELIVERED EX QUAY（... named port of destination），即目的港码头交货（……指定目的港）。是指卖方在指定的目的港码头将货物交给买方处置，即完成交货。卖方应承担将货物运至指定的目的港并卸至码头的一切风险和费用，但不负责办理进口清关手续。

《2000 年通则》规定，只有当货物经由海运、内河运输或多式联运且在目的港码头卸货时，才能使用 DEQ 术语。如果当事人希望卖方负担将货物从码头运至港口以内或以外的其他地点（仓库、终点站、运输站等）时，则应使用 DDU 或 DDP 术语。

关于办理进口清关手续，《2000 年通则》规定，DEQ 术语要求买方办理进口清关手续，并支付一切办理海关手续的费用、关税、税款和其他费用。但如果当事人希望卖方负担全部或部分进口时交纳的费用，则应在合同中订明。

6）对 DDU 术语的解释

DELIVERED DUTY UNPAID（... named place of destination），即未完税交货（……指定目的地）。是指卖方在指定的目的地将货物交给买方，不办理进口手续,也不从交货的运输工具上将货物卸下,即完成交货。卖方应承担将货物运至指定目的地的一切费用和风险,但不负责卸货。

DDU 术语适用于各种运输方式。《2000 年通则》规定 DDU 术语应由买方负责办理进口清关手续,并支付在目的国进口应缴纳的所有"税费"和因其未能及时办理货物进口清关手续而引起的费用和风险。如果双方希望由卖方办理海关手续并承担由此而发生的费用和风险,以及在进口时应支付的一切费用,则应在合同中订明。

7) 对 DDP 术语的解释

DELIVERED DUTY PAID(... named place of destination),即完税后交货(……指定目的地)。是指卖方在指定的目的地,办理进口清关手续,将在运输工具上尚未卸下的货物交给买方,即完成交货。卖方须承担将货物运至目的地的一切风险和费用,办理进口清关手续,交纳进口"税费"。所以,DDP 术语是卖方承担责任、费用和风险最大的一种术语。

DDP 术语适用于所有运输方式。《2000 年通则》还规定,办理进口清关手续时,卖方也可要求买方予以协助,买方应给予卖方一切协助以取得进口所需的证件,但费用和风险仍由卖方负担。如果当事人希望买方承担货物进口的风险和费用,则应使用 DDU 术语。

 【案例分析】

> 某公司按 EXW 条件出口一批电缆,但在交货时,买方以电缆的包装不适宜出口运输为由,拒绝提货和付款。——问:买方的行为是否合理?

 1. 根据《2000 年通则》,简述 F 组术语所具有的共同点。
2. 简述贸易术语的变形及其作用。
3. 简述使用 DAF 术语时应注意的问题。
4. 试比较 EXW 和 DDP 术语的异同。
5. 简述 CIF 术语下卖方办理保险时应注意的问题。

5.3 商品的价格

5.3.1 进出口价格的构成

在国际贸易中,不同的贸易术语表示的价格构成是不同的。而且在贸易洽谈过程中,有时一方按某种贸易术语报价时,对方要求改报其他术语所表示的价格,如一方按 FOB 报价,对方要求改报按 CIF 报价。为了更好地达成交易,可酌情改报价格。这就属于价格换算的问题。所以,了解贸易术语价格构成及其换算方法,是从事国际贸易人员必须掌握的内容。

1) 商品的价格构成

价格构成中,通常包括 3 方面内容:货物的实际成本、费用和净利润。实际成本是出口商品购进价扣除出口退税收入后的价格。费用的核算最为复杂,包括国内费用和国外费用。

货物的实际成本 = 采购成本 − 出口退税额

出口退税额 = [采购成本/(1 + 增值税率)] × 出口退税率

(我国商品一般情况增值税率是 17%,在此计算中通常都按照 17% 来作为增值税率。)

国内费用有:

①加工整理费用;

②包装费用;

③保管费用(包括仓租、火险等);

④国内运输费用(仓至码头);

⑤证件费用(包括商检费、公证费、领事签证费、产地证费、许可证费、报关单费等);

⑥采用 FOB、CFR、CIF 术语时的装船费(装船、起吊费和驳船费等);采用 FCA、CPT、CIP 术语时的拼箱费(货物不构成一整箱时);

⑦银行费用(贴现利息、手续费等);

⑧预计损耗(耗损、短损、漏损、破损、变质等);

⑨邮电费(电报、电传、邮件等)。

国外费用主要有：

①国外运费（自装运港至目的港的海上运输费用）；

②国外保险费（海上货物运输保险）；

③如果有中间商，还包括支付给中间商的佣金。

2）FOB、CFR、CIF 3 种贸易术语的价格构成

在我国进出口业务中，最常采用的贸易术语是 FOB、CFR 和 CIF 3 种。这 3 种贸易术语仅适用于海上或内河运输。在价格构成中，通常包括 3 方面的内容：生产或采购成本、各种费用、净利润以及出口退税。FOB、CFR 和 CIF 3 种贸易术语的价格构成的计算公式如下：

FOB 价 = 实际成本 + 国内费用 + 预计利润 + 佣金（如果有的话）

　　　 =（生产/采购成本价 − 出口退税）+ 国内费用 + 预计利润 + 佣金（如果有的话）

CFR 价 = FOB 价 + F（海洋运费）

　　　 = 实际成本 + 国内费用 + 海洋运费 + 预计利润 + 佣金（如果有的话）

　　　 =（生产/采购成本价 − 出口退税）+ 国内费用 + 海洋运费 + 预计利润 + 佣金（如果有的话）

CIF 价 = CFR 价 + I（海运保险费）

　　　 = 实际成本 + 国内费用 + 海洋运费 + 海运保险费 + 预计利润 + 佣金（如果有的话）

　　　 =（生产/采购成本价 − 出口退税）+ 国内费用 + 海洋运费 + 海运保险费 + 预计利润 + 佣金（如果有的话）

3）FCA、CPT 和 CIP 3 种贸易术语的价格构成

FCA、CPT 和 CIP 3 种贸易术语，是国际商会为适应国际贸易的新发展而制定的贸易术语。它们的适用范围比较广，其价格构成也有 3 部分：生产或采购成本、各种费用和净利润。由于采用的运输方式不同，交货地点和交货方式不同，有关费用也有所不同。

FCA、CPT 和 CIP 3 种贸易术语的价格构成的计算公式如下：

FCA 价 = 生产/采购成本价 − 出口退税 + 国内费用 + 净利润

CPT 价 = 生产/采购成本价 − 出口退税 + 国内费用 + 国外运费 + 净利润，即 FCA 价 + 国外运费

CIP 价 = 生产/采购成本价 − 出口退税 + 国内运费 + 国外运费 + 国外保险

费+净利润,即 FCA 价+国外运费+国外保险费

4)主要贸易术语的价格换算

(1)FOB、CFR 和 CIF3 种价格的换算

①FOB 价换算为其他价:

CFR 价 = FOB 价 + 国外运费

CIF 价 = (FOB 价 + 国外运费)/(1 - 投保加成率×保险费率)

②CFR 价换算为其他价:

FOB 价 = CFR 价 - 国外运费

CIF 价 = CFR 价/(1 - 投保加成率×保险费率)

③CIF 价换算为其他价:

FOB 价 = CIF 价 - CIF 价×(1 + 投保加成率)×保险费率 - 国外运费

CFR 价 = CIF 价 - CIF 价×(1 + 投保加成率)×保险费率

(2)FCA、CPT 和 CIP 三种术语的价格换算

①FCA 价换算为其他价:

CPT 价 = FCA 价 + 国外运费

CIP 价 = (FCA 价 + 国外运费)/(1 - 投保加成率×保险费率)

②CPT 价换算为其他价:

FCA 价 = CPT 价 - 国外运费

CIP 价 = CPT 价/(1 - 投保加成率×保险费率)

③CIP 价换算为其他价:

FCA 价 = CIP 价 - CIP 价×(1 + 投保加成率)×保险费率 - 国外运费

CPT 价 = CIP 价 - CIP 价×(1 + 投保加成率)×保险费率

在对外贸易中,灵活地掌握贸易术语的价格换算,对于维护我们自身的利益和更好地进行贸易磋商有着重要作用。

5.3.2 佣金与折扣

在价格条款中,有时会有佣金或折扣的规定,从这个角度看,价格条款中所规定的价格,可分为包含有佣金或折扣的价格和不包含这类因素的净价(net price)。包含有佣金的价格,在业务中通常称为"含佣价"。

佣金(commission),是代理人或经纪人为委托人进行交易而收取的报酬。在国际货物买卖中,往往表现为出口商付给销售代理人、进口商付给购买代理

人的酬金。因此,它适用于与代理人或佣金商签订的合同。

折扣(rebate、allowance),是卖方给予买方的价格减让,从性质上看,它是一种优惠。国际贸易中所使用的折扣种类较多,除一般折扣外,还有为扩大销售而使用的数量折扣,以及为特殊目的而给予的特别折扣等。

在价格条款中,对于佣金或折扣可以有不同的规定办法。通常是在规定具体价格时,用文字明示佣金率或折扣率,如每公吨 CIF 香港 1 000 美元,佣金 3%;或 CIF 香港每公吨 1 000 美元,折扣 2%。价格中所包含的佣金或折扣也可用绝对数表示,如每公吨付佣金 30 美元,或每公吨折扣 5 美元等。

有时,双方在洽谈交易时,对佣金或折扣的给予虽已达成协议,却约定不在合同中表示出来。这种情况下的价格条款中,只订明单价,佣金或折扣由一方当事人按约定另付,这种不明示的佣金或折扣,俗称"暗佣"或"暗扣"。

在规定佣金的条件下,不但佣金的高低会影响双方的实际利益,而且如何计算佣金,对双方的经济利益也会产生直接影响,关于如何计算佣金,可以有不同的方法,最常见的是以合同价格直接乘佣金率,得出佣金额。例如,CIF C3% 每公吨 1 000 美元,佣金额为 1 000×0.03=30 美元,但也可规定,CIF C3% 以 FOB 值计算,这样,在计付佣金时,以 CIF 价减去运费、保险费,求出 FOB 值,然后乘以 0.03,得出佣金额,关于计算佣金的公式如下:

单位货物佣金额 = 含佣价 × 佣金率

净价 = 含佣价 − 单位货物佣金额

假如已知净价,则含佣价的计算公式为:

含佣价 = 净价/(1 − 佣金率)

佣金的支付通常有两种做法:一种是由中间代理商直接从货价中扣除;另一种是在委托人收清货款之后,再按事先约定的期限和佣金比率,另外付给中间代理商。按照一般惯例,在独家代理情况下,如委托人同约定地区的其他客户直接达成交易,即使未经独家代理商过手,也得按独家代理计议规定的佣金比率付给其佣金。在支付佣金时,要防止错付、漏付和重付事故发生。

5.3.3　进出口商品的效益核算

在对外贸易中,企业在掌握出口商品价格时,要注意加强成本核算,以便采取措施不断降低成本,提高经济效益。考核企业的经济指标主要有以下几项:

1)出口商品换汇成本(换汇率)

该指标反映出口商品每取得一美元的外汇净收入所耗费的人民币成本。

换汇成本越低,出口的经济效益越好。计算公式为:

出口换汇成本 = 出口总成本(人民币元)/出口外汇净收入(美元)

这里的出口总成本,包括进货(或生产)成本,国内费用(储运、管理,预期利润等,通常以费用定额率表示)及税金。出口外汇净收入指的是扣除运费和保险费后的 FOB 外汇净收入。出口退税是指国家为了鼓励出口,提高本国商品竞争力,往往对出口商品采取按增值税款金额或按一定比例退还的做法(也就是出口退税),因而在核算成本时应将出口退税减去。

出口总成本 = 进货(或生产)成本 + 国内费用 – 出口退税

例: 某商品国内进价为人民币 7 270 元,加工费 900 元,流通费 700 元,税金 30 元,出口销售外汇净收入为 1 100 美元,则:出口总成本 = 7 270 + 900 + 700 + 30 = 8 900(元人民币)

换汇成本 = 8 900 元人民币/1 100 美元 = 8 人民币元/美元

2) 出口商品盈亏率

该指标说明出口商品盈亏额在出口总成本中所占的百分比,正值为盈,负值为亏。

出口商品盈亏率 = (出口人民币净收入 – 出口总成本)/出口总成本 × 100%

其中,出口人民币净收入 = FOB 出口外汇净收入 × 银行外汇买入价

盈亏率和换汇成本之间的关系为:

出口商品盈亏率 = (1 – 出口换汇成本/银行外汇买入价) × 100%

可见,换汇成本高于银行买入价,盈亏率是负值。换汇成本低于银行外汇买入价,出口才有盈利。

例: 某公司向英国出口某商品,外销价为每公吨 500 美元 CIF 伦敦,支付运费为 70 美元,保险费 6.5 美元。如果该公司收购该商品的收购价为每公吨 1 800 元人民币,且国内直接和间接费用加 17%。试计算该商品的出口总成本、出口销售外汇净收入和出口换汇成本。假若当期银行外汇牌价为 1 美元合 8.3 元人民币,试计算该笔出口的盈亏率。

解:(1)出口总成本 = 1 800 × (1 + 17%) = 2 106(元人民币)

(2)出口外汇净收入 = 500 – (70 + 6.5) = 423.5(美元)

(3)出口换汇成本 = 2 106 元人民币/423.5 美元 = 4.973 元人民币/美元

(4)出口人民币净收入 = 423.5 × 8.3 = 3 515.05(元人民币)

(5)出口盈亏率 = (3 515.05 – 2 106)/2 106 × 100% = 66.9%

5.4 合同中价格条款表述的技巧

国际货物买卖合同中的价格条款应真实反映买卖双方价格磋商的结果,条款内容应完整、明确、具体、准确。

5.4.1 价格条款的基本内容

进出口合同中的价格条款,一般包括商品的单价和总值两项基本内容。
对外贸易商品的单价一般由 4 个部分组成:

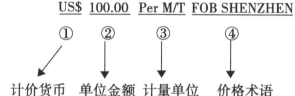

总值(或称总价)是单价同数量的乘积,也就是一笔交易的贷款总金额。

1)单价

(1)计量单位
一般说来,计量单位应与数量条款所用计量单位一致。

(2)单位价格金额
按双方协商一致的价格,正确填写。

(3)计价货币
明确是哪个国家的货币。单价和总金额所用的货币必须一致。

(4)贸易术语
贸易术语标明商品价格构成,也标明合同的性质。在确定贸易术语的时候应注意运用变形来表明术语本身尚不能明确的责任义务的划分(如装、卸货费用,佣金和折扣等);根据不同术语的含义加注装运港(发货地或目的地)。例如,FCA、FAS 和 FOB 等必须加注装运港(发货地);C 组的术语则必须注明目的港(目的地)。加注国别或地区名称,以防误解。

2) 总值或总金额

合同中在总值项下一般也同时列明贸易术语。如果一份合同中有两种以上的不同单价,就会有两个以上金额,几个金额相加再形成总值或总金额。总值所使用的货币必须与单价所使用的货币一致。总值除用阿拉伯数字填写外,一般还用文字表示。填写金额要求认真细致,计算正确,防止差错。

5.4.2 规定价格条款的注意事项

①合理确定商品的单价,防止作价偏高或偏低。

②要正确选用合适的贸易术语。

③要选用有利的计价货币,以免遭受币值变动带来的风险,如采用不利的计价货币时,应当加订保值条款。

④灵活运用各种不同的作价办法,以避免价格变动的风险。

⑤注意佣金和折扣的合理运用。

⑥如有交货品质和数量机动幅度,则对机动部分的作价也应一并规定。

⑦如包装材料和包装费另行计价时,对其计价办法也应一并规定。

⑧单价中涉及计量单位、计价货币、装卸地名称,必须书写正确、清楚,以利合同的履行。

5.5 出口价格的确定原则与方法

5.5.1 商品作价原则

我国进出口商品的作价原则是:在平等互利的前提下,根据国际市场价格水平,结合国别政策,并按照我们的购销意图确定适当的价格。制订价格时,我们应考虑以下几个方面的因素:

①运输距离;

②商品的品质和档次;

③交货地点和交货条件;

④成交数量;

⑤支付条件和汇率变动的风险;

⑥国际市场价格变化;

⑦季节因素;

⑧他国或地区的政策。

5.5.2　影响价格的主要因素

在国际贸易中,影响货物价格的因素有很多,具体有以下几个方面因素:

(1)交货地点和交货条件

在国际贸易中,由于交货地点和交货条件不同,买卖双方承担的责任、费用的风险有别,在确定进出口商品价格时,必须考虑这些因素。例如,同一运输距离内成交的同一商品,按 CIF 成交的价格应低于按 DES 成交的价格。

(2)运输距离

国际货物买卖,一般都要通过长途运输。运输距离的远近,影响运费和保险费的开支,从而影响商品的价格。因此,确定商品价格时,必须核算运输成本,做好比价工作,以体现地区差价。

(3)商品的质量和档次

在国际市场上,一般都贯彻按质论价的原则,即好货好价,次货次价。品质的优劣,档次的高低,包装装潢的好坏,式样的新旧,商标、品牌的知名度,都影响商品的价格。

(4)季节性需求的变化

在国际市场上,某些节令性商品,如赶在节令前到货,抢行应市,即能卖上好价。过了节令的商品,其售价往往很低,甚至以低于成本的"跳楼价"出售。应充分利用季节性需求的变化,掌握好季节性差价,争取按对我方有利的价格成交。

(5)成交数量

按国际贸易的习惯做法,成交量大时,在价格上应给予适当优惠,或者采用数量折扣的办法;反之,如成交量过少,甚至低于起订量时,也可以适当提高出售价格。

(6)支付条件和汇率变动的风险

例如以即期信用证方式付款,可以考虑价格的优惠;反之,若以远期信用证付款或跟单托收方式,价格水平可相应调高。

例如软硬币因素。出口应争取选用保持上浮趋势的硬币；进口则应当选择有下浮趋势的软币支付。如争取不到，则可以通过采用订立"保值条款"的办法来避免汇率变动可能产生的风险或损失。

5.5.3 出口商品的作价方法

1) 固定价格

固定价格即固定作价法，是指买卖双方在签订合同时，将货物价格一次订死，不再变动。在合同有效期内，即使约定价格与实际市场价格相差很远也不得变更。采用固定价格，明确、具体，也便于核算。但买卖双方要承担从订约到交货付款以至转售时价格变动的风险。如果行市变动过于剧烈，甚至可能影响合同的顺利执行。一些不守信用的商人很可能为逃避巨额损失，而寻找各种借口撕毁合同。因此，在采用固定价格时，特别是大宗交易，一般应加订保值条款。规定如果计价和支付货币币值发生变动，价格可根据保值货币作相应调整，以防止汇率变动可能产生的风险损失。

2) 非固定价格

(1) 具体价格待定

这种方法又可分为：

①在价格条款中明确规定定价时间和定价方法。例如，在合同中规定，以某月某日某地的商品交易所的该商品的收盘价为基础加（或减）若干美元。按这种作价办法成交，买卖双方都不承担价格变动的风险。

②只规定作价时间。例如，于装运月份 15 天前由买卖双方另行协商确定价格。这种做法，如缺乏明确的定价依据，双方可能在商定最后价格时各持己见而不能取得一致，导致无法履行合同。所以，订有暂定价格的合同有较大的不稳定性。一般只用于双方有长期交往、已形成比较固定的交易习惯的合同。

(2) 暂定价格

由于国际上某些商品价格瞬息万变，买卖双方在合同中的成交价格不算正式价格，而仅供双方参考，作为开立信用证和批汇的依据。等到交货前一定时期或装运时，再商定正式价格进行结算，多退少补。

(3) 部分固定价格，部分非固定价格

指在大宗交易分期交货的情况下，买卖双方为了避免远期交货部分的商品

价格变动的风险损失,而采取近期交货部分固定作价,远期交货部分暂不作价,或者分批作价,根据市场变化情况以后再另行商定的办法。

（4）价格调整条款

所谓的价格调整是指先在合同中规定一个初步价格,交货时或交货前一定时间,按工资、原料价格变动的指数作相应调整,以确定最后价格。

（5）滑动价格

指先在合同中规定一个基础价格,交货时或交货前一定时间,按工资、原材料价格变动的指数作相应调整,以确定最后价格。例如,"以上基础价格将按下列调整公式根据×××（机构）公布的200×年×月的工资指数和物价指数予以调整。某些生产周期长的机器设备和原材料商品,买卖双方为了避免承担价格变动的风险,往往采用滑动价格的规定法。在合同中订有价格调整系数,具体规定有关价格调整的办法。

5.5.4　计价货币和支付货币

计价货币（money of account）是指合同中用来计算价格的货币。支付货币（money of payment）是用来支付货款的货币。

在进出口业务中,选择使用何种货币计价或支付,首先要考虑所选货币是不是可自由兑换的货币。但对那些已与我国签订支付协定并限定使用某种货币的国家,则应使用协定规定的货币。其次对可自由兑换的货币,需考虑其稳定性。在出口业务中,一般应尽可能争取多使用所谓"硬币"。相反,在进口业务中,则应争取多使用所谓"软币"或"弱币"。

为了减少外汇风险,在进出口业务中分别使用"软币"和"硬币"是一种可行而有效的办法,但除此之外,也可采用其他的方式,主要有以下几种:

①压低进口价格或提高出口价格。
②"软"、"硬"币结合使用。
③订立外汇保值条款。

5.6　对外报价的技巧

对外贸易磋商当中,报价太高,吓跑了客户;报价太低,我们的利益就会减少,而且对方也会觉得你的专业水平低而不愿与你打交道。那怎样报价才有效呢？有经验的出口商首先会在报价前进行充分的准备，在报价中选择适当的价格术语，利用合同里的付款方式、交货期、装运条款、保险条款等要件与买家讨价还价，也可以凭借自己的综合优势，利用自己所在地区和国家的资源，在报价中掌握主动。

5.6.1 选用合适的价格术语

在一份报价中，价格术语是核心部分之一。因为采用哪一种价格术语实际上决定了买卖双方的责权、利润的划分，所以，出口商在拟就一份报价前，要尽量满足客户的要求外，另外自己也要充分了解各种价格术语的真正内涵并认真选择，然后根据已选择的价格术语进行报价。

选择以 FOB 价成交，在运费和保险费波动不稳的市场条件下于自己有利。但也有许多被动的方面，比如：由于进口商延迟派船，或因各种情况导致装船期延迟、船名变更，就会使出口商增加仓储等费用的支出，或因此而迟收货款造成利息损失。出口商对出口货物的控制方面，在 FOB 价条件下，由于是进口商与承运人联系派船的，货物一旦装船，出口商即使想要在运输途中或目的地转卖货物，或采取其他补救措施，也会遇到一些周折。

在 CIF 价出口的条件下，船货衔接问题可以得到较好的解决，使得出口商有了更多的灵活性和机动性。一般情况下，只要出口商保证所交运的货物符合合同规定，所交的单据齐全、正确，进口商就必须付款。货物过船舷后，即使在进口商付款时货物遭受损坏或灭失，进口商也不得因货损而拒付货款。也就是说，以 CIF 价成交的出口合同是一种特定类型的"单据买卖"合同。

在国际贸易中，我们不但要能够把握自己所出售货物的品质、数量，而且还应把握货物运抵目的地及货款收取过程中的每一个环节。对于货物的装载、运输、货物的风险控制都应该尽量取得一定的控制权，这样贸易的盈利才有保障。一些大的跨国公司，以自己可以在运输、保险方面得到优惠条件而要求中国出口商以 FOB 价成交，就是想保证自己的控制权。再如，出口日本的货物大部分都是 FOB 价，即使出口商提供很优惠的条件，也很难将价格条件改过来。所以到底是迎合买家的需要，还是坚持自己的原则，出口商在报价时多加斟酌十分必要。

在现在出口利润普遍不高的情况下，对于贸易全过程的每个环节精打细算比以往任何时候更显重要。国内有些出口企业的外销利润不错。他们的做法是：对外报价时，先报 FOB 价，使客户对本企业的商品价格有个比较，再询 CIF

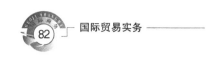

价,并坚持在国内市场安排运输和保险。他们很坦诚地说,这样做,不但可以给买家更多选择,而且有时在运保费上还可以赚一点差价。

5.6.2　报价前的充分准备

首先,认真分析客户的购买意愿,了解他们的真正需求,才能拟就出一份有的放矢的好报价单。有些客户将价格低作为最重要的因素,一开始就报给他接近你的底线的价格,那么赢得订单的可能性就大。广州市纺织工业联合进出口公司的曾浩军先生说:"我们在客户询价后到正式报价前这段时间,会认真分析客户真正的购买意愿和意图,然后才会决定给他们尝试性报价(虚盘),还是正式报价(实盘)。"

其次,作好市场跟踪调研,清楚市场的最新动态。由于市场信息透明度高,市场价格变化更加迅速,因此,出口商必须依据最新的行情报出价格——"随行就市",买卖才有成交的可能。中国纺织物资进出口公司的王先生介绍说,现在与他们公司做业务的都是正规的、较有实力的外商,这些外商在中国香港、内地都有办事处,对中国内外行情、市场环境都很熟悉。这就要求出口公司自己也要信息灵通。

王先生公司的经验是,业务人员经常去浙江一带工厂搜集货源,对当地的一些厂家的卖价很清楚。同时,作为长期经营专一品种的专业公司,由于长时间在业内经营拓展,不但了解这个行业的发展和价格变化历史,而且能对近期的走势做出合理分析和预测。

5.6.3　以综合实力取胜

对于自己的综合实力有信心,也就用不着一味地以低价来取悦客户了。王先生说:"报价要尽量专业一点,在报价以前或报价中设法提一些专业性的问题,显示自己对产品或行业很熟悉、很内行。所以,报价前,一方面要考虑客户的信誉,另一方面对自己的产品和质量要有信心。在与新客户打交道时,让客户了解清楚自己的情况很重要,比如请他们去看工厂,让他们了解自己的运作程序,这样客户下单时就容易下决心得多。"

同时,从你的报价,非常了解和熟悉该行业的外商能够觉察到,你是否也是该行业中的老手,并判断你的可信度,过低的价格反而让客户觉得你不可信,不专业。王先生介绍说:"如果市场行情是每平方米1万元左右,你给客户报每平方米1.5万元,就显示出你是一个地道的外行或新手,外商对类似的报价肯定是不感兴趣,哪还敢给你下单。所以看你报什么价就知道你是不是行家。"

最后,在对新客户报价前,一定要尽量让他了解你的公司实力和业务运作模式。只有对你和你公司具有充分的信心时,客户才有可能考虑你的交易条件,这一点很多没有经验的出口商常常忽略。王先生认为,虽然目前很多外商到处比价询盘,但良好的公司的形象和口碑能够帮助你吸引和留住客户。每年四十几亿的年收入可以说明,良好的公司形象就是招来客户的金字招牌。

5.6.4　利用合同其他要件

合同其他要件主要包括:付款方式、交货期、装运条款、保险条款等。在影响成交的因素中,价格只是其中之一,如果能结合其他要件和客户商谈,价格的灵活性就要大一些。例如,对于印度、巴基斯坦等国或地区的客户,有时候你给他30天或60天远期付款的信用证的条件,或许对他具有很大的吸引力。

同时,还可以根据出口的地域特点、买家实力和性格特点、商品特点来调整报价。有的客户特别在意价格的高低,订单会下给报价最便宜的卖家,那么报价时就直接报给他你所能提供的最低价格。有的客户习惯于讨价还价,你所报出的价格,他如果没有砍下一点就不太甘心,那么,第一次报价时可以预留出他希望砍掉的幅度。

如果一种产品在一段时间里行情低迷,为了抢下定单,就不妨直接报出你的最低价。对于服装等季节性很强的商品,在你的报价中给客户承诺快速而又准时的交货期无疑可以让客户关注你的报价单。

根据销售淡、旺季之分,或者订单大小也可以调整自己的报价策略。从事金属制品出口的山东省轻工业品进出口公司的张女士介绍,他们出口的产品品种规格多,所以对不同的国别、地区市场都定有比较统一的价格,回复外商查询时比较好处理,但也根据不同的季节做一些调整。面对比较分散的订单,他们的报价往往在保证公司盈利的基础上,再予以灵活掌握。

【课后练习】

一、解释名词
1. 贸易术语
2. 国际贸易惯例
3. 象征性交货

4. 成本加运费(指定目的港)

5. 船上交货(指定装运港)

6. 折扣

7. 佣金

二、英文词语翻译

1. CIF C5 London

2. INCOTERMS 2000

3. FOB Liner Terms

4. CPT

5. EXW

6. hard currency

7. banking charges

8. Unit price

9. Discount

10. Commission

三、问答题

1. 为什么说把 CIF 称为"到岸价"是错误的?

2. 简述 FOB、CFR、CIF 三个术语的异同点。

3. 按 CFR 术语履行合同时,为什么卖方特别要注意及时向买方发出已装船通知?

4. 何谓象征性交货? 国际贸易中象征性交货的贸易术语有哪些?

5. 出口商品的价格构成主要包括哪几部分?

6. 进出口商品的单价主要包括哪几部分?

7. 我国进出口作价的基本原则有哪些?

四、计算题

1. 大连某出口公司与西欧某中间商达成一笔交易,合同规定我方出口某商品 30 000 千克,每千克 15 美元,CFR C4% 罗马。海运运费为每千克 0.2 美元。出口收汇后出口公司向国外中间商汇付佣金。计算:(1)该出口公司向中国银行购买支付佣金的美元共需多少人民币元? (2)该出口公司的外汇净收入为多少美元?(按当时中国银行牌价:100 美元 = 826.5/828.6 人民币元)

2. 我向伦敦某客商推销某商品,发盘价格为每公吨 1 000 英镑 CFR 伦敦,对方复电要求改按 FOB 中国口岸定价,并给予 3% 佣金。查自中国口岸至伦敦的运费为每公吨 160 英镑,我方如要保持外汇收入不变,改按买方要求条件报价,应为何价?

3. 我某外贸公司出售一批货物至汉堡,出口总价为 5 万美元 CIF C4% 汉堡,以中国口岸到汉堡的运费和保险费占 10%。这批货物的国内购进价为人民币 350 000 元(含增值税 16%),该外贸公司的费用定额率为 5%,退税率为 9%,结汇时银行外汇买入价为 1 美元折合人民币 8.25 元。试计算这笔出口交易的换汇成本和盈亏率。

4. 某商品的出口价为每公吨 CFR 香港 700 美元,买方提出改报 CIF 价,并要求按 CIF 价的 110% 投保水渍险和战争险,查总保险费率为 1.2%,求 CIF 报价。

五、案例分析

1. 大连某外贸公司按 CFR 菲律宾价格出口仪器,投保一切险仓至仓条款。我方将货物用卡车运至天津港发货,运输途中,一辆货车翻车,致使车上所载部分仪表损坏。问该损失应由谁负责,保险公司是否给予赔偿?

2. 我某出口公司出口棉布到某国,正好该国中间商主动来函与该出口公司联系,表示愿为推销棉布提供服务,并要求按每笔交易的成交额给予佣金 5%。不久,经该中间商中介,与当地进口商达成 CIF C5% 总金额 50 000 美元的交易,装运期为订约后 2 个月内从中国港口装运,并签订了销售合同。合同签订后,该中间商即来电要求我出口公司立即支付佣金 2 500 美元。我出口公司复称:佣金需待货物装运并收到全部货款后才能支付。于是,双方发生了争议。试问:这起争议发生的原因是什么? 应吸取什么教训?

3. 我外贸 E 公司以 FOB 中国口岸价与香港 W 公司成交钢材一批,港商即转手以 CFR 釜山价售给韩国 H 公司。港商来证价格为 FOB 中国口岸,要求货运釜山,并在提单表明"Freight Prepaid"(运费预付),试分析港商为什么这样做? 我们应如何处理?

4. 我某出口企业与某外商按 CIF 某港口、即期信用证方式付款的条件达成交易,出口合同和收到的信用证均规定不准转运。我方在信用证有效期内将货物装上直驶目的港的班轮,并以直运提单办理了议付,国外开证行也凭议付行提交的直运提单付了款。承运船只驶离我国途径某港时,船公司为接载其他货物,擅自将我方托运的货物卸下,换装其他船舶继续运往目的港。由于中途耽搁,加上换装的船舶设备陈旧,使抵达目的港的时间比正常直运船的抵达时间晚了两个多月,影响了买方对货物的使用。为此,买方向我出口企业提出索赔,理由是我方提交的是直运提单,而实际上是转船运输,是弄虚作假行为。我方

有关业务员认为,合同用的是"到岸价格",船舶的舱位是我方租订的,船方擅自转船的风险理应由我方承担。因此按对方要求进行了理赔。问我方这样做是否正确?为什么?

第6章

合同条款：国际货物的运输

【本章导读】

　　本章学习在国际贸易中，目前常见的各种运输方式，以及在国际贸易磋商与签订合同时，有关商品的运输条款的一些具体规定以及在实践中要注意的问题和应用中的技巧。海洋运输中的班轮运输、班轮运费的计算、签订运输条款的注意事项、集装箱运输、国际多式联运以及提单的概念分类是学习的重点。

国际货物运输是实现货物转移的重要手段,也是国际贸易中必不可少的一个环节。国际货物运输具有线长面广、环节多、实践性强、情况复杂、风险较大等特点。为了按时、保质、按量完成国际货物的运输任务,买卖双方在订立国际货物买卖合同时,都需要合理选定运输方式,订好各项装运条款,并运用好有关装运单据。

在国际贸易中我们经常要遇见有关国际货物运输方面的问题及纠纷。

案例 1

我某外贸公司以 FOB 中国口岸与日本 M 公司成交矿砂一批,日商即转手以 CFR 悉尼价售给澳大利亚的 G 公司,日商来证价格为 FOB 中国口岸,目的港为悉尼,并提出在提单上表明"运费已付"。问:日商为何这样做? 我们应如何处理才使我方的利益不受损害?

案例 2

某农产品进出口公司向国外某贸易公司出口一批花生仁,国外客户在合同规定的开证时间内开来一份不可撤销信用证,证中的装运条款规定:"Shipment from Chinese port to Singapore in May,partial shipment prohibited."农产品进出口公司按证中规定,于 5 月 15 日将 200 公吨花生仁在福州港装上"嘉陵"号轮,又由同轮在厦门港续装 300 公吨花生仁,5 月 20 日农产品进出口公司同时取得了福州港和厦门港签发的两套提单。农产品公司在信用证有效期内到银行交单议付,却遭到银行以单证不符为由拒付货款。问:银行的拒付是否有理? 为什么?

下面我们具体介绍一下运输条款及如何解决这类问题。

6.1 国际货物运输方式

在国际货物运输中,使用的运输方式很多,其中包括海、陆、空、江、邮等运输方式。在实际业务中,应根据进出口货物的特点、货运量大小、距离远近、运费高低、风险大小、交通条件和装卸港的具体情况等因素的不同,选择合理的运输方式。这就要求我们必须对各种运输方式的特点及其营运的有关知识有所了解。

6.1.1　海洋运输

1) 海洋运输的特点

海洋运输简称海运,是指利用商船在国内外港口之间通过一定的航区和航线运输货物的方式。在国际货物运输中,海洋运输是最主要的运输方式,其运量在国际货物总量中占80%以上。海洋运输的优点如下:

(1) 通过能力大

海洋运输可以利用四通八达的天然航道,它不像火车、汽车受轨道和道路的限制,故其通过能力很大。

(2) 运量大

目前船舶正在向大型化发展,故海洋运输船舶的运载能力,远远大于铁路运输车辆和公路运输车辆。

(3) 运费低

因为海运量大、航程远,分摊于每货运吨的运输成本就少,因此,运价相对低廉。

海洋运输也存在不足之处。例如,海洋运输受气候和自然条件的影响较大,航期不易准确,而且风险较大。此外,海洋运输的速度也相对较低。

2) 海洋运输的种类

依据船公司对船舶经营方式的不同,海洋运输可分为班轮运输(liner transport)和租船运输(shipping by chartering)。

(1) 班轮运输

① 班轮运输的特点:

A. 船舶按照固定的船期表(sailing schedule)、沿着固定的航线,停靠固定的港口来往运输,并按相对固定的运费率收取运费。这就是所谓的"四固定"。

B. 由船方负责配载装卸,装卸费包括在运费中,货方不再另附装卸费,船货双方也不计算滞期费和速遣费。

C. 船、货双方的权利、义务与责任豁免,以船方签发的提单条款为依据。

D. 班轮承运货物的品种、数量比较灵活,货运质量较有保证,且一般采取在码头仓库交接货物,故为货主提供了较便利的条件。

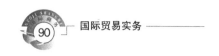

②班轮运费:

A. 班轮运费的构成:班轮运费包括基本运费(basic rate)和附加费(surcharge)两部分。

基本运费是指货物从装运港到卸货港所应收取的基本运费,它是构成全程运费的主要部分;附加费是指对一些需要特殊处理的货物,或者由于突然事件的发生或客观情况变化等原因而需另外加收的费用。

基本运费按班轮运价表(liner's freight tariff)规定的计收标准计收。不同的班轮公司各有不同的班轮运价表。班轮运价表一般包括货物分级表、各航线费率表、附加费率表、冷藏货及活牲畜费率表等。目前我国海洋班轮运输公司使用的是"等级运价表",即将承运的货物分成若干等级(一般分为20个等级),每一个等级的货物有一个基本费率。其中1级费率最低,20级费率最高。

在班轮运价表中,根据不同的商品,有不同的计收标准,通常采用以下几种:

a. 按货物毛重,又称重量吨(weight ton)计收运费,运价表内用"W"表示。

b. 按货物的体积/容积,又称尺码吨(measurement ton)计收,运价表中用"M"表示。

c. 按毛重或体积计收,由船公司选择其中收费较高的作为计费吨,运价表中以"W/M"表示。

d. 按商品价格计收,又称为从价运费,运价表内用"A. V."或"Ad. Val"表示。一般适用于宝石、古玩等贵重物品。

e. 在货物重量、尺码或价值三者中选择最高的一种计收,运价表中用"W/M or A. V."表示。

f. 按货物重量或尺码选择其高者,再加上从价运费计算,运价表中以"W/M plus ad val."表示。

g. 按每件货物作为一个计费单位收费,如活牲畜按"每头"(per head),车辆按"每辆"(per unit)收费。

h. 临时议定价格。即由货主和船公司临时协商议定。通常适用于承运粮食、豆类、矿石、煤炭等运量较大、货值较低、装卸容易、装卸速度快的农副产品和矿产品。议价货物的运费率一般较低。在运价表中用"OPEN"表示。

在实际业务中,基本运费的计算标准以按货物的毛重("W")和按货物的体积("M")或按重量、体积选择("W/M")的方式为多。贵重物品较多的是按货物的FOB总值("A. V.")计收。

上述计算运费的重量吨和尺码吨统称为运费吨(freight ton),又称计费吨,现在国际上一般都采用公制（米制），其重量单位为公吨（metric ton，缩写为M/T），尺码单位为立方米（Cubic Metre，缩写为 M³）。计算运费时1m³作为1尺码吨。

附加费的计算办法，有的是在基本运费的基础上，加收一定百分比；有的是按每运费吨加收一个绝对数计算。附加费名目繁多，而且会随着航运情况的变化而变动。在班轮运输中常见的附加费有下列几种：

a. 超重附加费（extra charges on heavy lifts）。

它是指由于货物单件重量超过一定限度而加收的一种附加费。

b. 超长附加费（extra charges on over lengths）。

它是指由于单件货物的长度超过一定限度而加收的一种附加费。

c. 选卸附加费（additional on optional discharging port）。

对于选卸货物（optional cargo）需要在积载方面给以特殊的安排，这就会增加一定的手续和费用，甚至有时会发生翻船，由于上述原因而追加的费用，称为选卸附加费。

d. 直航附加费（additional on direct）。

如一批货达到规定的数量，托运人要求将一批货物直接运达非基本港口卸货，船公司为此加收的费用，称为直航附加费。

e. 转船附加费（transhipment additional）。

如果货物需要转船运输的话，船公司必须在转船港口办理换装和转船手续，由于上述作业所增加的费用，称为转船附加费。

f. 港口附加费（port additional）。

由于某些港口的情况比较复杂，装卸效率较低或港口收费较高等原因，船公司特此加收一定的费用，称为港口附加费。

除上述各种附加费外，船公司有时还根据各种不同情况临时决定增收某种费用，例如燃油附加费、货币附加费、绕航附加费等。

班轮运费的具体计算方法是：先根据货物的英文名称从货物分级表中查出有关货物的计费等级和其计算标准；然后再从航线费率表中查出有关货物的基本费率；最后加上各项须支付的附加费率，所得的总和就是有关货物的单位运费（每重量吨或每尺码吨的运费），再乘以计费重量吨或尺码吨，即得该批货物的运费总额。如果是从价运费，则按规定的百分率乘 FOB 货值即可。

@【相关链接】

表 6.1 货物等级运价表中的部分货物分级

货 名	COMMODITIES	CLASS	BASIS
棉布及棉纱	COTIDN GOODS&PIECE GOODS	10	M
棉线及棉纱	COTIDN THREAD&YARN	9	M
羽绒及制品	FEATHER DOWN&PRODUCTS	15	M
化肥	FERTILIZERS	6	W
皮鞋、皮箱、皮手套	FOOTWEAR/SUTTCASES/ GLOVES LEATHER	12	M
未列名鞋	FOOTWEAR N.O.E.	9	M
未列名家具	FURNITURES N.O.E.	10	M
未列名玻璃器皿	GLAKSWEAR N.O.F.	8	M
未列名手套	GLOVES N.O.E.	10	M
棉布、劳动布手套	GLOVES. COTTON WORKING	9	M
纸(捆、卷)	PAPER,(IN BALES&REELD)	12	W
塑料制品	PLASTIC MANUFACTURES	9	M
塑料编织袋	PLOYPROPYIENE WOVEN BAGS	5	M

B. 班轮运费的计算方法:

班轮运费的计算公式为: $F = F_b + \sum S$

式中,F 表示运费总额;F_b 表示基本运费;S 表示某一项附加费。

基本运费是所运货物的数量(重量或体积)与规定的基本费率的乘积。即:

$$F_b = f \cdot Q$$

式中,f 表示基本费率;Q 表示货运量(运费吨)。

附加费是指各项附加费的总和。在多数情况下,附加费按基本运费的一定百分比计算。

C. 班轮运费的计算步骤:

a. 先根据商品的英文名称在货物分级表中查出该商品属于什么等级和按什么计费标准(重量或体积等);

b.根据商品的等级和计费标准,在航线费率表中查出这一商品的基本费率;

c.查出该商品本身所经航线和港口的有关附加费率;

d.商品的基本费率和附加费率之和即为该商品每一运费吨的单位运价;

e.以该商品的计费重量或尺码乘以单位运价即得总运费金额。

D.运费计算实例:

例:以 CFR 价格条件出口加拿大温哥华罐头水果汁一批,重量为 8 公吨,尺码为 12 米^3,求该批货物总运价。

a.按水果汁的英文名称 FRUIT JUICE 查阅货物分级表,其形式节录如下:

表6.2　货物分级表

CLASSIFICATION OF COMMODITIES		
COMMODITY	BASIS	CLASS
FISHING IMPLEMENTS	M	9
FISH SHRIMPS,DRIED BRINED	W	13
FLINT	W	3
FLOUR	W	5
FRUITS,DRIED	M	11
FRUITS,FRESH	M	7
FRUIT JUICE	M	8
FRUITS,PRESERVED	M	8

水果汁属于 8 级货,按尺码计费。

b.再查中国—加拿大航线等级费率表,其形式节录如下:

表6.3　航线等级费率表

SCALE OF CLASS RATES FOR CHINA—CANADA SERVICE (IN HKD)			
CLASS	VANCOUVER	HALIFAX ST. JOHN	MONTREAL,QUEBEC, TORONTO, HAMILTON
1	150.00	177.00	193.00
2	159.00	185.00	202.00
3	167.00	193.00	211.00

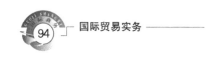

续表

SCALE OF CLASS RATES FOR CHINA—CANADA SERVICE (IN HKD)			
CLASS	VANCOUVER	HALIFAX ST. JOHN	MONTREAL,QUEBEC, TORONTO, HAMILTON
4	175. 00	201. 00	220. 00
5	183. 00	215. 00	235. 00
6	194. 00	231. 00	252. 00
7	205. 00	248. 00	270. 00
8	219. 00	264. 00	288. 00
9	235. 00	283. 00	309. 00
10	257. 00	305. 00	333. 00

到温哥华的 8 级货物相应基本费率为港币 219.00 元。

c. 从附加费率表,查有港口附加费为 10%。

d. 因此该批货物每运费吨的运价为港币 219.00 元 × (1 + 10%) = 240.90 元,共计支付运费港币 240.90 元 × 12 = 2 890.8 元。

(2)租船运输

租船运输又称不定期船(tramp)运输,它与班轮运输有很大差别。在租船运输业务中,没有预定的船期表,船舶经由航线和停靠的港口也不固定,须按船租双方签订的租船合同来安排,有关船舶的航线和停靠的港口、运输货物的种类以及航行时间等,都按承租人的要求,由船舶所有人确认而定,运费或租金也由双方根据租船市场行市在租船合同中加以约定。

①租船运输的方式:

A. 定程租船(voyage charter)。又称航次租船,是指由船舶所有人负责提供船舶,在指定港口之间进行一个航次或数个航次,承运指定货物的租船运输。定程租船就其租赁方式的不同可分为:a. 单程租船,又称单航次租船;b. 来回航次租船;c. 连续航次租船;d. 包运合同。

B. 定期租船(time charter)。它是指由船舶所有人将船舶出租给承租人,供其使用一定时期的租船运输。承租人也可将此期租船充作班轮或程租船使用。

C. 光船租船(bareboat charter)。光船租船是船舶所有人将船舶出租给承租人使用一个时期,但船舶所有人所提供的船舶是一艘空船,既无船长,又未配备船员,承租人自己要任命船长、船员,负责船员的给养和船舶营运管理所需的一切费用。这种光船租船,实际上属于单纯的财产租赁,与上述定期租船有所不同。这种租船方式,在当前国际贸易中很少使用。

近年来,国际上发展起一种介于航次租船和定期租船之间的租船方式,即航次期租(time charter on trip basis,TCT),这是以完成一个航次运输为目的,按完成航次所花的时间,按约定的租金率计算租金的方式。

②定程租船与定期租船的区别。定程租船与定期租船是租船运输的两种主要方式,它们之间的区别主要体现在以下几个方面:

A.定程租船是按航程租用船舶,而定期租船则是按期限租用船舶。关于船、租双方的责任和义务,前者以定程租船合同为准,后者以定期租船合同为准。

B.定程租船的船方直接负责船舶的经营管理,他除负责船舶航行、驾驶和管理外,还应对货物运输负责。但定期租船的船方,仅对船舶的维护、修理、机器正常运转和船员工资与给养负责,而船舶的调度、货物运输、船舶在租期内的营运管理和日常开支,如燃料、港口费、税捐以及货物装卸、搬运、理舱、平舱等费用,均由租船方负责。

C.定程租船的租金或费用,一般按装运货物的数量计算,也有按航次包租总金额计算的。而定期租船的租金一般是按租期每月每吨若干金额计算。同时,采用定程租船时要规定装卸期限和装卸率,凭以计算滞期费和速遣费;而采用定期租船时,则船、租双方不规定装卸率和滞期速遣费。

③定程租船的运费。租船运输通常适用于大宗货物的运输,我国大宗货物如粮食、油料、矿产品和工业原料等进出口通常采用租船运输方式。对外贸企业来说,使用较多的租船方式是定程租船。

A.定程租船运费。定程租船运费的计算方法与支付时间,需由租船人与船东在所签订的程租船合同中明确规定。其计算方式主要有两种:一种是按运费率(rate freight),即规定每单位重量或单位体积的运费率,同时规定按装船时的货物重量(intaken quantity)或按卸船时的货物重量(delivered quantity)来计算总运费;另一种是整船包价(lump sum freight),即规定一笔整船运费,船东保证船舶能提供的载货重量和容积,不管租方实际装货多少,一律照整船包价付费。

影响定程租船运费率高低的有众多因素:租船市场运费水平、承运的货物价格和装卸货物所需设备和劳动力、运费的支付时间、装卸费的负担方法、港口费用高低及船舶经纪人的佣金高低等。

B.定程租船的装卸费。定程租船运输情况下,有关货物的装卸费用由租船人和船东协商确定后在定程租船合同中作出具体规定。具体做法主要有以下

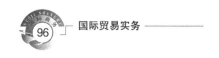

4 种:

a. 船方负担装货费和卸货费,又可称为"班轮条件"(gross terms;liner terms 或 berth terms)。

在此条件下,船货双方一般以船边划分费用。多用于木材和包装货物的运输。

b. 船方管装不管卸(free out,FO)。即船方负担装货费,但不负担卸货费。

c. 船方管卸不管装(free in,FI)。即船方负担卸货费,而不负担装货费。

d. 船方装和卸均不管(free in and out,FIO)。即船方既不负担装货费,也不负担卸货费。

这种条件一般适用于散装货。采用这一规定方法时,必要时还需明确规定理舱费和平舱费由谁负担,如规定由租方负担,则称为"船方不管装卸、理舱和平舱"(free in and out,stowed and trimmed,FIOST)条款。

6.1.2　铁路运输

在国际货物运输中,铁路运输(rail transport)是一种仅次于海洋运输的主要运输方式,海洋运输的进出口货物,也大多是靠铁路运输进行货物的集中和分散的。

铁路运输有许多优点,一般不受气候条件的影响,可保障全年的正常运输,而且运量较大,成本低,速度较快,有高度的连续性、准确性,在运输过程中可能遭受的风险也较小。办理铁路货运手续比海洋运输简单,而且发货人和收货人可以在就近的始发站(装运站)和目的站办理托运和提货手续。

由于我国特殊的地理位置,铁路运输在国民经济中占有非常重要的地位。一是通过铁路把欧、亚大陆连成一片,从而为发展我国与亚洲、欧洲各国之间的经济贸易联系提供了十分有利的条件。如和朝鲜、蒙古等国的进出口货物,绝大部分都是通过铁路来运输的;二是铁路运输也是我国内地与港、澳地区进行贸易的主要运输方式。通过香港也有利于发展内地的陆空联运和陆海联运。

铁路运输可分为国际铁路货物联运和国内铁路货物联运两种。

1)国际铁路货物联运

凡是使用一份统一的国际联运票据,由铁路负责经过两国或两国以上铁路的全程运送,并由一国铁路向另一国铁路移交货物时,不需发货人和收货人参加,这种运输称为国际铁路货物联运。采用国际铁路货物联运,有关当事人事先应有书面约定。目前,国际上有《国际货约》和《国际货协》两种国际条约,世界各国按各自参加的国际条约组织承担国际铁路联运的义务。我国参加的是《国际货协》。

【相关链接】

有关《国际货约》和《国际货协》

1890 年欧洲各国在瑞士首都伯尔尼举行的各国铁路代表大会上制定了《国际铁路货物运送规则》,以后在 1938 年修改后称为《国际铁路货物运送公约》(简称《国际货约》),又称《伯尔尼货运公约》。参加该公约的国家有:德国、奥地利、比利时、丹麦、西班牙、法国、希腊、意大利、列支敦士登、卢森堡、挪威、荷兰、葡萄牙、英国、瑞典、瑞士、土耳其、保加利亚、伊拉克、波兰、伊朗、叙利亚、爱尔兰、摩洛哥等 30 多个国家。《国际货约》在国际铁路货物运输中的影响也日益扩大。

1951 年在北大西洋公约组织欧洲各国部长运输会议上,由前苏联代表提议、起草并通过了《国际货协》和《国际客协》,最初有 8 个国家参加,1954 年中国、朝鲜、蒙古正式参加,从此,国际铁路联运成为连接亚欧各国客货运输的重要纽带。直到 1990 年 10 月由于德国的统一,民主德国终止《国际货协》。随后东欧形势发生剧变,匈牙利、捷克也于 1991 年 1 月起终止《国际货协》。

2) 国内铁路运输

国内铁路运输是指仅在本国范围内按《国内铁路货物运输规程》的规定办理的货物运输。我国出口货物经铁路运至港口装船及进口货物卸船后经铁路运往国内各地,均属国内铁路运输的范畴。供应港、澳地区的物资经铁路运往香港、九龙,也属于国内铁路运输的范围。由于香港是我国的特别行政区,对港铁路运输是由内地段运输和港段铁路运输两部分构成。其特点是"两票运输、租车过轨"。

6.1.3 航空运输

航空运输(air transport)是指利用飞机通过空中飞行在航空港之间运送客货的运输方式。是一种现代化的运输方式,它与海洋运输、铁路运输相比,具有运输速度快、货运质量高,安全准时且不受地面条件的限制等优点。因此,它最适宜运送急需物资、鲜活商品、精密仪器和贵重物品。近年来,随着国际贸易的迅速发展以及国际货物运输技术的不断现代化,采用空运方式也日趋普遍。

1)航空运输的方式

目前,我国的进出口商品中,进口采用空运的有电脑、成套设备中的精密部件、电子产品等;出口商品中主要有丝绸、纺织品、海产品、水果和蔬菜等。这些进出口商品,按不同需要,主要采用以下几种运输方式:

(1)班机运输(scheduled airline)

班机是指在固定时间、固定航线、固定始发站和目的站运输的飞机,通常班机是使用客货混合型飞机,一些大的航空公司也有开辟定期全货机航班的。班机因有定时、定航线、定站等特点,因此适用于运送急需物品、鲜活商品以及节令性商品。

(2)包机运输(chartered carrier)

包机是指包租整架飞机或由几个发货人(或航空货运代理公司)联合包租一架飞机来运送货物。因此,包机又分为整包机和部分包机两种形式,前者适用于运送数量较大的商品,后者适用于多个发货人,但货物到达站又是同一地点的货物运输。

(3)集中托运(consolidation)

集中托运是指航空货运公司把若干单独发运的货物(每一货主货物要出具一份航空运单)组成一整批货物,用一份总运单(附分运单)整批发运到预定目的地,由航空公司在那里的代理人收货、报关、分拨后交给实际收货人。集中托运的运价比国际空运协会公布的班机运价低7%~10%。因此发货人比较愿意将货物交给航空货运公司安排。

(4)航空急件传送方式(air express service)

航空急件传送是目前国际航空运输中最快捷的运输方式。它不同于航空邮寄和航空货运,而是由一个专门经营此项业务的机构与航空公司密切合作,设专人用最快的速度在货主、机场、收件人之间传送急件,特别适用于急需的药品、医疗器械、贵重物品、图纸资料、货样及单证等的传送,被称为"桌到桌运输"(desk to desk service)

2）航空运输的运费

航空运输货物的运费仅指从启运机场至目的机场的价格，不包括其他额外费用（如提货、仓储费等）。航空运输运费一般是按重量（千克）或体积重量（6 000 cm³折合1 kg）计算的，而以两者中高者为准。

6.1.4　集装箱运输和国际多式联运

1）集装箱运输（container transport）

集装箱运输是以集装箱作为运输单位进行货物运输的一种现代化运输方式，它可适用于海洋运输、铁路运输及国际多式联运等。从20世纪70年代以来，国际海上集装箱运输发展尤为迅速，迄今已形成了一个世界性的集装箱运输体系。目前，集装箱海运已经成为国际主要班轮航线上占有支配地位的运输方式。在我国，集装箱运输，尤其是集装箱海运已经成为普遍采用的一种重要的运输方式。

（1）集装箱运输的优点

集装箱海运之所以如此迅速发展，是因为同传统海运相比，它具有下列优点：

①有利于提高装卸效率和加速船舶的周转；

②有利于提高运输质量和减少货损货差；

③有利于节省各项费用和降低货运成本；

④有利于简化货运手续和便利货物运输；

⑤把传统单一运输串联为连贯的成组运输，从而促进了国际多式联运的发展。

国际标准化组织为统一集装箱的规格推荐了3个系列13种规格的集装箱，而在国际航运上运用的主要为20 in和40 in两种，即1A型8′＊8′＊40′；1C型8′＊8′＊20′。为适应运输各类货物的需要，集装箱除通用的干货集装箱外，还有罐式集装箱、冷藏集装箱、框架集装箱、平台集装箱、通风集装箱、牲畜集装箱、散装集装箱、挂式集装箱等种类。

为了便于统计计算集装箱的货运量，目前国际上都以20尺（1尺＝0.33米）集装箱作为计算衡量单位，以TEU（twentyfoot equivalent unit）表示，意即"相当于20尺单位"。在统计不同型号的集装箱时，按集装箱的长度换算成20尺

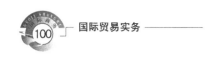

单位(TEU)加以计算。

(2)集装箱运输货物的交接

集装箱运输有整箱货(full container load,FCL)和拼箱货(less than container load,LCL)之分。整箱货是指由货方在工厂或仓库进行装箱。货物装箱后直接运交集装箱堆场(container yard,CY)等待装运,货到目的地(港)后,收货人可以直接从目的港(地)集装箱堆场提走。拼箱货是指货量不足一整箱,需由承运人在集装箱货运站(container freight station,CFS)负责将不同发货人的少量货物拼在一个集装箱内,货到目的地(港)后,再由承运人拆箱分拨给各收货人。

常用的集装箱货物交接方式分为4种:门到门,适宜整箱交,整箱接;门到场,适宜整箱交,拆箱接;场到门,适宜于拼箱交,整箱接;场到场,适宜于拼箱交,拆箱接。

(3)集装箱运输的费用

集装箱运输的费用构成和计算方法与传统的运输方式不同。它包括内陆或装运港市内运输费、拼箱服务费、堆场服务费、海运运费、集装箱及其设备使用费等。

集装箱海运运费是由船舶运费和一些有关的杂费组成。目前,有下列两种计费方法:

①按件杂货基本费率加附加费。这是按照传统的按件杂货计算方法,以每运费吨位计算单位,再加收一定的附加费。

②按包箱费率。这是以每个集装箱为计费单位。包箱费率视船公司和航线等不同因素而有所不同。

经营集装箱运输的船公司为了保证营运收入不低于成本,通常还有最低运费的规定。所谓最低运费,即指起码运费。在拼箱货的情况下,最低运费的规定与班轮运输中的规定基本相同。即在费率表中都订有最低运费,任何一批货运其运费金额低于规定的最低运费额时,则按最低运费金额计收。在整箱货的情况下,由货主自行装箱,如箱内所装货物没有达到规定的最低计费标准时,则亏舱损失由货主负担。另外,如托运人仅提供部分货物的计算运费资料,这部分运费按规定等级的费率计算运费,其余未提供资料的货物中计费等级又有差异,则按最高费率计算其余货物。

2)国际多式联运

国际多式联运(international multimodal transport 或 international combined transport,美国称为 international intermodal transport),是在集装箱运输的基础上产生和发展起来的一种综合性的连贯运输方式,它一般是以集装箱为媒介,把海、陆、空各种传统的单一运输方式有机地结合起来,组成一种国际间的连贯运输。《联合国国际货物多式联运公约》对国际多式联运所下的定义是:"国际多式联运是指按照多式联运合同,以至少两种不同的运输方式,由多式联运经营人把货物从一国境内接运货物的地点运至另一国境内指定交付货物的地点。"根据此项定义,说明构成多式联运应具备下列条件:

①必须有一个多式联运合同,合同中明确规定多式联运经营人和托运人之间的权利、义务、责任和豁免。

②必须是国际间两种或两种以上不同运输方式的连贯运输。

③必须使用一份包括全程的多式联运单据,并由多式联运经营人对全程运输负总的责任。

④必须是国际间的货物运输。

⑤必须由一个多式联运经营人对全程运输负总的责任。

⑥必须是全程单一运费费率,其中包括全程各段运费的总和、经营管理费用和合理利润。

多式联运合同(multimodal transport contract),是指多式联运经营人与托运人之间订立的凭以收取运费、负责完成或组织完成国际多式联运的合同。它明确规定了多式联运经营人和托运人之间的权利、义务、责任和豁免。

多式联运经营人(multimodal transport operator),是指本人或通过其代表订立多式联运合同的任何人,他是事主,而不是发货人的代理人或代表或参加多式联运的承运人的代理人或代表,并且负有履行合同的责任。他可以充任实际承运人,办理全程或部分运输业务,也可以是无船承运人(non-vessel operating common carrier,NVOCC),即将全程运输交由各段实际承运人来履行。

开展国际多式联运是实现"门到门"运输的有效途径,它简化了手续,减少了中间环节,加快了货运速度,降低了运输成本,并提高了货运质量。货物的交接地点也可以做到门到门、门到港站、港站到港站、港站到门等。

3) 大陆桥运输

大陆桥运输(land bridge transport),是指使用横贯大陆的铁路或公路运输系统,作为中间桥梁,把大陆两端的海洋连接起来的集装箱连贯运输方式。

大陆桥运输是集装箱运输开展以后的产物,始于 1967 年,发展到现在已形成西伯利亚大陆桥、欧亚大陆桥和北美大陆桥三条大陆桥运输线路。

（1）西伯利亚大陆桥

西伯利亚大陆桥，是利用俄罗斯西伯利亚铁路作为桥梁，把太平洋远东地区与波罗的海、黑海沿岸以及西欧大西洋口岸连接起来。这是世界上最长的运输路桥。

（2）欧亚大陆桥

欧亚大陆桥于1992年投入运营，它东起我国连云港，经陇海线、兰新线，接北疆铁路，出阿拉山口，最终抵达荷兰鹿特丹、阿姆斯特丹等西欧主要港口。

（3）北美大陆桥

北美大陆桥包括两条路线，一条是从西部太平洋口岸至东部大西洋口岸的铁路（公路）运输系统；另一条是西部太平洋口岸至南部墨西哥湾口岸的铁路（公路）运输系统。

国际贸易货物使用大陆桥运输具有运费低廉、运输时间短、货损货差小、手续简便等特点，大陆桥运输是一种经济、迅速、高效的现代化的运输方式。

6.1.5 其他运输方式

国际贸易货物的运输，除使用海运、铁路运输、航空运输、集装箱运输、多式联运等运输方式外，还有使用公路、内河、邮政、管道等运输方式。

1）公路运输

公路运输（road transportation）是一种现代化的运输方式，它不仅可以直接运进或运出对外贸易货物，而且也是车站、港口和机场集散进出口货物的重要手段。

公路运输具有机动灵活、速度快和方便等特点，尤其是在实现"门到门"运输中，更离不开公路运输。但公路运输也有一定的不足之处，如载货量有限，运输成本高，容易造成货损事故。

公路运输在我国对外贸易中占有重要地位。我国同许多周边国家有公路相通，我国同这些国家的进出口货物，可以经由国境公路运输。此外，我国内地同港、澳地区的部分进出口货物，也是通过公路运输的。随着我国公路建设的扩展，特别是高速公路的修建，公路运输在对外贸易中将发挥更重要的作用。

2）内河运输

内河运输（inland water transportation）是水上运输的重要组成部分，它是连接内陆腹地与沿海地区的纽带,在运输和集散进出口货物中起着重要的作用。

我国拥有四通八达的内河航运网,长江、珠江等主要河流中的一些港口已对外开放,同一些邻国还有国际河流相通,这就为我国进出口货物通过河流运输和集散提供了十分有利的条件。

3)邮政运输

邮政运输(parcel post transport)是一种较简便的运输方式。各国邮政部门之间订有协定和公约,通过这些协定和公约,各国的邮件包裹可以互相传递,从而形成国际邮包运输网。

国际邮政运输具有国际多式联运和"门到门"运输的性质,托运人只需按邮局章程一次托运、一次付清足额邮资,取得邮政包裹收据(parcel post receipt),交货手续即告完成。邮件在国际间的传递由各国的邮政部门负责办理,邮件到达目的地后,收件人可凭邮局到件通知向邮局提取。所以,邮政运输适用于重量轻、体积小的货物的传递。此种运输,手续简便,费用也不高,故其成为国际贸易中普遍采用的运输方式之一。

近年来,特快专递业务迅速发展。目前快递业务主要有:

(1)国际特快专递(international express mail service)

国际特快专递简称EMS,是我国邮政部门办理的特快专递业务。

(2)DHL信使专递(DHL courier service)

这是由Dalsey、Hilbolom、Lind 3个老板组建的敦豪国际有限公司信使专递和民航快递服务(AIR express service,简称AE)。DHL是国际信使专递行业中具有代表性的专递公司,总部设在美国纽约,在世界140多个国家和地区设有分支公司和代理机构,传递范围遍及世界各地。

4)管道运输

管道运输(pipeline transportation)是一种特殊的运输方式。它是货物在管道内借助于高压气泵的压力输往目的地的一种运输方式,主要适用于运输液体和气体货物。它具有固定投资大、建成后运输成本低的特点。

管道运输在美国、欧洲的许多国家以及石油输出国组织(OPEC)的石油运输方面起到了积极的作用。我国管道运输起步较晚,但随着石油工业的发展,为石油运输服务的石油管道也迅速发展起来。迄今为止,我国不少油田均有输油管道直通海港。我国至朝鲜也早已敷设管道,向朝鲜出口的石油,主要是通

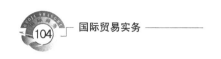

过管道运输。

【相关链接】

国际货运代理业务操作流程

①接受货主询价,包括海运询价、陆运询价(人民币费用)。

②接单,即接受货主委托。接受委托后(一般为传真件)需明确的重点信息包括:船期、件数、箱型、箱量、毛重、体积、付费条款、货主联系方法、做箱情况等。

③订舱。缮制托运委托书,加盖公司订舱章订舱,取得配舱回单,摘取船名、航次、提单号信息。

④做箱方式。如门到门、内装方式等。

⑤报关。有时先于做箱,有时同时进行。

⑥提单确认和修改。问明货主"提单"的发放形式,依据原始资料,传真于货主确认,并根据回传确立提单正确内容。

⑦签单。查看每张正本提单是否都签全了证章,是否需要手签。

⑧航次费用结算。海运费通常有两种付费方式:预付(freight prepaid)和到付(freight collect)。

⑨提单、发票发放。可由货主取件,也可通过 EMS 和快递送达。

⑩应在一个月内督促航次费用的清算并及时返还货主的"核销退税单"。

⑪海关退税有问题的,需更改并要提供相关资料。

6.2 合同中的装运条款

在国际贸易中,根据不同的货物、地理位置等来选择合适的运输方式是订立装运条款的重要前提,而装运条款是进出口合同中的重要条款之一,它直接关系到货物的运送和买卖双方的权利与义务。在运输合同中,买卖双方必须对交货时间、装运地、目的地、分批装运、装运、装运通知、滞期、速遣条款等内容作出具体的规定。明确、合理地规定装运条款,是保证买卖合同顺利履行的重要前提条件。

6.2.1　装运时间

装运时间又称装运期,是指卖方将合同规定的货物装上运输工具或交给承运人的期限。

装运时间是国际货物买卖合同的主要交易条款,卖方必须严格规定时间交付货物,不得任意提前和延迟。否则,如造成违约,则买方有权拒收货物,解除合同,并要求损害赔偿。

在国际贸易中,有关装运日期,过去一般是从狭义上理解。随着国际贸易和运输方式的发展,国际惯例有了最新的解释:装船(loading on board vessel)、发运(despatch)、收妥待运(accepted for carriage)、邮局收据日期(data of post receipt)、收货日期(data of pick-up)等,以及在多式联运方式下承运人的"接受监管"(taking in charge),均可理解为装运日期。

1)装运时间的规定方法

(1)规定明确、具体的装运时间

这又可分为规定一段时间和规定最迟期限两种。例如:"7 月份装运"(Shipment during July)、"7/8/9 月份装运(Shipment during July/Aug./Sep.);又如:"装运期不迟于 7 月 31 日"(Shipment not later than July 31st)、"9 月底或以前装运"(Shipment at or before the end of Sep.)。此种规定方法明确、具体,使用较为广泛。

(2)规定收到信用证后若干天装运

如规定:"收到信用证后 30 天装运"(Shipment within 30 days after receipt of L/C)。为防止买方不按时开证,一般还规定"买方必须不迟于某月某日将信用证开到卖方"(The relevant L/C must reach the seller not later than...)的限制性条款。对某些进口管制较严的国家或地区,或专为买方制造的特定商品,或对买方资信不够了解,为防止买方不履行合同而造成的损失,可采用此种规定方法。

(3)规定近期装运术语

如规定"立即装运"(immediate shipment)、"即期装运"(prompt shipment)、"尽快装运"(shipment as soon as possible)等。由于这些术语在各国、各行业中解释不一,不宜使用。国际商会制定的《跟单信用证统一惯例》也明确规定不宜

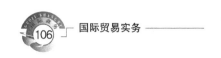

使用此类术语,如果使用,银行将不予置理。

 【案例分析】

> 某国内粮油食品进出口公司 2004 年 3 月 4 日收到国外开来的信用证,信用证中规定:"……总全额 1 232 000 美元。……某商品 800 公吨,数量允许增减 5%。价格:每公吨净价 1 540 美元,CIF A 港,立即装运至 A 港。不许分批装运。"这家粮油公司根据信用证条款,立即着手安排出运,并与船方代理公司联系,得知最早到 A 港的有效船期是 4 月 6 日。于是粮油公司就安排了 4 月 6 日出运,并取得了装船的提单及全套结汇单据提交到银行议付,但是买方提出异议,认为:信用证中规定"立即装运",根据惯例,应该在收到信用证后 30 天后装船,而提单日却是 4 月 6 日的。所以拒付。——试分析买方对吗?

2)规定装运时间应注意的问题

(1)买卖合同中的装运时间的规定,要明确具体,装运期限应当适度

海运装运期限的长短,应视不同商品和租船订舱的实际情况而定,装运期限过短,势必给船货安排带来困难;装运期过长也不合适,特别是采用在收到信用证后多少天内装运的条件下,装运期过长,会造成买方积压资金,影响资金周转,从而反过来影响卖方的售价。

(2)应注意货源情况、商品的性质和特点以及交货的季节性等

如雨季一般不宜装运烟叶,夏季一般不宜装运沥青、易腐性肉类及橡胶等。

(3)应结合考虑交货港、目的港的特殊季节因素

如北欧、加拿大东海沿岸港口冬季易封冻结冰,故装运时间不宜订在冰冻时期。反之,热带某些地区,则不宜定在雨季装运等。

(4)在规定装运期的同时,应考虑开证日期的规定是否明确合理

装运期与开证日期是互相关联的,为保证按期装运,装运期和开证日期应该互相衔接起来。

6.2.2 装运港(地)和目的港(地)

装运港(port of shipment)是指货物起始装运的港口。目的港(port of destination）是指最终卸货的港口。在国际贸易中,装运港（地）一般由卖方提出,经买方同意后确认;目的港（地）一般由买方提出,经卖方同意后确认。

1）装运港（地）和目的港（地）的规定方法

在买卖合同中,装运港和目的港的规定方法有以下几种:

（1）在一般情况下,装运港和目的港分别规定各为一个

如装运港:上海（port of shipment:Shanghai）,目的港:伦敦（port of destination:London）。

（2）有时按实际业务的需要,也可分别规定两个或两个以上的装运港或目的港

如装运港:新港/上海（Xingang/Shanghai）;大连/青岛/上海（Dalian/Qingdao/Shanghai）。目的港:伦敦/利物浦（London/Liverpool）。

（3）在磋商交易时,如明确规定装运港或目的港有困难,可以采用选择港（optional ports）办法

规定选择港有两种方式:一种是在两个或两个以上港口中选择一个,如 CIF 伦敦选择港汉堡或鹿特丹（CIF London,optional Hamburg/Rotterdam）,或者 CIF 伦敦/汉堡/鹿特丹（CIF London/Hamburg/Rotterdam）;另一种是笼统规定某一航区为装运港或目的港,如"地中海主要港口",即最后交货则选择地中海的一个主要港口为目的港。

2）确定国内外装运港（地）和目的港（地）的注意事项

（1）规定国外装运港和目的港应注意的问题

①对国外装运港或目的港的规定,应力求具体明确。在磋商交易时,如国外商人笼统地提出以"欧洲主要港口"或"非欧洲主要港口"为装运港或目的港时,不宜轻易接受。因为,欧洲或非欧洲港口众多,究竟哪些港口为主要港口,并无统一解释,而且各港口距离远近不一,港口条件也有区别,运费和附加费相差很大,所以,我们应避免采用此种规定方法。

②不能接受内陆城市为装运港或目的港的条件。因为,接受这一条件,我方要承担从港口到内陆城市这段路程的运费和风险。

③必须注意装卸港的具体条件。主要有:有无直达班轮航线,港口和装卸条件以及运费和附加费水平等。如果租船运输,还应进一步考虑码头泊位的深度,有无冰封期,冰封的具体时间以及对船舶国籍有无限制等港口制度。

④应注意国外港口有无重名问题。世界各国港口重名的很多,例如,维多

利亚(Victoria)港口,世界上有 12 个之多,波特兰(Portland)等也有数个。为防止发生差错,引起纠纷,在买卖合同中应明确注明装运港或目的港所在国家和地区的名称。

⑤如采用选择港口规定,要注意个选择港口不宜太多,一般不超过三个,而且必须在同一航次、同一航线上。同时在合同中应明确规定:如所选目的港要增加运费、附加费,应由买方负担,同时要规定买方宣布最后目的港的时间。

(2)规定国内装运港(地)或目的港(地)应注意的问题

在出口业务中,对国内装运港的规定,一般以接近货源地的对外贸易港口为宜,同时考虑港口和国内运输的条件和费用水平。在进口业务中,对国内目的港的规定,原则上应选择以接近用货单位或消费地区的对外贸易港口为最合理。但根据我国目前港口的条件,为避免港口到船集中而造成堵塞现象或签约时目的港尚难确定,在进口合同中,也可酌情规定为"中国口岸"。

总之,买卖双方在确定装运港时,通常都是从本身利益和实际需要出发,根据产、销和运输等因素考虑的。为了使装运港和目的港条款订得合理,我们必须要从多方面加以考虑,特别是国外港口很多,情况复杂,在确定国外装运港和目的港时,应格外谨慎。

6.2.3 分批装运和转运

分批装运和转运都直接关系到买卖双方的利益,因此,买卖双方应根据需要和可能在合同中作出具体的规定。一般来说,合同中如订明允许分批装运和转运,对卖方交货比较主动。

1)分批装运

分批装运(partial shipment),是指一个合同项下的货物分若干批装运。在大宗货物或成交数量较大的交易中,买卖双方根据交货数量、运输条件和市场销售等因素,可在合同中规定分批装运条款。

国际上对分批装运的解释和运用有所不同。按有些国家的合同法规定,如合同对分批装运不作规定,买卖双方事先对此也没有特别约定或习惯做法,则卖方交货不得分批装运;国际商会制定的《跟单信用证统一惯例》规定,除非信用证另有规定,允许分批装运。因此,为了避免不必要的争议,争取早出口、早收汇,防止交货时发生困难,除非买方坚持不允许分批装运,原则上应明确在出口合同中订入"允许分批装运"(partial shipment to be allowed)。

根据《跟单信用证统一惯例》规定："运输单据表面上注明货物是使用同一运输工具装运并经同一路线运输的,即使每套运输单据注明的装运日期不同及或装运港、接受监管地不同,只要运输单据注明的目的地相同,也不视为分批装运。"该惯例对定期、定量分批装运还规定："信用证规定在指定时期内分期支款及或装运,除非信用证另有规定,则信用证对该期及以后各期均告失效。"如合同和信用证中明确规定了分批数量,例如"3~6月分4批每月平均装运"(Shipment during March/June in four equal monthly lots),以及类似的限批、限时、限量的条件,则卖方应严格履行约定的分批装运条款,只要其中任何一批没有按时、按量装运,则本批及以后各批均告失效。据此,在买卖合同和信用证中规定分批、定期、定量装运时,卖方必须重合同、守信用,严格按照合同和信用证的有关规定办理。

【案例分析】

> 南京某公司出口1 000公吨大米,买方信用证规定:不允许分批装运。结果我方在规定的期限内分别在大连、上海等地把所有的1 000公吨大米装于同一航次的同一船只上,提单上注明了不同的装货港和不同的装船日期。——问:这是否与信用证不符?

2)转运(transhipment)

卖方在交货时,如驶往目的港没有直达船或船期不定或航次间隔太长,为了便于装运,则应在合同中订明"允许转船"(Transhipment to be allowed)。

《跟单信用证统一惯例》规定,除非信用证另有规定,可准许转运。为了明确责任和便于安排装运,买卖双方是否同意转运以及有关转运的办法和转运费的负担等问题,应在买卖合同中订明。

6.2.4　装运通知

买卖双方为了互相配合,共同搞好车、船、货的衔接和办理货运保险,不论采用何种贸易术语成交,交易双方都要承担互相通知的义务。因此,装运通知(advice of shipment)也是装运条款的一项重要内容。

1)卖方向买方发出的"货已备妥"通知

按照国际贸易的一般做法,在按FOB条件成交时,卖方应在约定的装运期

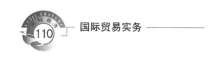

开始以前(一般是 30 天或 45 天),向买方发出货物备妥通知,以便买方及时派船接货。

2)买方向卖方发出的船舶到港受载日期通知

买方接到卖方发出的备货通知后,应按约定的时间,将船名、船舶到港受载日期等通知卖方,以便卖方及时安排货物出运和准备装船。

3)卖方在货物装船后及时电告买方

在货物装船后,如按 FOB、CFR 和 CIF 术语签订的合同,卖方应在货物装船后,按约定时间,将合同、货物的品名、件数、重量、发票金额、船名及装船日期等项内容电告买方;如按 FCA、CPT 和 CIP 术语签订的合同,卖方应在把货物交付承运人接管后,将交付货物的具体情况及交付日期电告买方,以便买方办理保险并做好接卸货物的准备,及时办理进口报关手续。

6.2.5 滞期、速遣条款

在国际贸易中,大宗商品大多使用程租船运输。由于装卸时间直接关系到船方的经营效益,如果装卸货物由租船人负责,船方对装卸货物的时间都要作出规定,如承租人未能在约定的装卸时间内将货物装完和卸完,延长了船舶在港停泊时间(包括装、卸时间),给船方造成经济损失,为了补偿船方由此产生的损失,应由租船人向船东支付一定的罚金,此项罚金称为滞期费(demurrage money)。与此相反,如果承租人在约定的装卸时间以前,将全部货物装完和卸完,从而缩短了船舶在港停泊时间,降低了船舶所有人的费用成本增加了收益,船方对所节约的时间要给租船人一定金额的奖励,这种奖金成为速遣费(dispatch money)。在实际业务中,速遣费通常为滞期费的一半。

买卖双方为了约束对方按时完成装卸任务,并与程租船合同相衔接,在买卖合同中也会规定有关滞期和速遣条款。

为了界定滞期或速遣是否成立以及滞期或速遣时间的长短,下面我们来介绍一下装卸时间的规定及计算方法。

1)装卸时间(lay time)的规定方法

装卸时间是指允许完成装卸任务所约定的时间。

对于装卸时间的规定,可采用以下几种方法:

①规定装卸货物的定额标准或装卸率,即每船或每个舱口每个工作日装卸货物的数量。

②规定固定的装卸天数。

③按港口习惯快速装卸(to load/discharge in customary quick despath, CQD)。这种方法由于不规定确切的装卸期限,容易引起争议,故采用时应审慎行事。

2)装卸时间(lay time)的计算方法

装卸时间的计算方法很多,主要有:

(1)按日(days)或连续日(running days,consecutive days)计算

所谓日,是指午夜至午夜连续24小时的时间,也就是日历日数,以"日"表示装卸时间时,从装货开始到卸货结束,整个经过的日数,包括实际进行装卸作业的时间和实际上不可能进行装卸作业的时间(如雨天、雪天、休息日等其他不可抗力因素),都计为装卸时间。这种规定,对租船人很不利。

(2)按晴天工作日(weather working days,WWD)计算

即把天气良好可以进行装卸作业的日数和部分时间计算为工作日;因天气不良不能进行装卸作业的工作日(如有风、雨、雪的日子)以及休息日、节假日一般都不计入。即使租船人使用了假日和休息日,船方也无权将假日和休息日计入装卸时间。

(3)按连续24小时好天气工作日(weather working days of 24 consecutive hours)

这是指在好天气情况下,连续作业24小时算一个工作日,中间因坏天气影响而不能作业的时间应予扣除。这种方法一般适用于昼夜作业的港口。当前,国际上采用这种规定的较为普遍,我国一般都采用此种规定办法。

由于各国港口习惯和规定不同,根据国际惯例,如果没有明确的规定,一般休息日和节假日都不计入装卸时间。

计算装卸时间,合同中还必须对装卸时间的起算和止算时间加以约定。

关于装卸时间的起算时间,各国法律规定或习惯并不完全一致,一般规定在船长向承租人或其代理人递交了"装卸准备就绪通知书"(notice of readiness, N/R)以后,经过一定的规定时间后,开始起算。

关于止算时间,现在世界各国习惯上都以货物装完或卸完的时间,作为装卸时间的止算时间。

6.3　运输单据

运输单据是承运人收到承运货物后签发给托运人的证明文件,它是交接货物、处理索赔与理赔以及向银行结算货款或进行议付的重要单据。由于运输方式众多,所以运输单据的种类也非常多,如海运提单、铁路运单、承运货物收据、航空运单、多式联运单据和邮政收据等,其中最常见的运输单据是海运提单,广泛应用于国际贸易中。

6.3.1　海运提单

海运提单(ocean bill of lading,B/L),简称提单,是指证明海上运输合同和货物由承运人接管或装船,以及承运人据以保证交付货物的凭证。

1)海运提单的特征

(1)货物收据

提单是承运人(或其代理人)出具的货物收据,证明承运人已收到或接管提单上所列的货物。

(2)物权凭证

提单是货物所有权的凭证,提单在法律上具有物权证书的作用,船货抵达目的港后,承运人应向提单的合法持有人交付货物。提单可以通过背书转让,从而转让货物的所有权。

(3)运输契约的证明

提单是承运人与托运人之间订立的运输契约的证明。提单条款明确规定了承、托双方之间的权利和义务,责任与豁免,是处理承运人与托运人之间的争议的法律依据。

2)海运提单的格式和内容

提单的格式很多,每个船公司都有自己的提单格式,但基本内容大致相同,一般包括提单正面的记载事项和提单背面印就的运输条款。

(1)提单正面的内容

提单正面的记载事项,分别由托运人和承运人或其代理人填写,通常包括:

托运人、收货人、被通知人、收货地或装货港、目的地或卸货港、船名及航次、唛头及件号、货名及件数、重量和体积、运费预付或运费到付、正本提单的份数、船公司或其代理人的签章、签发提单的地点及日期。

（2）提单背面的条款

在班轮提单背面，通常都有印就的运输条款，这些条款是作为确定承运人与托运人之间以及承运人与收货人及提单持有人之间的权利和义务的主要依据。为了缓解船、货双方的矛盾并照顾到船、货的利益，国际上为了统一提单背面条款的内容，曾先后签署了有关提单的国际公约，其中包括：1924 年签署的《关于统一提单的若干法律规则的国际公约》，简称《海牙规则》（The Hague Rules）。1968 年签署的《布鲁塞尔议定书》，简称《维斯比规则》（The Visby Rules）。1978 年签署的《联合国海上货物运输公约》，简称《汉堡规则》（The Hamburg Rules）。

由于上述 3 项公约签署的历史背景不同，内容不一，各国对这些公约所持有的态度也不相同，因此，各国船公司签发的提单背面条款也就互有差异。

相关链接

世界著名海运公司及它们的标志

 中外运　　 以星轮船

 达飞轮船　　 地中海航运

 意大利邮船　　 中远

 中海　　 阳明海运

 马士基海运　　 沙特航运

 日本邮船　　美国总统

 川崎汽船　　东方海外

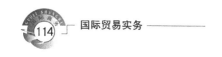

3)海运提单的种类

海运提单可以从各种不同角度予以分类,主要有以下几种:

(1)根据货物是否已装船,分为已装船提单和备运提单

①已装船提单(on board B/L,shipped B/L),是指承运人已将货物装上指定船舶后所签发的提单,其特点是提单上必须载明船舶名称和装船日期,同时还应由船长或其代理人签字。根据《跟单信用证统一惯例》规定,如信用证要求海运提单作为运输单据,银行将接受注明货物已装船或已装指明船舶的提单。所以,在国际贸易中,一般都要求卖方提供已装船提单。

②备运提单(received for shipment B/L),又称收讫待运提单,是指承运人已收到托运货物等待装运期间所签发的提单。这种提单上没有装船日期和具体船名。但是发货人可在货物装船后凭以调换已装船提单;也可经承运人或其代理人在备运提单上批注货物已装上某具名船舶及装船日期,并签署后使之成为已装船提单。

(2)根据提单上对货物外表状况有无不良批注可分为清洁提单和不清洁提单

①清洁提单(clean B/L),是指货物在装船时"表面状况良好",承运人在提单上不带有明确宣称货物及/或包装有缺陷状况的文字或批注的提单。根据《跟单信用证统一惯例》规定,除非信用证中明确规定可以接受的条款或批注,银行只接受清洁提单。清洁提单也是提单转让时所必备的条件。

②不清洁提单(unclean B/L;foul B/L),是指承运人在签发的提单上带有明确宣称货物及/或包装有缺陷状况的条款或批注的提单。例如,提单上批注"×件损坏"(...packages in damaged condition),"铁条松散"(Ironstrap loose or missing)等。

(3)根据提单收货人抬头的不同可分为记名提单、不记名提单和指示提单

①记名提单(straight B/L),是指提单上的收货人栏内填明特定收货人名称,只能由该特定收货人提货,由于这种提单不能通过背书方式转让给第三方,不能流通,故其在国际贸易中很少使用。

②不记名提单(bearer B/L),是指提单收货人栏内没有指明任何收货人,只注明提单持有人(bearer)字样,承运人交货,只凭单,不凭人。不记名提单无须背书转让,流通性极强,采用这种提单风险极大,在国际贸易中也很少采用。

③指示提单(order B/L),是指提单上的收货人栏填写"凭指定"(to order)或"凭某某人指定"(to order of...)字样。这种提单可经过背书转让,故其在国

际贸易中广为使用。背书的方式又有"空白背书"和"记名背书"之分。前者是指背书人(提单转让人)在提单背面签名,而不注明被背书人(提单受让人)名称。记名背书的提单受让人如需再转让,必须再加背书。目前在实际业务中使用最多的是"凭指定"并经空白背书的提单,习惯上称其为"空白抬头、空白背书"提单。

(4)按运输方式分类,可分为直达提单、转船提单和联运提单

①直达提单(direct B/L),是指轮船中途不经过换船而驶往目的港所签发的提单。凡合同和信用证规定不准转船者,必须使用这种直达提单。

②转船提单(transhipment B/L),是指从装运港装货的轮船,不直接驶往目的港,而需在中途换装另外船舶所签发的提单。在这种提单上要注明"转船"或"在××港转船"字样。

③联运提单(through B/L),是指经过海运和其他运输方式联合运输时由第一程承运人所签发的包括全程运输提单。它如同转船提单一样,货物在中途转换运输工具和进行交接,由第一程承运人或其代理人向下一程承运人办理。应当指出,联运提单虽包括全程运输,但签发联运提单的承运人一般都在提单中规定,只承担他负责运输的一段航程内的货损责任。

(5)根据提单内容的繁简,可分为全式提单和略式提单

①全式提单(long from B/L),是指提单背面列有承运人和托运人权利、义务的详细提单。

②略式或简式提单(short form B/L),是指提单背面无条款,而只列出提单正面的必须记载事项。这种提单与全式提单在法律上具有同等效力。但租船合同项下的略式提单,除非信用证另有规定,银行一般不予接受。

(6)根据提单使用效力,可分为正本提单和副本提单

①正本提单(original B/L),是指提单上有承运人、船长或其代理人签名签章并注明签发日期的提单。这种提单在法律上是有效的单据。正本提单上必须标明"正本"(original)字样。正本提单一般签发一式两份或三份,凭其中的任何一份提货后,其余的即作废。根据《跟单信用证统一惯例》规定,银行接收仅有一份的正本提单,如签发一份以上正本提单时,应包括全套正本提单。买方与银行通常要求卖方提供船公司签发的全部正本提单,即所谓"全套"(full set)提单。

②副本提单(copy B/L),是指提单上没有承运人、船长或其代理人签字盖章,而仅供工作上参考之用的提单。在副本提单上一般都标明"Copy"或"Non-

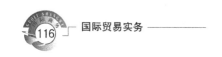

negotiable"(不做流通转让)字样,以示与正本提单有别。

(7)其他种类提单

①集装箱提单(container B/L),是指由负责集装箱运输的经营人或其代理人,在收到货物后签发给托运人的提单。集装箱提单与传统的海云提单有所不同,其中包括集装箱联运提单(combined transport B/L,CTB/L)及多式联运单据(multimodal transport document,MTD)等。

②舱面提单(on deck B/L),是指承运货物装在船舶甲板上所签发的提单,故又称为甲板货提单。由于货物装在甲板上风险较大,除非在提单条款中明确订明,进口商一般不愿意货物装在甲板上。银行也不接受甲板提单结汇。

③过期提单(stale B/L),是指错过规定的交单日期或者晚于货物到达目的港日期的提单。前者,是指卖方超过提单签发日期后21天才交到银行议付的提单,根据《跟单信用证统一惯例》规定,如信用证无特殊规定,银行将拒绝接受在运输单据签发日后超过21天才提交的单据。后者,是在近洋运输时容易出现的情况,故在近洋国家间的贸易合同中,一般都订有"过期提单可以接受"(Stale B/L is acceptable)的条款。

④倒签提单(antedated B/L),是指承运人应托运人请求,在托运人出具保函的前提下,签发提单日期早于实际装船日期的提单,以符合信用证对装船日期的规定,便于结汇。

⑤预借提单(advanced B/L)又称无货提单,指信用证规定装运日期和议付日期已到,货物已由承运人接管,但因故未能及时装船或装船完毕未按时结汇,托运人出具保函,要求承运人签发已装船提单。预借提单和倒签提单都属于同一性质,都不是按规定出具真实提单,严格来说都是违法行为,在实际运用中尽量不用或少用。

6.3.2　其他运输单据

1)海运单

海运单(sea waybill,ocean waybill)是证明海上运输合同和货物由承运人接管或装船,以及承运人保证据以将货物交付给单证所载明的收货人的一种不可流通的单证,因此又称"不可转让海运单"(non-negotiable sea waybill)。

海运单不是物权凭证,故而不可转让,也不可凭海运单提货。

2) 国际铁路联运运单

国际铁路联运运单是国际铁路联运的主要运输单据,它是参加联运的发送国铁路与发货人之间订立的运输契约,其中规定了参加联运的各国铁路和收、发货人的权利和义务。对收、发货人和铁路都具有法律约束力。运单正本随同货物到达终到站,并交给收货人,它既是铁路承运货物出具的凭证,也是铁路与货主交接货物、核对运杂费和处理索赔与理赔的依据。运单副本于运输合同缔结后交给发货人,是卖方凭以向收货人结算货款的主要证件。

3) 承运货物收据(cargo receipt)

承运通过铁路、轮船、公路、航空等各种运输工具对港、澳出口的货物,由于国内运单不能作为对外结汇的凭证,故使用承运货物收据这种特定性质和格式的单据。它既是承运人出具的货物收据,也是承运人与托运人签订的运输契约,也可以作为提货的依据。

承运货物收据的格式及内容和海运提单基本相同,主要区别是它只有第一联为正本。

4) 航空运单

航空运单(air waybill)是航空公司出具的承运货物的收据。它既是承运人或其代理人签发的货物收据,也是承运人与托运人之间签订的运输契约。航空运单可作为承运人核收运费的依据和海关查验放行的基本单据,但航空运单同样也不是物权凭证,不能通过背书转让,但可以作为银行的结汇单据。收货人提货不是凭航空运单,而是凭航空公司的提货通知单。

5) 多式联运单据

多式联运单据(multimodal transport document,MTD),是指证明多式联运合同以及证明多式联运经营人接管货物并负责按照合同条款交付货物的单据。多式联运公约规定,多式联运单据是多式联运合同的证明,也是多式联运经营人收到货物的收据和凭以交付货物的凭证。根据发货人的要求,它可以做成可转让的,也可以做成不可转让的。

6) 邮政收据

邮政收据(parcel post receipt)包括邮包收据、邮寄证明和专递数据三种。

邮包收据是邮政运输的主要单据,它是邮局收到寄件人的邮包后所签发的凭证,相当于邮政运输中承运人与发货人之间的运输契约。在邮包发生损坏或丢失时,它还可以作为索赔和理赔的依据。

邮寄证明(cerfiticate of posting)是邮政局出具的证明文件,据此证实所寄发的单据或邮包确已寄出和作为邮寄日期的证明。根据需要,可作为结汇的一种单据。

专递数据(courier receipt)是特快专递机构收到寄件人的邮件后签发的凭证。也属于银行可接受的单据种类。但是所有的邮政收据都不属于物权凭证。

目前,运输单据在国际贸易中仍起着不容忽视的重要作用,但随着电子商务脚步的加快,电子信息传输将逐渐代替传统的纸制文件,与单据有关的概念将随之更新,凭单交货的必要性和可行性将不复存在。电子商务不但使传统的交货方式发生变化,也迫使人们更新观念。

【课后练习】

一、解释名词

1. 班轮运输

2. 海运提单

3. 国际多式联运

4. 速遣费

5. 空白抬头、空白背书提单

二、英文词语翻译

1. bill of lading

2. FCL

3. Container transport

4. Booking note

5. To order of buyer

6. Partial shipment

7. Trans-shipment

8. CY

9. Chapter transport

10. UCP 500

三、问答题

1. 简述班轮运输的特点。

2. 简述海运提单的种类。

3. 什么叫分批装运？UCP 500 对此有何规定？

4. 合同中规定"其交货 500 箱,自 6～10 月份分四批每月平均装运",问卖方应如何交货才算符合合同规定？

5. 装运港和目的港在合同中的地位如何？规定装运港和目的港应注意什么问题？

6. 有一批货物共 1 000 箱,由广州装运至纽约,船公司已签发了已装船清洁提单。但货到目的地,收货人发现下列情况:(1)15 箱欠交;(2)20 箱包装严重破损,内部货物已散失 50%;(3)30 箱包装外表良好,箱内货物有短缺。试分析上述三种情况中的责任归属。

四、计算题

1. 按 CFR 向美国出口洗衣粉 200 箱,箱尺寸:长 47cm,宽 39cm,高 26cm,假设每尺码吨的运费 67 美元,另加燃油附加费 33%,拥挤附加费 5%,计算运费是多少？

2. 某商品用纸箱装,每箱毛重 30 公斤,体积 0.05 米^3,原报价是每箱 FOB 上海 30 美元,应客户要求改报 CFR 价,运费计收标准是 W/M,每吨运费基本费是 200 美元,到目的港附加费 10%,请问在不减少收费额的条件下应报多少？

五、案例分析

1. 我国内某公司以 FOB 条件从澳大利亚进口一批矿产品共 30 000 公吨,贸易合同中规定卖方每天应负责装货 2 000 公吨,按晴天工作日计算。该公司与船公司签订的租船合同却规定租方负责装船,每天装货 2 500 公吨,按连续工作日计算,在上述两个合同中,滞期费均为每天 6 000 美元,速遣费减半,不足一天按比例计算。结果卖方从星期四开始装船,只用了 13 天(包括周六和周日)便将货物全部装完。

试分析该公司签订的两个合同有何失误之处？按照这两个合同执行,该公司将遭受多大损失？

2. 某粮油进出口公司向詹姆斯国际贸易公司出口一笔芝麻,于 2 月 6 日国外开来信用证,有关部分条款规定:"300 公吨黄芝麻,装运不得晚于 2002 年 3 月 31 日从大连至鹿特丹港。不许分批装运。"粮油进出口公司于 3 月 11 日装运前又接到开证行的信用证修改通知。修改书的内容:"装运改为 150 公吨黄芝麻从大连到鹿特丹港,另150公吨黄芝麻从大连到阿姆斯特丹港代替原装运条款规定。"粮油进出口公司根据信用证要求,即与船公司联系租船订舱,经各方面的安排才最后于3月16日在"黄海"轮装150公吨至鹿特丹港;于3月17日在"嘉兴"轮装150公吨至阿姆斯特丹港。粮油进出口公司在装运后于3月18日备妥信用证项下的所有单据向议付行交单办理议讨。但3月29日接到议付行转来开证行拒付电称:"第××号信用证项下的你第××号单据经审核发现单证不符,我信用证规定不许分批装运,而你却分两批装:3月16日装'黄海'轮150公吨至鹿特丹港;于3月17日装'嘉兴'轮150公吨至阿姆斯特丹港。因此,不符合信用证要求,构成单证不符。单据暂由我行留存,听候单据处理意见。"3月29日粮油进出口公司接到开证行拒付电后,认为对方完全是"鸡蛋里挑骨头",信用证原条款虽然规定不许分批装运,但已经修改为分两批装,即一批装运到鹿特丹,另一批装运到阿姆斯特丹,不许分批装运的条款已不复存在。试分析这家粮油公司的主张是否正确,为什么?

第7章
合同条款：国际货物运输保险

【本章导读】

　　本章学习国际贸易中涉及到的国际货物的运输保险，主要学习当前占较大比例运输方式的海洋运输保险的主要运输险别和相应条款，以及在实际应用中的技巧，此外，还学习其他运输方式下的运输保险类别和实践技巧。风险种类、损失和费用划分、3 种基本险别是学习的重点。

在国际贸易中,货物从卖方交至买方手中,一般都要经过长途运输,在此期间货物可能会遭受自然灾害和意外事故,造成损失。货主为了转嫁风险,通常都办理国际货物运输保险。保险会使货主的经济利益得到保障,起到减少或避免损害发生的作用。

国际贸易货物的运输保险(insurance),是指保险人在收取约定的保险费后,对被保险货物遭遇承保责任范围内的风险而受到损失时担负赔偿责任,它属于财产保险的范畴。国际货物运输保险的当事人有 3 个。保险人(insurer)是收取保险费并负责履行经济补偿义务的一方,也就是保险公司。投保人(applicant)是向保险人申请订立保险合同并负有缴纳保险费义务的保险单持有人,在我国国际贸易中,投保人是经营进出口业务的外贸公司、企业等。被保险人(insured)是保险事故发生后,可以享受赔偿请求权的人。

国际货物运输保险种类很多,有海上货物运输保险、陆上货物运输保险、航空货物运输保险和邮包运输保险。尽管各种不同货物运输保险的具体责任有所不同,但它们的基本原则、保险公司保障的范围等基本一致。

国际贸易货物的运输保险,通常作为交易条件之一,由买卖双方在合同中签订。为了有效地办理货物的运输保险,并使买卖合同中的保险条款规定得合理,在磋商和签订买卖合同时,往往明确订立保险条款,规定保险由何方办理、投保金额、投保险别等。

7.1 海上货物运输保险

早在公元前 9 世纪,随着地中海一带广泛的海上贸易活动的开展,就有了海上货物运输保险的萌芽;货物运输保险的发展,反过来又促进了国际贸易和航运事业的发展。国际贸易中,贸易术语决定了运输保险由出口方办理还是进口方办理。在常用的 3 种贸易术语中,FOB 和 CFR 条件下,是由买方办理海运保险,CIF 条件下,是由卖方办理海运保险。

7.1.1 保险人所承保的海上风险、损失、费用

货物在海上运输,可能遭遇各种风险,为了防范风险可能带来的损失,我们因而购买保险。如图 7.1 所示。

货物在海上运输及在海陆交接过程中,可能遭遇各种风险和损失,各国保

图7.1 购买保险原因示意图

险公司并不是对所有风险都予以承保,也不是对一切损失都予以补偿。为了明确责任,各国保险公司将其承保的各类风险及对风险所造成的各种损失的赔偿责任,在其承保的各种基础险别中都加以明确规定。因此,必须了解各保险公司对风险和损失所作的解释和规定。

1) 风险

海上货物运输保险的风险分为海上风险(perils of the sea)和外来风险(extraneous risks)两类。海上风险又称海难,是指海上发生的自然灾害(natural calamity)和意外事故(fortuitous accidents)。外来风险是指由于外来原因引起的风险,可分为一般外来风险和特殊外来风险两种。

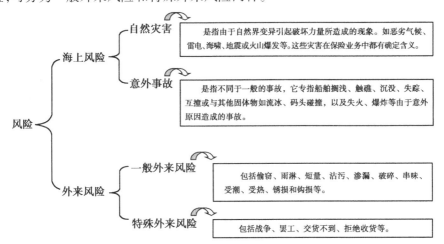

图7.2 风险的分类

凡以上所指的各类风险,都属于海洋运输保险所承保的范围,买方或卖方可根据需要向保险公司投保。

2) 海上损失

海运保险货物在海洋运输中由于海上风险所造成的损坏或灭失,称为海上损失(简称海损)。根据国际保险市场的一般解释,凡与海陆连接的陆上和内河运输中所发生的损失或灭失,也属海损。按照货物损失的程度,海损可以分为全部损失与部分损失;如按货物损失的性质,海损又可分为共同海损与单独海损。在保险业务中,共同海损与单独海损均属部分损失。

在海运保险业务中海上损失可按图 7.3 所示进行分类:

图 7.3   海上损失分类

(1)全部损失(total loss)

全部损失简称全损,是指运输途中的整批货物或不可分割的一批货物的全部损失。全部损失有实际全损(actual total loss)和推定全损(constructive total loss)两种:

①实际全损,是指该批被保险货物完全灭失或完全变质已失去原有的使用价值。

②推定全损,是指被保险货物受损后,实际全损已经不可避免,或者恢复、修复受损货物并将其运送到原订目的地所需的费用将超过该目的地的货物价值。发生推定全损时,被保险人可以要求保险人按部分损失赔偿,也可以要求作为推定全损赔偿全部损失。如果要求按推定全损赔偿,被保险人必须向保险人发出委付通知(notice of abandonment),表示愿意将保险标的物的全部权利和义务转移给保险人,并要求保险人按全损赔偿。委付必须经保险人同意接受后生效。

(2)部分损失(partial loss)

部分损失是指被保险货物的损失没有达到全部损失的程度,按其产生的原因不同,可分为共同海损(general average,GA)和单独海损(particular average,PA)两种。

①共同海损(general average),是指载货船舶在海运途中遇到危及船、货的共同危险,船方为了维护船舶和所有货物的共同安全或是航程继续完成,有意识地并且合理地做出某些特殊牺牲或支付一定的特殊费用,这些特殊牺牲和费用叫做共同海损。

共同海损的成立,必须具备下列条件:

a. 必须确实遭遇危险;

b. 措施必须是合理的；

　　c. 必须是为了船、货各方面的共同安全；

　　d. 牺牲或费用的支出必须是非常事件；

　　e. 损失必须是共同海损行为的直接结果；

　　f. 牺牲或费用的支出必须是有效的。

　　根据惯例，共同海损的牺牲和费用应由受益方，即船舶、货物和运费三方按最后获救的价值比例进行分摊。这种分摊叫做共同海损分摊（GA contribution）。

　　某船船舶、货物、运费本身价值如下：（单位：万元港币）

　　货物：合计800

　　（其中货主A：300；货主B：150；货主C：250；货主D：100）

　　船舶：650

　　运费：50

　　该船总价值合计：1 500

　　而该次共同海损事件经有关部门按规定理算，假如这次共同海损导致的A货主损失100万元港币。请计算共同海损中各当事方的分摊费用。

　　分摊费用＝（各方当事人的自己东西的价值/该船的全部价值）×共同海损额

各货主的货物价值/万元	分摊额/万元
货主A：300	（300/1 500）×100＝20
货主B：150	（150/1 500）×100＝10
货主C：250	（250/1 500）×100＝16.7
货主D：100	（100/1 500）×100＝6.7

　　实际上，共同海损的理算非常复杂，涉及面很广，有专门的理算机构进行理算。国际上常用的共同海损理算规则有《约克—安特卫普规则》，我国有《北京理算规则》。

　　除上述风险损失外，保险货物在运输途中还可能发生其他损失，如运输途中的自然损耗以及由于货物本身特点和内在缺陷所造成的货损等。对于这些损失，保险公司一般不予承保。

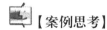【案例思考】

"明西奥"轮货损案

　　1926年10月7日,"明西奥"轮装载了一批散装亚麻籽,计划驶到布宜诺斯艾利斯再装一批亚麻籽后开往美国纽约。但在驶往布宜诺斯艾利斯的途中,该轮于10月9日上午搁浅被迫抛锚。

　　"明西奥"轮搁浅的地方正处在南美飓风的旁沛罗斯冷风区内,这种风时常从西南方吹来,不但会使水位继续下降,而且会摇晃、颠簸船体,把船推到航道边上,这样轮船就难以脱浅。这时船长还发现船板有断裂危险,假如船体裂缝漏水,亚麻籽会受潮膨胀,甚至会使船板脱裂,所以船长决定迅速脱浅。

　　为了迅速脱浅,从10月9日上午开始,"明西奥"轮三次开动主机,超负荷全速开车后退,均未成功,到第二天下午第四次全力开车,该轮才得以脱浅。

　　"明西奥"轮脱浅后驶到布宜诺斯艾利斯对主机和舵机传送线进行检修,并做了临时修理,到纽约港后,对船体进行了全面检修后发现该轮损坏严重,主机和舵机已受到严重损坏。于是"明西奥"轮宣布了共同海损,经对该船的损失和费用进行理算,要求货方按比例承担船舶为了脱浅而付出的费用和所受损失,共计6 451.16英镑。

　　货主对以上费用发生了争议,拒绝付款。

　　②单独海损(particular average),是指保险货物遭受海损以后,如未达到全损程度,仅属部分损失,而且这种损失又不属共同海损,不是由多方面的关系人共同分摊,仅由受损方单方负责,这种损失称为单独海损。单独海损是与共同海损相对而言的。

　　从上面我们可以看出,单独海损和共同海损是不同的。

　　a.造成海损的原因不同。单独海损是承保风险所直接导致的船舶和货物的损失,共同海损则不是承保风险所直接导致的损失,而是为了解除船舶和货物面临的共同危险有意采取合理措施而造成的损失。

　　b.损失的承担责任不同。单独海损由受损方自行承担,共同海损则由各受益方按照受益大小的比例共同分摊。

【案例思考】

海损分析

一艘货轮从悉尼驶往帕皮提,船上满载货物,其中有 A 商矿石 500 包,B 商电器 100 箱,C 商棉布 50 箱。途经汤加群岛附近海域,遭遇强烈风浪,颠落一包矿石入海;接着轮船不慎搁浅,不迅速脱浅就有倾覆的危险,船长下令抛 50 箱电器以脱浅;结果船体并未上浮,船长又下令抛弃矿石,直至脱浅;继续航行中,轮船偏离了航向,为了回到主航道上,轮船加大马力,导致主机损坏;浓烟使船长误认为是装棉布的船舱着火,就下令灌水灭火,事后发现无着火痕迹,但棉布水渍严重,品质降低;此时,船长只能雇请拖轮将轮船拖到附近港口修理后,继续驶往目的地。试分析以上所有损失各属什么损失,由谁来承担?

（3）海上费用

海上费用是指海上运输货物遇险后所发生的费用。主要有:

①施救费用（sue and labor expenses）。它是为营救被保险货物所支出的。施救费用是指保险标的在遭遇风险时,被保险人或其代理人、被雇用人员和保险单受让人对保险标的所采取的各种抢救、防止或减少货损的措施而支出的合理费用。保险人对这种施救费用负责赔偿。

②救助费用（salvage charges）。它是指保险标的遭遇风险时,由保险人和被保险人以外的第三者采取了救助措施并获得成功而向其支付的报酬。保险人对这种费用也负责赔偿。

【案例思考】

某货轮在航行途中,货舱因雷电燃起大火,致使 80 多个集装箱的货物被烧毁,而且大火对机舱造成严重威胁。船长为了船、货的安全,发出了求助信号。附近港口得知后,前往灭火,大火虽然被扑灭了,但用水灭火使得集装箱货物致损,且大火已烧坏了主机,货轮无法继续航行。船长只好雇拖轮将货轮拖到附近的港口修理。请问该火灾事故中有哪些费用和损失?这些费用和损失由谁承担,为什么?

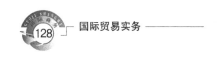

【相关链接】

海上货物运输保险的基本原则

①可保权益原则(insurable interest)

可保权益原则是指投保人或被保险人与保险标的之间有利益关系,投保人或被保险人因保险事故的发生而受损,因保险事故的不发生而受益。可保权益必须是可以用货币金钱计算的;必须是合法的;必须是确定的、客观存在的。

②权益转让原则(interest transfer)

权益转让原则是指保险单是可以背书转让的,保险单的转让不需要取得保险人的同意,也不需要通知保险人。在 CIF、CIP 等贸易术语条件下,卖方(投保人)将提单、保险单等合格的单据交银行议付货款,即转让了保险单;保险事故发生后,买方凭该保险单向保险人索赔。

③最高诚信原则(utmost good faith)

当事人双方在签订保险合同时必须诚实、守信。因为保险人在承保时,往往远离船货所在地,对保险标的难以实地查勘,仅凭投保人的叙述;而投保人或被保险人对保险人的责任范围等也应有准确的认识。所以,双方都应坚守诚信。当然,"善意的(不知情的)被保险人"除外。

④补偿和代位原则(indemnity and subrogation)

凡是保险人承保责任范围内发生的损失,保险人应做赔偿,但赔偿金额不能超过保险金额或实际损失,且以两者中低的为限;保险人赔偿之后,有权取代被保险人的地位,获得被保险人的权益,向第三者进行追偿,或获得货物的有关权益。

⑤近因原则(proximate cause)

如果引起货物损失的最直接原因是承保责任范围内的,保险人要赔偿;若承保的风险不是造成损失的最直接原因,保险人不赔偿。

7.2 我国海上货物运输保险险别

在货物运输中,可能会遇到不同的风险,造成不同的损失。保险人为了方便被保险人依据其货物及运输的特点进行投保,在保险人对货物运输的风险和损失的可承保范围内,划分了各种承保责任大小不同的保险险别。因此,保险险别是保险人对风险和损失的承保责任范围。被保险人要求保险人承保的责任范围越大,向保险人缴纳的保险费也就越多;反之,所要缴纳的保险费就越低。根据中国人民保险公司1981年1月1日修订的《海洋运输货物保险条款》规定,海洋货物运输保险险别分为基本险和附加险两类。另外,针对某些特殊货物或具有特殊要求的货物,分别制定了专门的保险险别。

基本险可以独立投保,附加险只有在投保某一基本险的基础上才能加保。

7.2.1　基本险别

基本险分为平安险、水渍险和一切险3种:

1)平安险(free from particular average ,FPA)

保险公司对平安险的责任范围如下:

①货物在运输途中由于自然灾害造成整批货物的实际全损或被定全损。被保险货物用驳船运往或运离海轮的,每一驳船所装的货物可视为一个整批。

②由于运输工具发生意外事故而造成的货物全部损失或部分损失。

③在运输工具发生搁浅、触礁、沉没、焚毁等意外事故之前或之后,又在海上遭受恶劣气候、雷电、海啸等自然灾害而使货物造成的部分损失。

④在装卸或转运过程中,一件或数件货物落海所造成的全损或部分损失。

⑤由于共同海损所造成的牺牲、分摊和救助费用。

⑥发生承保责任范围内的危险,被保险人对货物采取抢救、防止或减少货损的措施而支付的合理费用,但以不超过该批货物的保险金额为限。

⑦运输工具遭受海难后,在避难港由于卸货所引起的损失以及在中途港、避难港由于卸货、存仓以及运送货物而产生的特别费用。

⑧运输契约中订有船舶互撞责任条款,根据该条款的规定应由货方偿还的船方损失。

思考:你怎么理解平安险的条款?

　　　FPA是否承保全部海损和部分海损,为什么?

【案例分析】

> 试分析下列案例中收货人能否得到赔偿。
>
> 泰国某商人向日本出口大米 1 000 包,共 10 公吨,向泰国保险公司投保了平安险(FPA)。货物由泰国某船运公司承运,装在货轮的底层货舱。货轮在行驶途中触礁,底舱严重进水,船方全力抢救,方使 500 包大米移至舱面;可是后来又遇风暴将这 500 包大米全部吹落海中,而其余没于舱底的 500 包大米则遭受严重水浸,无法食用。货船抵达日本后,收货人凭保险单向泰国保险公司请求赔偿。保险公司认为货物所受的是单独海损,而保险单上载明的是平安险,平安险对单独海损不负责赔偿,所以保险公司不负责任。——你认为保险公司的做法是否合理?

2)水渍险(with average 或 with particular average,WA 或 WPA)

水渍险包括平安险的各项责任,还负责被保险货物由于恶劣气候、雷电、海啸、地震、洪水等自然灾害造成的部分损失。因此,水渍险较平安险的责任范围大,保险费率亦比平安险要高。

3)一切险(all risks)

一切险包括平安险和水渍险的各项责任,还对被保险货物在海运途中因一般外来原因所造成的全部损失或部分损失负责。因此,在 3 种基本险中,一切险的责任范围最大,保险费率最高。

投保人可根据被保险货物的特点选择投保平安险、水渍险和一切险 3 种险别中的任何一种。

7.2.2　附加险别

附加险(additional risks)是对基本险的补充,必须在投保一种基本险的基础上才加保一种或数种附加险,并须另外支付附加保险费。我国海洋货物运输保险条款的附加险有一般附加险和特殊附加险两种。

1)一般附加险(general additional risk)

一般附加险是承保由于一般外来风险造成的全部或部分损失。共有下列 11 种险别:

①偷窃、提货不着险(theft, pilferage and non-delivery)。保险公司对被保险货物因偷窃行为所致的损失和整件提货不着等损失,负责按保险价值赔偿。

②淡水雨淋险(fresh water and/or rain damage)。对直接遭受雨淋、雪溶或其他原因的淡水所致的损失负责赔偿。

③短量险(risk of shortage)。承保被保险货物数量散失和实际重量短缺的损失,但不包括正常损耗。

④混杂、沾污险(risk of intermixture and contamination)。承保被保险货物在运输过程中,混进杂质所造成的损失,以及被保险货物因为和其他物质接触而被沾污所造成的损失。

⑤渗漏险(risk of leakage)。承保液体物质和油类物质在运输过程中,因容器损坏而引起的渗漏损失,或用液体储藏的货物因液体的渗漏而引起货物的腐败、变质等损失。

⑥碰损、破碎险(risk of clash and breakage)。碰损是指机械设备等货物在运输途中,由于受到振动、颠簸、挤压而造成货物本身的损失;破碎是指易碎性物质在运送中因装卸野蛮、粗鲁,运输工具的颠震造成货物本身的破裂、断碎的损失,保险公司负责赔偿。

⑦串味险(risk of odour)。承保被保险货物和其他异味货物混装,致使其品质受损。

⑧受热、受潮险(damage caused by sweating and beating)。承保被保险货物在运输过程中因气温突变或因船上通风设备失灵致使船舱水气凝结、发潮、发热所造成的损失。

⑨钩损险(hook damage)。承保被保险货物在装卸过程中因使用手钩、吊钩等工具所造成的损失,并对包装进行修补或调换所支付的费用负责赔偿。

⑩包装破裂险(loss or damage caused by breakage of packing)。承保被保险货物在运输过程中因装运或装卸不慎,致使包装破裂所造成的损失。

⑪锈损险(risk of rust)。承保被保险货物在运输过程中由于生锈所造成的损失。但这种生锈必须在保险期内发生,如果原装时已发生,保险公司不负责任。

【案例思考】

1987年3月,我方进出口公司向荷兰出口无烟煤80公吨,合同采用CIF价格条件,规定由我方投保水渍险,我方遂按发票金额另加10%向中国人民保险公司投保了水渍险(WA)。5月份该批无烟煤装运出口,但在印度转船时,遭遇当地暴雨,货物抵达目的港鹿特丹后,进口商发现货物有明显的湿损,损失经计算达27 000多美元。荷兰进口商向我方进出口公司提出索赔。我方指出该批货物已经投保了水渍险,要求对方向保险公司索赔。荷兰进口商凭保险单向中国人民保险公司驻荷兰的代理人提起索赔,遭到拒赔。——试问:为什么?应投保哪一种险别才会得到赔偿?

2)特殊附加险(special additional risk)

特殊附加险是承保由于特殊外来风险所造成的损失。主要有下列8种险别:

①战争险(war risk)。承保因战争、类似战争行为,和敌对行为、武装冲突或海盗行为及由此引起的捕获、拘留、禁止、扣押所造成的损失,或各种常规武器所造成的损失,以及由于上述原因引起的共同海损牺牲、分摊和救助费用。但对核武器所造成的损失不负赔偿责任。

②罢工险(strikes risk)。被保险货物因罢工者、被迫停工工人,或参加工潮、暴动和民众斗争人员的行动或任何人的恶意行为所造成的直接损失,以及上述行为所引起的共同海损的牺牲、分摊和救助费用负责赔偿。罢工险不包括罢工等行为的间接损失,其按战争险费率计收。按国际保险业惯例,如投保战争险再加保罢工险,不另增收保险费。

③交货不到险(failure to deliver risk)。对不论由于何种原因,从被保险货物装上船舶开始,不能在预定抵达目的地的日期起6个月内交货的,负责按全损赔偿。

④进口关税险(import duty risk)。当货物遭受保险责任范围以内的损失,而海关仍要求被保险人按完好货物价值完税时,保险公司对损失部分货物的进口关税负责赔偿。

⑤拒收险(rejection risk)。对被保险货物具备有效进口许可证的情况下,在进口港被进口国当局拒绝进口或没收,按货物的保险价值负责赔偿。

⑥舱面险(on deck risk)。对被保险货物存放舱面时,除按保险单所载条款负责外,还包括被抛弃或被风浪冲击落水的损失。如果普通集装箱装在舱面,

则视同舱内货物承保,货主不必加保舱面险。

⑦黄曲霉素险(aflatoxin risk)。对被保险货物因所含黄曲霉素超过进口国的限制标准,被拒绝进口,没收或强制改变用途而遭受的损失负责赔偿。

⑧货物出口到香港(包括九龙)或澳门存仓火险责任扩展条款(fire risk extension clause for storage of cargo at destination Hongkong, including Kowloon, or Macao)。被保险货物运抵目的港香港(包括九龙在内)或澳门卸离运输工具后,如果直接存放于保险单载明的过户银行所指定的仓库,该保险对存仓火险的责任至银行收回押款解除货物的权益为止,或运输险责任终止时满30天为止。

【课后思考】

①我某外贸公司向某国出口大豆10 000吨,合同规定投保一切险,加保战争险和罢工险。货物运抵目的港后,恰逢港口工人罢工,随后又同警察之间发生冲突,这批大豆被当作掩体,损失惨重。请问,保险公司对该损失是否负责赔偿呢,为什么?

②辽宁某外贸公司于2002年向某外商出口冷冻食品一批,合同规定投保平安险、战争险和罢工险。货到目的港后,恰遇该国该港口工人罢工,无法卸货。不久,货轮因无补充燃料致使船上的冷冻设备停机。罢工结束后,这批冷冻食品已经变质。请问,保险公司能给予赔偿吗? 为什么?

③某货轮在航行途中遭遇强热带风暴,货舱上的800多箱货物被暴雨淋坏,并严重威胁货轮的安全,为此,船长命令货轮开往附近港口避难。但是,货轮在前往避难途中不幸搁浅,在这期间又有500多箱货物被许多不法分子抢劫。试析,此案中应该投保何种险别,可得到保险公司的赔偿? 为什么?

7.2.3　保险责任的起讫

保险的责任起讫是指保险公司承保责任时间的开始和终止,又称保险期限。我国海洋运输货物保险条款分别就基本险、战争险和罢工险做出了规定。

1)基本险的责任起讫

基本险别的承保责任起讫采用国际保险业惯用的"仓至仓条款"(warehouse to warehouse clause, W/W clause),即保险责任自被保险货物远离保险单所载明的起运地仓库或储存处所开始运输时生效,包括正常运输过程中的海上、陆上、内河和驳船运输在内,直至该项货物到达保险单所载明目的地收货人的最后仓库或储存处所或被保险人用作分配、分派或非正常运输的其他储存处所为止;如未抵达上述仓库或储存处所,则以被保险货物在最后卸载港全部卸离海轮后满60天为止;如在上述60天内被保险货物需转运至非保险单所载明的目的地时,则以该项货物开始转运时终止。

2)战争险的责任起讫

战争险的责任起讫是以水上风险为限,即自货物在起运港装上海轮或驳船时开始,直到目的港卸离海轮或驳船时为止。如果不卸离海轮或驳船,则从海轮到达目的地的当日午夜起算满15天,保险责任自行终止;如果在中途港转船,保险责任以海轮到达该港或卸货地点的当日午夜起算满15天为止,等到再装上续运海轮时恢复有效。

3)罢工险的责任起讫

罢工险的保险责任起讫,采取"仓至仓"条款。

【课后思考】

①我方与美商以FOB价格成交,美商向保险公司投保了一切险。我方在仓库运往码头的途中,因意外事故致使货物受损约10%。事后,我方以保险单订有"仓至仓"条款为由,要求保险公司赔偿,但遭拒绝。随后,我方又请求美商以其名义凭保险单向保险公司提出索赔。请问,保险公司是否会给予赔偿?为什么?

②我某外贸公司向某国出口小麦2 000公吨,投保平安险。货到目的港后,进口商在码头进行包装,期间下起了暴雨,致使100多公吨未包装的小麦受损。于是,进口商以货物在保险有效期内为由,向保险公司提出索赔。保险公司是否会给予赔偿?为什么?

③东方进出口公司于1991年对科威特某公司出口蓖麻油一批,按CIF价格条件签订合同。东方公司按约定以发票价值的110%投保了水渍险和战争险。货到科威特港后刚卸到岸上,适逢科威特与伊拉克打仗,货物被科威特飞机扫射而引起火灾,全部烧毁。科威特公司认为货物因战争行为而受损,于是持保险单向保险公司理赔代理人索赔。几经交涉未果,又要求东方公司协助向保险公司索赔。试问索赔能否成功?

7.2.4 保险人的除外责任(exclusions)

对海上货物运输保险的 3 种基本险别,保险公司规定有下列除外责任:

①被保险人的故意行为或过失所造成的损失;

②属于发货人责任所引起的损失;

③在保险责任开始前,被保险货物已存在的品质不良或数量短差所造成的损失;

④被保险货物的自然损耗、本质缺陷、特性以及市价跌落、运输延迟所引起的损失或费用;

⑤属于海上货物运输战争险和罢工险条款规定的责任范围和除外责任。

【案例分析】

> 1997 年 7 月,我国南方某进出口公司从北美进口一批新鲜水果,合同采用 CFR 价格。该批货物由 NA&A 轮船公司运输,船方签发了清洁提单,我方自行向中国人民保险公司投保了一切险。货物抵达目的港,我方发现已有50%的水果腐烂变质,不能食用。经查,NA&A 派运的船舶设备陈旧,导致船速缓慢,货物在途时间过长,才发生损失。——试问保险公司能否就此给予我方赔偿?

7.3 其他运输方式下的货运保险

中国人民保险公司制定了海洋、陆上、航空、邮包运输方式的货物运输保险条款,以适用于上述各种运输方式货物保险的各种附加险条款,总称为"中国保险条款"(China insurance clause, CIC)。

7.3.1 陆运货物运输保险(overland transportation cargo insurance)

陆上货物运输包括铁路和公路运输。

按中国人民保险公司制定的《陆上运输货物保险条款》的规定,陆运货物保险的基本险别有陆运险和陆运一切险。前者,与海运水渍险相似,后者与海运一切险相似。这两种基本险的责任范围仅限于火车和汽车运输,其责任起讫也采用"仓至仓"责任条款。此外,还有冷藏货物险,也具有基本险性质,其责任范围,除包括陆运险的责任外,还负责赔偿由于冷藏设备在运输途中损坏而导致货物变质的损失。在陆运附加险中,也可以分为一般附加险和特殊附加险,在投保陆运险的基础上可以加保一种或若干种一般附加险和特殊附加险。投保陆运一切险时,如加保战争险,则仅以铁路运输为限,其责任起讫不是"仓至仓",而只以货物置于运输工具时为限。

7.3.2　航空运输货物保险(air transportation cargo insurance)

航空货物运输保险分为航空运输险和航空运输一切险两种。

航空运输险的承保责任范围与海运水渍险大体相同。

航空运输一切险除包括上述航空运输险的责任外,对被保险货物在运输途中由于一般外来原因所造成的,包括偷窃、短少等全部或部分损失也负责赔偿。

航空运输货物保险的除外责任与海洋运输保险的除外责任相同。责任起讫期限从被保险货物运离保险单所载明的起运地仓库或储存处所开始生效。在正常运输过程中继续有效,直到该项货物运抵保险单所载明的目的地交到收货人仓库或储存处所或被保险人用作分配、分派或非正常运输的其他储存处所为止;如保险货物未到达上述仓库或储存处所,则以被保险货物在最后卸货地卸离飞机后满30天为止。

与陆运货物保险一样,被保险货物在投保航空运输险和航空运输一切险后,还可经协商加保航空运输货物战争险等附加险。

7.3.3　邮运包裹保险(parcel post insurance)

邮运包裹保险是承保邮包在运输途中因自然灾害、意外事故和外来原因所造成的损失。邮包保险包括邮包险和邮包一切险两种基本险别。在投保这两种基本险别之一的基础上,还可加保一种或数种附加险。

7.3.4　出口信用保险

出口信用保险是国家为了推动本国的出口贸易,保障出口企业的收汇安全而制定的一项由国家财政提供保险准备金的非赢利性的政策性保险业务。

中国出口信用保险公司(简称中国信保 sinosure),是我国唯一的政策性出口信用保险公司。中国信保于2001年12月成立,由中国政府全资拥有。中国信保提供短期出口信用保险、中长期出口信用保险、投资保险、担保业务、商账追收、资信评估、保单融资、国内贸易信用保险等业务。

【相关链接】

出口信用保险

出口信用保险业务遵循的基本原则是什么？

①最大诚信原则：投保人必须如实提供项目情况，不得隐瞒和虚报。

②风险共担原则：赔偿比率大多低于100%。

③事先投保原则：保险必须在实际风险有可能发生之前办妥。

哪些出口贸易合同不适用于投保出口信用保险？

①发货前或在劳务提供前，价款全部预付的出口合同；

②金额和付款期限不确定的出口合同；

③不以货币结算的贸易合同；

④违反我国或进口国法律的贸易合同；

⑤投保人与其关联企业之间的交易合同不能办理商业风险的保险，但可办理政治风险保险。

投保出口信用保险有哪些好处？

①出口贸易收汇有安全保障。出口信用保险在企业出口贸易损失发生时给予经济补偿，维护出口企业和银行权益，避免呆坏账发生，保证出口企业和银行业务稳健运行。

②有出口信用保险保障，出口商可以放心地采用更灵活的结算方式，开拓新市场，扩大业务量，从而使企业市场竞争能力更强，开拓国际贸易市场更大胆。

③出口信用保险可以为企业获得出口信贷融资提供便利。资金短缺、融资困难是企业共同的难题，在投保出口信用保险后，收汇风险显著降低，融资银行才愿意提供资金融通。

④得到更多的买家信息，获得买方资信调查和其他相关服务。出口信用保险有利于出口商获得多方面的信息咨询服务，加强信用风险管理，事先避免和防范损失发生。

⑤有助于企业自身信用评级和信用管理水平的提高。

（资料来源 http://www.sinosure.com.cn）

@【相关链接】

伦敦保险业协会货物险条款

英国的保险业具有悠久的历史,经英国国会确认的伦敦保险协会制定的《协会货物条款》(institute cargo clauses,ICC),为世界上大多数国家所采用。《协会货物条款》最早制定于1912年,经过修订,1982年开始使用新的海运货物保险条款。

伦敦保险协会的海运货物保险条款主要有6种:

①协会货物条款(A)(institute cargo clauses(A),ICC(A))

②协会货物条款(B)(institute cargo clauses(B),ICC(B))

③协会货物条款(C)(institute cargo clauses(C),ICC(C))

④协会战争险条款(货物)(institute war clauses cargo)

⑤协会罢工险条款(货物)(institute strikes clauses cargo)

⑥恶意损害险条款(malicious damage clauses)

以上6种险别,除恶意损害险之外,其他5种险别在条款的结构和内容上都相似,基本包括承保范围、除外责任、保险期限、索赔、保险利益、减少损失、防止延迟和法律与惯例。根据现行的协会货物保险条款,在ICC(A)、(B)、(C)条款和ICC战争险、罢工险条款中,对以上八项内容,除承保范围、除外责任和保险期限外,其他各项内容完全相同。

ICC(A)条款的承保风险类似我国的"一切险",ICC(B)条款类似"水渍险",ICC(C)条款类似"平安险",但比"平安险"的责任范围要小一些。

英国伦敦保险协会海运货物条款(A)、(B)、(C)条款与前述我国海运货物保险期限的规定大体相同,也是"仓至仓条款"(warehouse to warehouse clause),但比我国规定得更为详细。

在我国进出口业务中,特别是以CIF条件出口时,有些国外商人如要求我出口公司按伦敦保险协会货物条款投保,我出口企业和中国人民保险公司也可接受。

7.4 国际货物运输保险实务

7.4.1 在合同中订立保险条款

在国际货物买卖合同中,保险条款是买卖合同中的一项重要组成部分,关系到买卖双方的经济利益。对此,买卖双方必须做出明确、具体、合理的规定。保险条款要订明由谁办理保险、投保何种险别、保险金额的确定方法、依照什么保险条款及该条款的生效日期。采用不同的贸易条件,保险条款就会有不同的选择。

1) 以 FOB、CFR 或 FCA、CPT 条件成交的合同

如果按 FOB、FLA、CFR、CPT 贸易条件签订买卖合同,则由买方办理保险手续,并支付保险费。在此情况下,合同中的保险条款比较简单,只须明确保险责任。例如,“保险由买方负责”(“Insurance：To be covered by the buyer”)即可。

2) 以 CIF 或 CIP 条件成交的合同

如果按 CIF 或 CIP 贸易条件签订买卖合同,应由卖方负责办理货运保险并缴纳保险费。此时,保险涉及到买卖双方的利益,买卖合同中的保险条款应订得明确具体,一般包括投保责任、保险金额、投保险别和适用的条款等内容。

例：

“保险由卖方按发票金额的××% 投保××险、××险,以中国人民保险公司 1981 年 1 月 1 日的有关海洋运输货物保险条款为准。”

“Insurance：To be covered by the seller for ××% of total invoice value against...,... as per and subject to the relevant ocean marine cargo clauses of the People’s Insurance Company of China dated 1/1/1981.”

“保险由卖方按发票金额××% 投保陆运(火车、汽车)一切险和海洋运输货物一切险,按中国人民保险公司 1981 年 1 月 1 日陆上运输货物保险条款和海洋运输货物保险条款负责,包括战争险,按××年×月×日陆上运输货物战争险(火车)条款和 1981 年 1 月 1 日海洋运输战争险条款负责。”

“Insurance：To be covered by the seller for ... % of total invoice value against

Overland Transportation Cargo Insurance Clauses（trains，truck）and Ocean Marine Cargo Clauses of the People's Insurance Company of China date..., including War Risks as per Overland Transportation Cargo War Risks Clauses（by trains）dated..., and Ocean Marine Cargo War Risks Clauses dated..."

3）订立保险条款时应注意的事项

订立买卖合同中的保险条款,应注意下列内容:

①确定依据何种保险条款进行投保。例如,按 CIC 条款或 ICC 条款,应予以明确说明。

②明确投保险别。即根据货物的性质和特点,选择平安险、水渍险或一切险,如需另加保一种或几种附加险也应同时写明。对保险险别的选择应充分考虑到货物的性质、包装、运输、装载,以及货物所在地的季节、气候、安全等具体情况,既要使货物得到有效的保障,又要关注保险费用的高低。

③规定投保加成率,如超过按发票金额 10% 的加成,要说明由此而产生的保险费由买方负担。

④明确保险单据形式。合同中明确注明投保人应提交保险单据的名称,例如,保险单或保险凭证等。

⑤保险单所采用的币种通常与发票币种一致。

7.4.2　办理投保手续

我国出口货物投保手续的具体做法是:根据合同或信用证的规定,按规定格式填制投保单一式两份,其中一份由保险公司签章后交还投保人作为承保凭证,另一份则留在保险公司凭以出具保险单。投保单具体载明投保人名称,保险货物项目、数量、包装、标志、保险金额、运输工具的种类和名称,以及承保险别、保险起讫地点、启运日期等项内容,向当地所在的保险公司投保。

在填制投保单时,主要掌握以下两方面的内容。

1）注意险别的填写

根据货物的自然属性、根据货物的实际情况,以及国际政治形势恰当选择投保险别,既要保全货物,又要避免保费过高,同时要注意与买卖合同和信用证中保险条款保持一致。

2) 准确确定投保金额

投保金额(insured amount)又称保险金额,是指被保险人对保险标的的实际投保金额,也是保险人承担的最高赔偿额,也是计收保险费的基础。

投保人在办理货物运输保险时,应向保险人申报投保金额。在国际贸易实际业务中,出口货物运输保险的投保金额主要包括:货物的 CIF 价和"保险加成"。所谓保险加成,是指按交易发票金额,增加若干百分比。在国际货物买卖中,凡是按 CIF 或 CIP 条件达成的合同一般均规定投保金额,如果合同对此未作规定,按《INCOTERMS 2000》和《UCP 500》规定,卖方有义务以 CIF 或 CIP 价格的总值另加 10% 作为投保金额。如果买方要求加保超过 10%,卖方也可接受,但由此增加的保险费应由买方承担。

根据国际保险市场的惯例,投保金额的计算公式为:

$$投保金额 = CIF(或 CIP)总值 \times (1 + 保险加成率)$$

3) 核算保费

保险费(insurance premiums)是指被保险人在投保时缴纳给保险人的金额,是被保险人获得损失赔偿权利的对价,也是保险人经营业务的基本收入。保险费率是计算保险费的百分率。保险费率是由保险人依据被保险货物的危险程度大小、损失率的高低和经营费用的多少确定的。因此,不同的商品、航线和险别,保险费率有所不同。

保险人收取保险费,一般采取保险费率表的形式,按照既定的标准计收保险费。中国人民保险公司制定的出口货物保险费率表有"一般货物费率表"和"指明货物附加费费率表"两大类,前者适用于所有的货物,后者仅指特别标明的货物。

保险费的计算公式为:

$$保险费 = 保险金额 \times 保险费率$$

7.4.3 领取保险单

保险单是保险人与被保险人之间订立保险合同的法定文件,是保险公司出具的承保证明,也是被保险人凭以向保险公司索赔的法定依据。

保险单作为一种权利凭证,和海运提单一样可以转让。在国际贸易中,保险合同的权利转移必须在保险单上作背书,将投保人在保险单下的一切权益转移给被背书人。根据国际保险业惯例,保险单经被保险人背书后,就随同被保险货物权利的转移而自动转让给受让人,事先事后均无须通知保险人。保险单证的背书有空白背书和指示背书两种,究竟采取哪一种,应视买卖合同或信用证的具体要求而定。

在保险人出立保险单之后,被保险人如果需要更改险别、运输工具名称、航程、保险金额等,应向保险人或其授权的代理人提出批改申请。保险人或其授权的代理人如接受这项申请,应立即出立批单,作为保险单的组成部分。此后,保险人应按批单的内容负责。

目前,我国进出口贸易中常用的保险单证有下列几种:

①保险单(insurance policy)。保险单又称"大保单",是使用最广的保险单据,其正面主要内容有:被保险人、保险标的物、保险金额、承保险别、保险责任开始的日期及保险期限、赔付地点和保险人签章等内容。保险单背面载有保险人与被保险人之间权利和义务等方面的保险条款。

②保险凭证(insurance certificate)。保险凭证是一种简化的保险单,又称"小保单",除其背面没有列出详细的保险条款外,其余内容与保险单一样。保险凭证与保险单具有一样的法律效力。

③联合凭证(combined certificate)。为了简化手续,我国保险公司在出口企业的商业发票上加注保险编号、保险金额,并加盖印章,作为承保的凭证,其余内容以发票所列为准。这种做法只适用于港澳地区的部分交易。

④预约保单(open policy)。预约保单是承保一定时期内发运的一切货物的保险单。凡属预约保单规定范围内的货物,一经起运,保险公司即自动按规定承保。但被保险人在每批货物起运时,应及时将起运通知书(包括货物名称、数量、保险金额、船名或其他运输工具名称、航程起讫地点、开航或起运日期等)送交保险公司。

⑤批单(endorsement)。保险单出立后,投保人如需补充或变更其内容,可根据保险公司的规定,向保险公司提出申请,经同意后即另出一种凭证,注明更改或补充的内容,这种凭证称为批单。保险单一经批改,保险公司即按批改后的内容承担责任。

【案例思考】

> 　　中国五金矿产进出口公司云南分公司从巴西进口一批钢板,CFR 黄埔港价,总值 80 多万美元,共 133 卷,不准分批和转运。1988 年 7 月 20 日从 Santos 启运。中方向中国人民保险公司投保了一切险和战争险。1988 年 9 月船至香港尖沙咀卸下一部分货物后只剩下这批钢板,船方考虑到行至广州将无回程货,而在香港货源较多,于是停止前进,租用广东省某公司的驳船接运钢板到黄埔港。卸货时由于堆放不平衡,一驳船翻沉,55 卷钢板落海,损失 33 万美元,其余 78 卷到了收货人手中。中方收到 78 卷钢板后 3 个月,仍不见余货,派人赴广东调查,有关当事人互相推诿,难以查清真相。——试问:中方应如何处理?

7.4.4　损失发生后的保险索赔

　　如进出口货物在保险责任有效期内发生属于保险责任范围内的损失,被保险人可向保险公司提出索赔的要求,称为保险索赔。

1)索赔中应做的工作

(1)损失通知

当被保险人获悉或发现保险货物已遭受损失,应立即通知保险公司。保险公司在接到损失通知后可采取相应的措施,如检验损失、提出施救意见、确定保险责任和查核发货人或承运人责任等。检验报告是被保险人向保险公司索赔的重要文件。

(2)向承运人等有关方面提出索赔

被保险人或其代理人在提货时发现货物包装有明显的受损痕迹,或整件短少或散货已经残损,除向保险公司报损外,还应立即向承运人及海关、港务当局等索取货损货差证明,及时向责任方提出索赔,并保留追偿权利,有时还要申请延长索赔时效。

(3)备齐索赔单证

保险货物的损失经过检验,并办妥向承运人等第三者的追偿手续后,应立即向保险公司或其代理人提出赔偿要求。

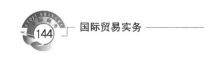

2)索赔中应注意的问题

在索赔工作中,被保险人要注意以下问题:

(1)索赔时效

因为超过规定的时间,保险公司就不再受理。中国保险条款的索赔时效为两年。被保险人一旦获悉或发现货物遭受损失应立即通知保险公司。因为一经通知,即说明索赔行为已开始,从而可不受索赔时效的限制。

(2)索赔证件

索赔证件通常有:保险单或保险凭证正本;海运提单或其他运输单据,发票、装箱单、重量单、检验报告;货损货差证明,索赔清单等。如涉及第三者责任,还应提供向有关责任方进行追偿的证件。

(3)采取合理的施救、整理措施

货物受损后,被保险人应对受损货物采取施救、整理措施,从而防止损失的扩大。因抢救、阻止或减少货损的措施而支付的合理费用,可由保险公司负责,但以不超过该批被救货物的保险金额为限。

(4)注意委付、代位权、保险除外责任、免赔率几个问题

①委付(abandonment)。在推定全损的条件下,保险公司与被保险人办理赔偿的一种办法。货物受权后,被保险人向保险公司提出委付通知,将保险标的物的残余部分的所有权转移给保险公司,保险公司同意后,向被保险人支付全部保险金额的赔偿。否则,保险公司就认为被保险人准备保留标的残余部分的所有权,只给予部分损失赔偿。

②代位权(the right of subrogation)。保险公司在支付了共同海报或单独海报的赔偿后,要求取代被保险人的地位或以被保险人的名义向有关责任方进行交涉或诉讼,以索回被保险人在风险发生后应享受的一切权利及应得的赔偿。

③保险除外责任(exclusion)。保险公司用以明确保险人、被保险人和发货人各自应负的责任。如货物致损的原因用于除外责任,则保险公司不负责赔偿。

④免赔率(franchise)。免赔率是指保险人对于保险货物在运输途中发生的货损货差,在一定比率内不负赔偿责任。这是因为有些货物由于商品本身的特点或在装运作业过程中,必然会发生损失,是正常现象,而非偶然事故,所以保险公司不予以保险。

【相关链接1】

有关网站

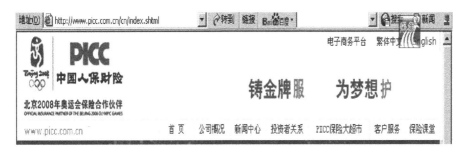

【相关链接2】

办理保险业务流程

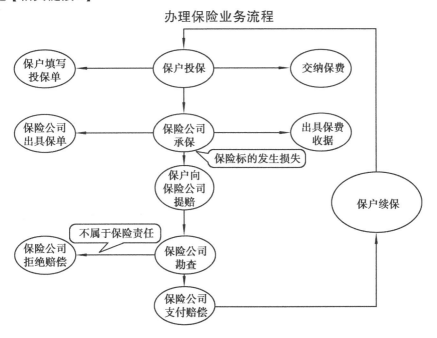

【课后练习】

一、解释名词

1. 班轮运输

2. 海运提单

3. 国际多式联运

4. 速遣费

5. 空白抬头、空白背书提单

二、英文词语翻译

1. bill of lading

2. FCL

3. Container transport

4. Booking note

5. To order of buyer

6. Partial shipment

7. Trans-shipment

8. CY

9. Chapter transport

10. UCP500

三、问答题

1. 简述班轮运输的特点。

2. 简述海运提单的种类。

3. 什么叫分批装运？UCP500 对此有何规定？

四、案例分析

1. 某货物从天津新港驶往新加坡,在航行途中船舶货舱起火,大火蔓延到机舱,船长为了船、货的共同安全,决定采取紧急措施,往舱中灌水灭火。火虽被扑灭,但由于主机受损,无法继续航行,于是船长决定雇用拖轮将货船拖回新港修理。检修后重新驶往新加坡。事后调查,这次事件造成的损失有:①1 000箱货被火烧毁;②600箱货由于灌水灭火受到损失;③主机和部分甲板被烧毁;④拖船费用;⑤额外增加的燃料和船长、船员工资。从上述各项损失性质来看,各属于 GA 还是 PA?

2. 有一份 FOB 合同,货物在装船后,卖方向买方发出装船通知,买方向保险公司投保了"仓至仓条款一切险"(all risks with warehouse to warehouse clause),但货物在从卖方仓库运往码头的途中,有 10% 的货物被暴雨淋湿了。事后卖方以保险单含有仓至仓条款为由,要求保险公司赔偿此项损失,但遭到保险公司拒绝。后来卖方又请求买方以投保人名义凭保险单向保险公司索赔,也遭到保险公司拒绝。试问在上述情况下,保险公司能否拒赔? 为什么?

第8章
合同条款：国际贸易结算方式

【本章导读】

    本章学习国际贸易中涉及到的主要结算工具、结算方式。重点学习信用证这种结算方式的特点、种类，以及在实际应用中要注意的问题和应用技巧。国际结算的主要工具中的汇票以及国际结算的主要方式中的信用证是学习的难点和重点。

进出口业务中货款的支付,是指出口货物应收款项采用什么样的支付货币和在什么时间、地点采用什么方式收付款。在国际贸易中,卖方交货、买方按合同规定的金额、货币、方式和时间支付款项,是买卖双方承担的基本义务。而货款的支付直接影响到双方的资金周转和融通以及各种金融风险和费用的负担。因此,支付条款是关系到买卖双方利益的关键问题,支付条款也是合同的主要条款,在交易磋商过程中,正确地选择支付货币、支付方式,商定支付条件,并在书面合同中做出明确而具体的规定,极为重要。

8.1 支付工具

一般来说,支付工具有两大类可以选择:票据支付和非票据支付。由于国际贸易合同所涉及的金额较大,采用非票据结算一方面携带不便,另一方面不太安全,所以国际贸易货款的收付,采用非票据结算的很少,大多数情况下采用票据结算,支付工具有3种可以选择:汇票、本票和支票,而汇票是票据结算当中使用最多的结算工具。

8.1.1 汇票(bill of exchange,draft)

1)概念

汇票是一个人向另一个人签发的,要求见票时或在将来的固定时间或可以确定的时间,对某人或其指定的人或持票人支付一定金额的无条件的支付命令。

在理解汇票的概念时,要注意以下几个问题:

①汇票涉及3个当事人:

a.出票人,即签发汇票的人,一般是出口方或指定的银行。

b.付款人,即接受支付命令付款的人,一般是进口方或指定的银行。

c.收款人,即受领汇票所规定的金额的人。

②汇票的开立要符合各国票据法的规定,以下的项目汇票上是必须有的:

a.应载明汇票字样;

b.有适当的文句表明汇票是无条件的支付命令;

c.有大写和小写的货币名称和一定金额;

d. 付款期限；

e. 付款地点；

f. 受票人；

g. 受款人；

h. 出票日期；

i. 出票地点；

j. 有出票人的名称和签字盖章。

汇　票

Bill of Exchange

凭

Drawn under _____ 出票依据 _____

信用证　　　第　　　　　号

L/C　　No. ___ 信用证号码 ___

日期　　　年　　月　　日

date _____ 开证日期 _____

按　　　　息　　　付　　　　款

payable with interest @ _利息率_ % per annum

号码　　汇票金额　　　　　　　　中国，深圳　　　年　　月　　日

No. _号码_ Exchange for _小写金额_ Shenzhen, China ___ 汇票的交单日期

见票　　　　　　　日后　　（本汇票之副本未付）　付

At ___ 付款期限 ___ sight of the FIRST of Exchange（Second of exchange being unpaid）

Pay to the order of _____ 受款人 _____ 或其指定人

金　　额

The sum of _____ 大写金额 _____

_____

此致

To ___ 付款人 ___

　　　　　　　　　　　　　　　　　出票人

2）汇票的种类

汇票的分类有几种分法，见表 8.1。

表8.1 汇票的种类

汇票的分类依据		种　类
出票人和受票人不同	出票人、受票人都是银行	银行汇票(banker's draft)
	出票人为工商企业,受票人是银行或工商企业	商业汇票(commercial draft)
随附单据不同	附有提单等货运单据	跟单汇票(documentary draft)
	不附货运单据	光票(clean draft)
付款时间不同	汇票上规定见票后立即付款	即期汇票(sight draft)
	汇票上规定付款人在一个指定的日期或将来一个可以确定的日期付款	远期汇票(time draft)

3)汇票的使用过程

汇票的使用一般要经过出票、提示、付款等程序,如果是远期汇票,还需要承兑;如果要转让,还需要背书;汇票遭受拒绝付款,还涉及追索等法律程序,下面我们一一介绍。

汇票的使用如图8.1：

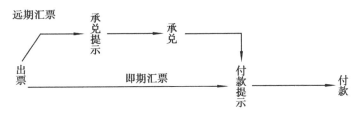

图8.1 汇票的使用过程

(1)出票(issue)

出票是指出票人在汇票上填写付款人、付款金额、付款日期和地点以及收款人等项目,签字后经持票人交给受票人的行为。商业汇票一般是一式两份：正本和副本(first and second),但债务只有一笔,因此,正本上写明"付一不付二",副本上写明"付二不付一"。在出票时,关于收款人的写法有3种。

①来人抬头(pay bearer)。这种抬头方式,当汇票需要转让时,无须经过背书,仅交付汇票即可转让。来人抬头方式的汇票流通性很强,但安全性很差。在国际贸易中一般较少采用。

②限制性抬头(pay ×× Co. only)。这种抬头方式的汇票,不能流通转让,

仅限特定的人收款。安全性很好,但流通性很差。由于其流通性差,因此在实际业务中很少采用。

③指示性抬头(pay ×× Co. or order,pay to the order of ×× Co.)。这种抬头方式,当汇票需要转让时,需要经过背书,这样既有一定的安全性,又有一定的流通性。这种抬头方式的汇票是国际贸易中经常采用的。

Bill of Exchange

No. _____   Date _____

Exchange for _____

At _____ sight of this FIRST of exchange(the SECOND of the same tenor and date being unpaid)

pay to the order of _____×××××_____收款人_____

the sum of _____

drawn under _____

Issued by _____

To _____

For ×× Co. signature

---

(2)提示(presentation)

提示是持票人把汇票交给受票人让其看汇票的行为,有付款提示和承兑提示两种。我们知道,汇票有即期汇票和远期汇票之分。当持票人交给受票人的汇票是即期汇票时,受票人见票即付,也就是提示即付款。当持票人交给受票人的汇票是远期汇票时,第一次提示时即承兑,到期付款,当汇票到期时,进行再一次提示,提示即付款。

(3)承兑(acceptance)

承兑是指受票人对远期汇票表示承认到期付款的行为,一般在汇票上标有"承兑"字样,经过承兑的汇票,主债务人由出票人变为受票人,即承兑人。承兑人承担在远期汇票到期时付款的责任。经过银行承兑的汇票信誉度比较高,容易被人们所接受。

(4)付款(payment)

付款是受票人也就是付款人把款项付给收款人的行为。付款后,这张汇票的债权债务关系即告终止。即期汇票见票时付款,远期汇票在汇票到期时付款。

(5)背书(endorsement)

背书是一种转让行为。在票据市场上,对于指示性抬头方式的汇票,只有经过背书这一法定程序才能进行流通和转让。具体程序为:汇票的所有人在汇票的背面签上自己的名字或者再加上受让人，也就是被背书人的名字，汇票的收款权利便进行了转让，由汇票的所有人即背书人转让给了汇票的受让人即被背书人。如果背书人仅仅签上自己的名字，而没有签上被背书人的名字，这种背书称为"空白背书"；如果既签有背书人的姓名，又签有被背书人的姓名，这种背书叫"记名背书"。汇票可以经过背书不断地转让下去。对于受让人来讲，所有前面的背书人和原出票人都是他的"前手"，所有在他后面的受让人都是他的"后手"，后手对前手具有追索权。

(6) 拒付 (dishonour)

拒绝付款和拒绝承兑都称为拒付。一般指远期汇票拒绝承兑和即期汇票拒绝付款。有时付款人拒不见票、死亡或破产，以致付款行为不能实施时，也成为拒付。

汇票遭拒付时，持票人要及时做出拒付证书 (protest)，对其前手行使追索权 (right of recourse)。拒付证书是由付款地的法定公证人或其他依法有权做出证书的机构，如法院、银行、公会等，做出证明拒付事实的文件，是持票人向前手追索的法律依据。此外，汇票的出票人或背书人为了避免承担被追索的责任，可在出票时或背书时加注"不受追索" (without recourse) 字样，但这样的汇票难以贴现。

汇票的贴现 (discount) 是指远期汇票承兑后尚未到期，由银行或贴现公司从票面金额中扣减按照一定贴现率计算的贴现息后，将余下的金额（净款）付给持票人，从而贴进票据的行为。其计算公式为：

$$贴现息 = 票面金额 \times 贴现天数/360 (或 365) \times 贴现率$$

净款 (net proceeds) 又称汇票现值。其计算公式为：

$$净款 = 票面金额 - 贴现息$$

8.1.2　本票 (promissory note)

1) 本票的概念

本票是一项书面的无条件的支付承诺，由一人签发，并交给另一人，经制票人签名承诺即期或定期或在可以确定的将来时间，支付一定的货币给一个特定的人或其指定人或来人。本票是一种支付承诺，是自己出票、自己付款的行为。出票人同时也是付款人。商业本票有即期和远期两种，银行本票都是即期的。

构成本票的必要项目：

①写明其为"本票"字样；

②无条件支付承诺；

③收款人或其指定人；

④制票人签字；

⑤出票日期和地点；

⑥付款期限；

⑦一定金额；

⑧付款地点。

Promissory Note

No. _____

London, 8th Sep, 2004

Promissory note for USD 8 000

At 60 days after date we promise to pay

Shenzhen Sunny Co. or order

the sum of Eight thousand dollars

For Bank of Europe, London

signature

Manager

本票和汇票的区别：

①当事人不同。本票有两个当事人：出票人和收款人；汇票的基本当事人有 3 个：出票人、付款人和收款人。

②付款条件不同。本票是一种无条件保证付款的承诺，自己出票自己付款；而汇票是出票人要求付款人无条件付款，是一种无条件的支付命令。

③远期的情况处理不同。远期本票到期由出票人付款，不需进行承兑，是绝对的主债务人；而远期汇票必须先承兑后付款，汇票承兑以后，承兑人变成了主债务人。

④份数不同。本票只能开出一张，而汇票则可以开出一套。

2) 本票的种类

(1) 商业本票

由工商企业或个人签发的本票，有即期和远期商业本票。

(2) 银行本票

本票广泛地应用于银行，由商业银行签发即期付给记名收款人的不定额的银行本票，可以当作现金，交给提取存款的客户。商业银行还发行即期定额付给来人的银行本票,又称银行券。

（3）国际小额本票

国际小额本票是由设在货币清算中心的银行作为签票行,发行该货币的国际银行本票,交给购票的记名收款人持票,带到该货币所在国以外的世界各地旅游时,如需用钱,即将本票提交当地任何一家愿意兑付的银行,经审查合格,即可垫款予以兑付。

3）本票的用途

①商品交易中的远期付款,可先由买主签发一张以约定付款日为到期日的本票,交给卖方,卖方可凭本票如期收到货款,如果急需资金,他可将本票贴现或转售他人。

②用作金钱的借贷凭证,由借款人签发本票交给贷款人收执。

③企业向外筹集资金时,可发行商业本票,通过金融机构予以保证后,销售于证券市场获取资金,并于本票到期日还本付息。

④客户提取存款时,银行本应付给现金。如果现金不多,可发给存款银行开立的即期本票交给客户,以代替支付现钞。

8.1.3 支票(check)

支票是以银行为付款人的即期汇票,即存款人对银行的无条件地支付一定金额的委托或命令。出票人在支票上签发一定的金额,要求受票的银行见票即付给特定人或持票人。

支票的出票人必定是在付款银行设有往来账户的存户,出票人在签发支票时应在付款银行存有不低于票面金额的存款,如存款不足,银行会拒付。

支票种类有以下几种：

①记名支票是出票人在收款人栏中注明“付给某人”、“付给某人或其指定人”。这种支票转让流通时,须由持票人背书,取款时须由收款人在背面签字。

②不记名支票。又称空白支票,抬头一栏注明“付给来人”。这种支票无须背书即可转让,取款时也无须在背面签字。

③划线支票。在支票的票面上划两条平行的横向线条,此种支票的持票人不能提取现金,只能委托银行收款入账。

④保付支票。为了避免出票人开空头支票,收款人或持票人可以要求付款行在支票上加盖“保付”印记,以保证到时一定能得到银行付款。

⑤转账支票。发票人或持票人在普通支票上载明"转账支付",以对付款银行在支付上加以限制。

8.2　收付方式

国际贸易中常用的收付方式有 3 种,即汇付、托收、信用证。

8.2.1　汇付(remittance)

汇付,又称汇款,是进口商将货款交给银行汇给出口方。国际汇款是银行根据汇款人的要求,把外汇款项通过其国外代理行或其境外分行,汇到汇款人指定的收款人所在银行账户的业务。主要有以下 3 种汇款方式:

电汇(telegraphic transfer,T/T):快捷、安全,但费用相对稍高。

信汇(mail transfer ,M/T):收款慢,但费用相对较低。

票汇(demand draft,D/D):适用于一手交钱、一手交货的贸易。

国际汇款业务适用于贸易项下预付货款、货到付款及资本项目的国际支付和非贸易项下的国际支付等。按资金流向分汇出汇款和汇入汇款两种。

1)电汇(T/T)

电汇是汇出行(汇款人所在地国家银行)应汇款人的申请,拍发加押电报或电传给在另一国家的分行或代理行(即汇入行,收款人所在地银行)指示解付一定金额给收款人的一种汇款方式。

首先,债务人填写电汇申请书,交款付费给汇出行,取得电汇回执。汇出行以加押电报或电传作为结算工具,发电委托汇入行解付汇款。为证实电报人的真实性,电报上须加注密押。发电后将电报证实书寄给汇入行,以核对电文,汇入行收到电报核对密押后,缮制电汇通知书,通知收款人取款。收款人持通知书一式两联到汇入行取款时,须在收款收据上盖章,交给汇入行,汇入行凭以解付汇款。同时汇入行将付讫借记通知寄给汇出行。

如图 8.2 所示,电汇是以电报作为结算工具,其传送方向与资金流动方向相同,是顺汇的一种。

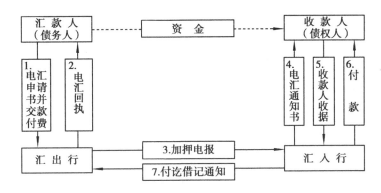

图 8.2 电汇流程图

2) 信汇(M/T)

信汇业务的处理与电汇大致相同,汇出行应汇款人的申请,以信汇委托书(M/T advice)或支付委托书(payment order)作为支付工具邮寄给汇入行,委托其解付汇款给收款人,也是顺汇的一种。

3) 票汇(D/D)

票汇是汇出行应汇款人的申请,代汇款人开立以其分行或代理行为解付行的银行即期汇票,支付一定金额给收款人的一种汇款方式。

债务人为了清偿债务,将款项以票汇方式汇给债权人,在汇出汇款时,债务人作为汇款人,填写票汇申请书,同时交款付费给汇出行。汇出行开立银行即期汇票交给汇款人,由汇款人寄给收款人,同时汇出行将汇票通知书(或称票根)寄汇入行。收款人持汇票到汇入行取款时,汇入行将此票与票根核对无误后,解付票款给收款人,并将付讫借记通知寄汇出行。如图 8.3 所示,票汇是以银行即期汇票作为结算工具,其寄送方向与资金流动方向相同,是顺汇的一种。汇入行无须通知收款人取款,而由收款人持票登门取款。一般汇票经收款人背书,可以转让流通。

汇出行委托汇入行解付货款,应及时将汇款金额拨交汇入行,这叫汇款的偿付或称"拨头寸"。

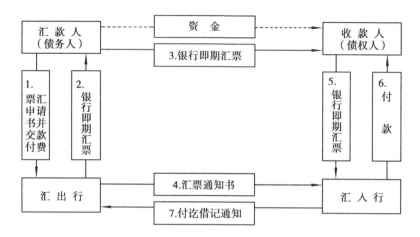

图 8.3 汇款的偿付流程图

8.2.2 托收(collection)

托收是出口人委托出口地银行代为向进口商收款的一种支付方式,即出口商所在地银行(托收行)受出口商委托,以出口商提交的债权凭证和商业票据,通过其国外代理行或海外分行(代收行)向进口商收取款项以实现资金划拨的业务。

出口托收有付款交单(D/P)和承兑交单(D/A)两种形式。托收中票据的流向和资金的流向是相反的,也就是出口商主动向进口商索要货款,所以是种逆汇方式。

托收与信用证方式相比,操作简单,方便易行;银行费用较低,有利于节约费用、控制成本;进口商只有承兑或付款后才能提取货物,与赊销方式相比,承担的风险较小。

1)托收的流程

托收流程见图 8.4。对图 8.4 说明如下:

①出口方和进口商签订合同,约定按照托收的方式进行国际结算。

②出口商按合同装运货物。

③出口方取得有关单据,填写托收申请书,开立汇票,连同有关货物的单据交托收行,委托其代收货款。

④托收行承接该托收业务,给予委托人回执;同时,托收行根据托收申请书

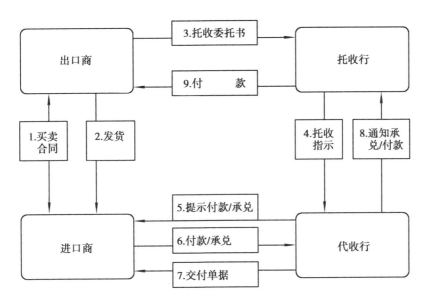

图8.4 托收流程图

制成托收委托书连同汇票货运单据寄交进口地代收行委托代收。

⑤代收行按照托收行的指示向买方提示汇票和单据。

⑥买方按照汇票内容付款赎单。

⑦进口方凭单据办理提货手续。

付款赎单因为交单条件不同,有以下几种不同的情形:

A. 付款交单(documents against payment,D/P)

付款交单是指买方付清货款后才能向代收行领取货运单据。

a. 即期付款交单(D/P at sight):买方见到货运单据就付款给银行;

b. 远期付款交单(D/P after sight):买方应在远期汇票上先承兑,并于汇票到期日付款赎单。

如果买方在远期付款交单条件下欲先取得单据,可凭信托收据(trust receipt,T/R)向代理行借取单据,先行提货,汇票到期再付清货款。

信托收据:是进口人为了抓住有利的时机,早日提取货物进行销售或使用,向代收行借取单据而提供的一种书面保证文件。文件表示愿意以代收行受托人的身份代为提货、报关、出售等,承认货物的所有权属于银行,并保证在汇票到期日向代收行付清货款。无论进口人能否在汇票到期日付款,代收行必须对委托人承担到期付款的责任。

如果代收行是在委托人的授意下把货运单据提前借给付款人,则届时付款人不付款,其风险责任由委托人自负。

B. 承兑交单(document against acceptance,D/A)

卖方以买方承兑汇票为交单条件的方式,只适用于远期汇票。买方在远期汇票上承兑,代收行收回汇票,同时将货运单据交给买方。待汇票到期,银行再向进口商进行付款提示,再收货款。

⑧代收行办理转账并通知托收款已收到。

⑨托收行向卖方交回所收货款。

> 试比较承兑交单和远期付款交单的区别? 哪种方式对出口商的风险更大? 为什么? 有没有什么办法可以回避或减少这种风险?

> 某出口公司向韩国出口一批货,付款方式为 D/P 99 天,汇票及货运单据通过托收银行寄到国外代收行后进行承兑。当货运到目的地后,恰巧当时该产品市场价格上涨,进口人为了抓住有利时机,便出具信托收据向银行借取单证,先行提货,但货售出后买方倒闭。请问在此情况下,出口商在汇票到期时能否收回货款?

2)托收的特点

托收是属于商业信用,在托收业务中,委托人与托收行之间,托收行与代收行之间均为委托代理关系,付款人根据合同付款,它与代收行之间也无任何法律关系。因此,出口方须始终关心货物的安全,直到对方付清货款为止。在付款交单条件下,买方若未能付清货款,取不到单据,货物所有权属于卖方,若买方拒绝付货款,卖方仍可将货物另行处理,但须承担额外费用、手续、降价损失和其他风险。

至于在承兑交单条件下,买方只需办理承兑手续,即可取得货运单据,汇票到期若买方拒付,出口方将面临货、款两空的损失。因此,托收方式对出口商来说有相当大的风险,而对进口商来说则可加速资金周转,减少费用支出。

【相关链接】

办理托收业务注意事项

①了解进口商的资信状况，并且有足够的资金用于备货和发运。

②当你处于卖方市场的时候，宜选择 D/P 方式；国外代收行一般不能由进口商指定；原则上由我方办理保险；必要时，可通过银行做国际保理或向保险公司保理出口信用保险。

③当你处于买方市场，且进口商要求给予融资便利时，可选择 D/A 方式。较汇款方式而言，有一定付款保证。

④要注意合同管理。首先要严格按照合同条款办理出口，提交单据，以免给对方拒付找到借口。同时，对托收业务要在每一个环节上加强检查制度，及时催付清理。

---

①向银行申请办理出口托收时应提交：

a. 托收委托书；

b. 跟单托收的全套单据。

②如你系首次委托业务，还应提交：

a. 工商营业执照（副本）原件；

b. 进出口业务的营业许可；

c. 法定代表人授权书。

③进口商拒付或拒绝承兑时，你最好及时授权托收行，协助安排货物。

④在 D/A 方式下，你实际上延长了进口商付款的时间，建议在制订价格时考虑利息等相关成本。

3)《托收统一规则》简介

为统一各国银行托收业务的做法，减少委托人与被委托人之间可能发生的纠纷和争议，国际商会于 1958 年草拟了《商业单据托收统一规则》（国际商会第 192 号出版物），后于 1967 年订立和公布了这一规则（国际商会第 254 号出版物），1978 年再做修改并改名为《托收统一规则》（国际商会第 322 号出版物）（Uniform Rules for Collection，Publication No. 322），该规则于 1979 年 1 月 1 日起生效实施。目前该规则已为 80 多个国家的商会和银行所采用。成为托收业务的国际惯例。

《托收统一规则》除总则和定义外，在其"义务和责任"部分共有 23 条，主要有以下 5 个方面：

①根据外国法律或惯例对银行规定的义务和责任,委托人应受其约束,并对银行承担这种义务和责任,负赔偿的责任。

②银行除了必须检查所收到的单据是否与委托书所列表面一致外,对单据并无审核的责任。但如发现任何单据有遗漏,或不能照委托书的指示行事,银行应立即通知发出委托书的一方。

③未经银行事先同意,货物不应直接运交银行或银行为收货人;否则,银行无义务提取货物,该货物的风险和责任仍由发货人的一方承担。

④远期付款交单方式中,应明确指出凭承兑交单或是付款交单。如没有指明,银行只能在付款后交单。

⑤汇票如被拒付,托收行必须在收到此项通知后的合理时间内做出进一步处理有关单据的指示。如代收行进出拒绝通知书的 90 天内未接到该项指示,可将单据退回托收行。

8.2.3　信用证

信用证是进口商所在地银行(开证行)应进口商的请求,开给出口商的一种在一定条件下保证付款的凭证。在国际贸易中,开证银行根据进口商的请求和指示,授权出口商凭所提交的符合信用证规定的单据和开立的以该行或其指定的银行为付款人的不超过规定金额的汇票向其收款,并保证向出口商或其指定的人按信用证规定进行货款支付。

各国的信用证格式不一,但内容基本上包括以下几项:

①对信用证本身的说明,如信用证编号、种类、开证日期、有效期、当事人名称、地址等。

②信用证金额与汇票条款。

③货物的名称、品质、数量、包装、单价等。

④对运输的要求,如装运期限、装运港、目的港、运输方式、能否分批装运、能否转运等。

⑤对单据的要求,如单据的种类、名称、内容、份数。

⑥特殊条款,根据进口国家政治、经济和贸易情况的变化,或每一笔具体交易的需要,做出特殊的规定。

⑦开证行保证条款,开证行对受益人及汇票原持有人保证付款的责任文句。

1)信用证的特点

信用证有如下特点:

①开证行负第一性付款责任。不管进口商破产或拒付,只要单证相符,开证行必须付款。因此,它是一种银行信誉,开证行的资信是能否安全收汇的重要因素。

②信用证是一项自足文件。信用证的条款虽然以买卖合同条款为依据,但一旦开立就彼此独立,参与信用证业务的银行只凭信用证条款办事。

③信用证业务所处理的是单据,而不是与单据有关的货物、服务及其他行为,银行只管单据表面合格,不管单据真伪,不管合同,更不管货物。

概括起来,信用证结算方式的特点就是"一个原则"、"两个只凭"。"一个原则"是"严格符合的原则",即"单证一致,单单一致"。"两个只凭"就是只凭信用证条款办事,不管买卖合同约束;只凭有关单据办事,不问有关货物的真实情况。

2) 信用证的当事人

信用证的当事人主要有以下几个：

①开证申请人(applicant),一般为进口商。如果银行为自身业务开证就没有开证申请人而只有银行为开证行。

②开证行(issuing bank),一般是进口地的银行,开证行与开证人的权利和义务以开证申请书为依据,开通申请书是委托契约性质。

③通知行(advising bank),一般为出口地银行,而且通常是开证行的代理行。

④受益人(beneficiary),一般为出口方。

⑤议付行(negotiating bank),是向受益人买单做押汇的银行,它对开证行有权请求其偿付,对受益人有追索权。

⑥付款行(paying bank),是指信用证规定的汇票付款人,在多数情况下就是开证行,也可以是通知行或第三家银行。付款行一经付款,对受益人不得追索。

派生的还有：

⑦偿付行(reimbursing bank),凭开证行指示或授权偿付货款给议讨行或付款行的银行。该行不审核单据。如偿付行未能偿付时,开证行仍应负责自行偿付。

⑧承兑行(accepting bank),承兑远期汇票的银行,承兑后单据与汇票分离,远期汇票可贴现。

⑨保兑行(confirming bank),是根据开证行请求在信用证上加具保兑的银行,信用证一经保兑,保兑行即对信用证独立负责,承担必须付款或议付的责任。保兑行可以是通知行或第三家银行。

3) 信用证的使用程序(见图8.5)

对图8.5所示的流程说明如下：

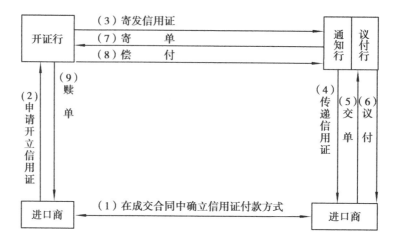

图8.5　信用证的使用程序

①签订合同。进出口双方在买卖合同里约定按照信用证的方式进行结算。

②开证。开证申请人(通常是进口商)按照买卖合同规定向当地银行提出开证申请,并提供若干押金或其他担保,要求开证行向受益人开出信用证。押金的比例视开证申请人的资力和信誉而定。

③寄证。开证行开立信用证,并将信用证寄给出口方所在地的代理银行(通知行),目前,信用证的开证行的开证方法有信开、全电开和简电开3种。常用的是全电开。根据《跟单信用证统一惯例》规定,以全电本开立信用证的,开证行不必另寄证实书,但实践中仍有随寄证实书以供校对参考的。

④通知受益人。通知行收到信用证后,即校对信用证的密押(电开)或签字印鉴(信开),在核对无误后,除留一份副本外,迅速制成通知书格式,将信用证全文通知受益人。通知渠道理论上也可由开证行直接寄给受益人,或由开证行交开证申请人寄给或面交受益人,但经这两种渠道的信用证,都须经银行验证后才能使用。

⑤受益人装运、交单办理结算。受益人收到信用证后,应立即审证。如发现有不能接受的内容,应立即要求开证人通知开证行修改。若开证人提出修改,需经受益人同意,方为有效。修改通知书同样须通过通知行传达到受益人。受益人对信用证认可后,即按信用证规定的条件装运货物。

受益人发货后,备妥信用证规定的所有单据。受益人将信用证规定的单据,连同汇票,在信用证有效期内送当地的议付行要求议付。

⑥议付行付款。议付行经与信用证校对,确认单证相符、单单相符后,购进汇票和所附单据,扣除若干利息和手续费,将货款给受益人(也可以等从开证行索偿

后,即先进行第7、第8步,然后再把货款给受益人出口商,两种方法都可以)。

⑦索偿。议付行将汇票、货运单据等寄开证行(或其指定的付款行或偿付行)索偿。

⑧开证行偿付。开证行(或其指定的付款行或偿付行)经审核单据无误后,付款给议付行,开证行无追索权。

⑨进口商付款赎单。开证行通知开证申请人(进口商)付款赎单。

开证申请人验单、付款赎单。开证申请人与开证行之间因开立信用证所构成的权利和义务关系告终。

开证申请人取得单据后,凭运输单据向承运人提货。如发现货物不符,只能向受益人、承运人或保险公司等有关负责方索赔。

【案例分析】

某贸易公司出口一批花生仁,合同规定数量600公吨,3至8月每月各出运100公吨,不可撤销即期信用证付款,在出运开始月前20天买方负责将信用证开至卖方,买方按约如期于2月8日将信用证开给卖方。经审查,信用证条款与合同规定一致。但装运条款规定允许分批和最后运期为8月31日。由于出口商有库存货,为早出口,早收汇,先后于3月10日和6月12日将货物分两批各300公吨运出。由于提交单据符合信用证条款,付款行及时履行了义务。事后不久,收到国外进口人电传,声称我出口商违反了合同,提出索赔,你认为应该如何处理?

在此案中,首先,合同的规定(合同规定数量600公吨,3至8月每月各运100公吨)与信用证的规定(装运条款规定允许分批和最后运期为8月31日)已经发生了改变。在这种情况下,当合同与信用证不符时,卖方应参照信用证的条件交单,因为银行的条件是单单一致,单证一致的。所以,在此案中,由于对方首先在信用证中更改了合同的条件,而我方只是默认后依照规定交单而已,所以责任不在我方,因此我方不应给予赔偿。在此案中,给我们的启示是:信用证的效力是很强的,修改信用证内容直接关系到有关当事人的权利和义务。此外,我们也得出了一个现实的意义:在履行合同时,我们一定要注意合同与信用证一定要相符合,严格做到单证一致、单单一致、单货一致,以免买卖双方发生责任纠纷。

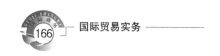

4）信用证的作用

通过信用证的流转程序,可以看出信用证的作用主要体现在两个方面,即保证作用和融资作用。

对进口商来说,通过信用证条款的规定,可保证取得代表货物的单据,从而可保证货物的品质、数量和交货期。对出口商来说,只要严格执行信用证条款,就可由银行信誉做保证,凭单据取得货款。

在融资方面,对进口商来说,开证时只付少量的押金甚至不付而仅凭信誉,付款赎单后即取得货权,他可用少量的资金做较大的买卖。对出口商来说,收到信用证后可向银行做打包贷款,用于装运前的费用,装运后向议付行做押汇取得贷款,还清贷款后净得利润。因此,也可用少量的资金做较大的买卖。

当然信用证结算方式,并不是完全没有风险的。例如,出口商可能遇到开证行资信不好或者倒闭的风险;进口商可能遭到出口商伪造单据进行诈骗的风险;开证行可能遭到进口商倒闭或无理拒受单据的风险;议付行可能遭到开证行倒闭或拒付的风险。因此,使用信用证结算方式时,仍应加强对国外银行和国外客户的资信调查,在出口业务中,保证安全及时收汇,在进口业务中如期收到所购货物。

5）信用证业务处理依据

跟单信用证是国际贸易中使用最广泛的一种结算方式,它为进出口双方提供了保证和融资的积极作用,为了使信用证处理规范化,国际商会于 1929 年拟定《商业跟单信用证统一惯例》(Uniform Customs and Practice for Commercial Documentary Credit),对跟单信用证的定义、有关名词和术语以及信用证业务的各方当事人权利和义务进行了统一解释,并建议各银行采用。其后,为了适应国际贸易、国际金融、国际保险业务的发展,为了适应新型的运输方式、通讯方式和结算方式,国际商会对跟单信用证惯例进行多次重大修改,颁布过多种版本。"UCP 500"是迄今为止较大的一次有关信用证惯例的修改,共有 49 条,包括:总则和定义、信用证格式和通知、义务和责任、单据、其他条款、可转让信用证和让渡等 7 个部分。

《跟单信用证统一惯例》至今已为世界上 160 多个国家和地区的银行和银行公会所采用,已成为国际上各银行、法院处理信用证业务的法律准则。当然,要得到这个法律准则的保护,必须在信用证上注明"根据国际商会《跟单信用证统一惯例》某号出版物所订立"的文句,所以未作此加注的信用证,其他银行和当事人几乎都不愿接受。我国银行从 1987 年 3 月起,在开立的信用证上也都加上了这一句。

6)信用证的种类

信用证的种类很多,常见的有:

＊按银行责任分:可撤销信用证(revocable L/C)和不可撤销信用证(irrevocable L/C)

前者是指开证行在议付行议付以前,可不经过受益人同意,也不事先通知受益人,可随时修改或撤销信用证。

后者是指信用证一经开出,在有效期内,未经受益人及有关当事人同意,开证行不得片面修改或撤销信用证。后一种信用证对受益人收款有保障,在国际贸易中广泛使用。根据"UCP 500"规定,凡信用证上未写明"不可撤销"的字样都应视为不可撤销信用证。

＊按议付是否随附单据分:跟单信用证(documentary L/C)和光票信用证(clean L/C)

前者是指受益人出具的汇票须随附货运单据。后者汇票无须附货运单据。在国际贸易中常用跟单信用证。

＊按是否有银行保兑分:保兑信用证(confirmed L/C)和不保兑信用证(unconfirmed L/C)

出口方有时要求进口方请开证行委托另一家银行(有时就是通知行)在信用证上加以保兑,经过保兑的信用证,称为保兑信用证。根据"UCP 500",保兑行和开证行一样承担付款责任,并对其前手无追索权。未经保兑的信用证称为不保兑信用证。

＊按付款时间不同分:即期信用证(sight L/C)、远期信用证(usance L/C)

前者是指开证银行见票或见单即付的信用证。该种信用证在国际贸易实践中广泛使用。在即期信用证中,有时还带列电报索偿条款(T/T, reimbursement clause)。这是指开证行允许议付行用电报或电传通知开证行或指定付款行,说明各种单据与信用证规定相符,开证行或指定付款行应立即以电汇方式将款项拨交议付行。

远期信用证是指开证行或其指定付款行收到远期汇票或单据后,先予以承兑,在规定的期限内付款,因此又称银行承兑信用证(bank acceptance L/C)。

假远期信用证(usance credit payable at sight),这种信用证是指信用证中规定受益人开具远期汇票可按即期议付,或规定开证行保证贴现,贴现息由开证人负担。对受益人来说,在收汇时间上等于即期信用证,在风险上承担远期信用证汇票到期前被追索的相应风险。对开证人来说,可在远期汇票到期才向开证行付款。因此,该信用证实际上是由开证行或贴现行对进口商融通资金。

　　* 按特殊性质分:

　　①可转让信用证(transferable L/C)。可转让信用证是指受益人有权将信用证的全部或部分金额转让给另一个或两个以上第三者(第二受益人)使用的信用证。"UCP 500"规定,只有明确注明"可转让"的信用证才能转让;可转让信用证只能转让一次;如信用证不禁止分批装运,在累计不超过信用证金额的条件下,可分批转让给数个第二受益人、各项转让数额的总和视为信用证的一次转让;信用证只能按原证条款转让,但信用证总金额可减少,装运期间与到期日可以提前、保险金额百分比可增加;除非信用证规定原开证人名称必须显示于发票以外的其他单据,否则转让信用证时,可以第一受益人的名称替代原开证申请人的名称。

　　②循环信用证(revolving L/C)。这种信用证是指受益人在一定时间内使用了规定的信用证,可重新恢复信用证原金额再度使用,直到达到规定的时间、次数或金额为止的信用证。这种信用证使用于买卖商品数量大,需要在较长的时间内分批交货,对开证人来说可节省多次开证费,对受益人来说对整批货款都能获得银行保证。循环信用证可以按时间循环,也可按金额循环,按恢复方式是否需要受益人通知,可分为自动循环、半自动循环和非自动循环。

　　③对开信用证(reciprocal L/C)。这种信用证是买卖双方各自开立的以对方为受益人的信用证,两证同时生效,任何一张信用证的开证行又是另一张信用证的通知行。该信用证通常用于易货贸易、补偿贸易和来料加工、来件装配等业务。

　　④对背信用证(back to back L/C)。这种信用证是指出口商(中间商)收到进口商开来的信用证后,要求该信用证的原通知行或其他银行,以原信用证为基础,另开立一张内容近似的新信用证给另一受益人(实际供货人),这另开立的新信用证就是对背信用证。对背信用证的内容要紧扣原信用证,否则容易遭到议付行的拒付。

　　⑤预支信用证(anticipatory L/C)。这种信用证是指开证行授权议付行(通常是通知行)、向受益人预付信用证金额的全部或一部分,由开证行保证偿还并负担利息,当货运单交到后,议付行在付给剩余货款时,将扣除预支货款的利息。为了醒目,预支信用证条款常用红字打出,习惯上称为"红条款信用证"(red clause L/C)。但现今信用证的预支条款并非都用红字打出,但效力相同。

＊按特殊目的分：

①银行保证函(let banker of guarantee,L/G)。银行保证函,简称银行保函,是银行应委托人的申请向受益人开立的一种书面保证,保证申请人按规定履行合同,否则银行负责偿付债款。

银行保证函与一般信用证的区别：

A. 信用证的开证行负第一性的付款责任,保证函的开证行一般只负第二性的责任。

B. 信用证业务中,开证行根据信用证规定办事,它只处理单据,而与买卖合同无关。而银行保证函的开证行在被要求赔偿时,银行一般证实不履约的情况,这样银行就会被牵扯到双方交易的合同中去。

C. 在信用证业务中,受益人不仅能得到银行贷款偿付的保证,而且还能在议付中取得资金融通。但银行保证函业务中受益人只能得到保证作用,而不能融通资金。

a. 履约保函(performance guarantee)

这种保函广泛适用于一般货物的进出口,也可适用于加工装配、补偿贸易、国际租赁以及承建工程项目等。它既可以是银行为进口方提供担保,即担保出口方若未能按条件交货,则由银行负责向进口方赔偿损失;也可以是银行为出口方提供担保,即担保出口方按期履约,而进口方未能按期或拒付贷款,由银行负责偿付。履约保函的支付金额一般为合同金额的10%~15%。

b. 投标保函(tender guarantee)

这是银行应投标人的申请而向招标人开立的保函,保证投标人在开标前不中途撤回授标或片面修改授标书,中标后不拒绝签约,中标后不拒绝交付履约保证金;否则,银行负责赔偿招标人的损失。投标保函的支付金额一般为项目金额的2%~5%。

c. 还款保函(repayment guarantee)

它是用于保证偿还借贷资金等业务,用途比较广泛。

②备用信用证(standby L/C)。有些国家的法律禁止银行介入商事纠纷,故不允许银行开立保证函(如美国、日本)。因此,与此类似的备用信用证就应运而生。

备用信用证,又称商业票据信用证(commercial paper L/C)、担保信用证或保证信用证(guarantee L/C)和履约信用证(performance L/C),是光票信用证的一种特殊形式的银行信用。它是指开证行根据开证人的申请开立的对受益人承诺某项义务的凭证,或者开证行对开证人不履行合同义务时保证为其支付。

但是,如果开证人按期履行合同的义务,受益人就无权要求开证人在备用信用证项下支付任何贷款或赔偿,所以称为"备用"。《跟单信用证统一惯例》(第500号出版物)同样适用于备用信用证。

备用信用证和一般信用证的区别:

备用信用证只有在开证申请人不履行合同义务的事实发生、受益人开具汇票(或不开汇票)随附关于开证申请人不履约的书面声明或证件,在该声明或证件符合备用信用证的条件下,开证行才承担付款责任。

备用信用证与银行保函也有本质的区别:银行保函的付款依据是有关合同未被履行,因此,银行要调查合同未被履行的情况。而备用信用证的付款依据是受益人在信用证有效期内提供的按信用证所规定的声明书或证件,开证行与开证申请人和受益人无合同关系。

8.3 合同中的收付条款

8.3.1 汇付方式

例如:买方应不迟于2月20日将100%货款用电汇预付给卖方。

(The buyers shall pay 100% of the sales proceeds in advance by T/T to reach the sellers not later than Feb. 20th.)

8.3.2 托收方式

1)即期付款交单

合同中规定:"买方凭卖方开具的即期跟单汇票,于第一次见票时立即付款,付款后交单。(Upon first presentation the buyers shall pay against documentary draft drawn by the sellers at sight. The shipping documents are to be delivered against payment only.)

2)远期付款交单

合同中规定:"买方对卖方开具的见票后××天付款的跟单汇票,于第一次提示时即予承兑,并应于汇票到期日付款,付款后交单。"

（The buyers shall duly accept the documentary draft drawn by the sellers at ×× days sight upon first presentation and ××× make payment on its maturity. The shipping documents are to be delivered against payment only.）

3）承兑交单

合同中规定：“买方对卖方开具的见票后××天付款的跟单汇票，于第一次提示时即予以承兑，并应于汇票到期日付款，承兑后交单。”

（The buyers shall duly accept the documentary draft drawn by the sellers at ×× days sight upon first presentation and make payment on its maturity. The shipping documents are to be delivered against acceptance.）

8.3.3 信用证方式

凭信用证支付时，合同中的支付条款一股包括以下内容：

1）受益人

一般规定为“以卖方为受益人”。

2）开证日期

一般规定为“在合同订立后××天内开证”、“在合同规定的装运期前×× 天开到”。“开证”日期和“开到”日期的含义不同，在出口合同中，争取规定开到日期对我方有利。

3）信用证种类

一般都指“不可撤销的即期议付信用证”。在进出口业务中，我方开立的都是不可撤销信用证。如为远期信用证，则应明确付款日期计算方法。其他根据具体情况掌握。

4）信用证有效期和到期地点

议付有效期一般应较装运期限推迟 15 天，以便装运后有充分的时间制作单证。到期地点应订明出口方所在地。

例：

“买方应通过卖方所接受的银行于装运月份前××天开立并送达卖方的不

可撤销即期信用证,有效期至装运后 15 天在中国议付"(The buyers shall open through a bank acceptable to the sellers an irrevocable sight letter of credit to reach the sellers ×× days before the month of shipment, valid for negotiation in China until 15th day after shipment.)

"买方应通过卖方所接受的银行于装运月份前××天开立并送达卖方不可撤销见票后××天付款的信用证,有效期至装运后 15 天在中国议付"(The buyers shall open through a bank acceptable to the sellers an irrevocable sight letter of credit to reach the sellers ×× days before the month of shipment, valid for negotiation in China until 15th day after shipment.)

8.3.4　常见的综合支付方式

在国际贸易结算中,一笔交易一般只使用一种支付方式,但可以使用多种交易方式,主要有以下几种:

1)部分信用证、部分汇付

①一部分货款开立信用证,其余部分货款在货到后汇付。

②部分货款先由进口商汇付,其余部分在出口商发货时进口商才开立信用证。如在成套设备交易中,一般习惯是进口商在成交时先汇付部分订金,其余部分的货款要在出口商备货就绪后进口商再开证。此时出口商交单据的金额应为货款的全部金额,而汇票金额只限于信用证规定的金额。

2)部分信用证、部分托收

指部分货款采用信用证支付,余额用托收方式支付。具体做法是:出口人开具两张汇票,属于信用证部分货款凭光票付款,而全套装运单据附在托收的汇票之下,按即期或远期托收。这样,对进口商而言可减少开证金额,少付开证押金;对出口商来说,拥有部分信用证保证,且信用证规定货运单据随托收汇票,开证行须等全部货款付清后才能向进口人交单,收汇较安全。为了防止开证行在未收妥托收款前将单据交给进口人,要求信用证必须注明"在全部付清发票金额后方可交单"的条款。在买卖合同中也应规定相应的条款,以明确进口人的开证和付款责任。

3)托收与汇付相结合

指跟单托收与预付押金相结合进行结算的方式。

在跟单托收方式下,要求买方先支付一定金额的预付款或押金作为保证,在货物出运后,出口商可以从货款中扣减已收买的款项,其余金额通过银行托收。如托收金额被拒付,出口商可以将货物运回并用预收金额来抵补运费、例费等一切损失。预付货款或押金金额的多少,可视买方资信和商品在市场上的供销情况而定。使用此方式时,合同中应订明:装运以合同规定的预付货款或押金在用电汇或信汇汇到卖方时为条件,其余金额按托收收取,单据以即期付款放单。如果货款没有全部付清,货物所有权仍属卖方。

【课后练习】

一、解释名词

1. 汇票

2. 汇付

3. 贴现

4. 付款交单

5. 国际保理

6. 承兑交单

7. 保兑

8. 背书

9. 托收

10. 支票

二、英文词语翻译

1. irrevocable confirmed L/C

2. sight draft

3. commercial invoice

4. factoring

5. D/P

6. T/T

7. M/T

8. D/A

9. Sales confirmation

10. beneficiary

三、问答题

1. 常见的付款方式有哪几种？

2. D/P 与 D/A 有何区别？对交易双方各有何利弊？

3. 简述信用证使用程序及信用证业务的特点。

四、案例分析

1. 我某外贸公司与某国 A 商达成一项出口合同,付款条件为 D/P 45 天付款。当汇票及所附单据通过托收行寄抵进口地代收行后,A 商及时在汇票上履行了承兑手续。货抵目的港时,由于用货心切,A 商出具信托收据向代收行借得单据,先行提货转售。汇票到期时,A 商因经营不善,失去偿付能力。代收行以汇票付款人拒付为由通知托收行,并建议由我外贸公司直接向 A 商索取货款。对此,你认为我外贸企业应如何处理?

2. 我某出口企业收到国外开来不可撤销信用证 1 份,由设在我国境内的某外资银行通知并加以保兑。我出口企业在货物装运后,正拟将有关单据交银行议付时,忽接该外资银行通知,由于开证银行已宣布破产,该行不承担对该信用证的议付或付款责任,但可接受我出口公司委托向买方直接收取货款的业务。对此,你认为我方应如何处理为好?

3. A 公司对 B 公司出口一批罐头食品,B 公司来证有关条款规定:1460 car-tons of canned top shell, shipment to be effected by container not later than April 30,2001. Partial shipment prohibited. A 公司有关运输人员于 4 月 28 日进行集装箱装运完毕,并向单证人员交单,但单证人员发现该单据上的数量仅为1 456箱,即询问运输人员为何少装了 4 箱,据介绍40 英尺集装箱装载该商品的最大数量只能装1 456箱,剩下 4 箱实在无法再装进去。经过公司研究要求 B 公司修改信用证。请分析,你如果是 B 公司的当事人,你会修改信用证吗? 为什么? 你如果是 A 公司的当事人,你会采取什么方法?

第9章

合同条款：
商检、索赔、不可抗力和仲裁

【本章导读】

在国际贸易业务中，买卖双方之间往往因为彼此的责任和权利问题引起争议和纠纷。所以，我们要通过本章的学习，认识到货物的检验、索赔、不可抗力、仲裁也是国际货物交易的条件，在签订贸易合同时，不能忽略。通过了解违约、争议、索赔和理赔等词的含义，了解商检条款、异议和索赔条款的相关内容，学会分析国际贸易货物买卖中引起争议和索赔的原因，可使我们更好地应对实际业务中的相关问题。

9.1 商 检

商品的检验(commodity inspection)是指在国际货物买卖中,由权威性的专业商检机构对卖方交给买方的货物按照合同的规定进行质量、数量和包装检验,以确定所交货物是否符合合同的规定。对于某些货物,根据国家的法律或政府法令的规定进行安全、卫生、环境保护和劳动保护等条件的检验,以及动物、植物、病虫害的检疫。

9.1.1 商检的重要性及作用

在国际货物买卖中,由于买卖双方分处不同国家(或地区),进出口货物需要经过长途运输,多次装卸,如果到货出现品质缺陷、数量短缺等,容易引起有关方面的争议。为了保障买卖双方的利益,需要由一个有资格的、有权威的、独立于买卖双方以外的公正的第三者,即专业的检验机构负责对卖方所交货物的质量、数量、包装进行检验,或对装运技术、货物残损短缺等情况进行检验或鉴定。检验机构检验或鉴定后出具相应的检验证书,作为买卖双方交接货物、支付货款和进行索赔、理赔的重要依据。

在国际货物买卖中,商检的作用体现在[①]:

①维护国家的信誉和利益。商品检验机构对进出口商品实施检验和监督管理,一方面,可以防止不合格商品的出口,保证出口商品质量,在国际市场上建立良好的信誉;另一方面,可防止次劣有害的进口商品投放市场、投入使用,防止外商弄虚作假,投机取巧,并及时出证对外索赔,维护国家的政治和经济权益。

②促进生产和对外贸易发展,有利于增强国际竞争力。商检机构通过对出口商品的检验,把出口商品质量存在的问题及时反馈给生产部门,帮助生产企业改进生产工艺,完善质量管理,提高商品的质量,从而增强出口商品在国际市场上的竞争力。

③有利于维护对外贸易有关各方的合法权益。属于第三方的检验机构,坚持实事求是和公正的原则,以科学的态度来判断商品的质量、数量等方面的问

---

① 李岩,夏玉宇. 商品检验概论. 北京:化学工业出版社,2003 年 10 月第 1 版第 3 页

题并判明责任归属,解决争议,不偏袒、不迁就任何一方,有利于维护对外贸易有关各方的合法权益。

④对于进入流通领域的商品进行质量监督检验,有利于维护广大消费者的利益。对于符合质量标准的商品允许进入流通领域,使得消费者放心,得到实惠。同时,商品检验也是打击假冒伪劣商品的重要手段,防范假冒伪劣商品流入市场。

⑤商品检验为仓储管理、商品安全保管与科学养护提供了可靠的数据。

⑥商品检验是国家宏观控制商品质量,把握商品的质量水平,制定国家的经济技术政策的最直接、最客观的依据。

9.1.2　商品检验的主要内容

商品检验的主要内容包括品质检验、包装检验、进口商品残损检验、商品重量检验等。

1) 品质检验

主要是对商品的外观、化学成分、物理性能等进行检验。通过仪器对商品进行理化分析和生物检验,通过感官对商品进行鉴定。

2) 包装检验

主要是对商品包装的牢固性和完整性进行检验。看其是否适合商品的性质和特点,是否适合于货物流转过程中的装卸搬运,是否符合买卖合同及其他有关规定,是否有合乎标准或合同规定的内包装和衬垫物料或填充物料,并对包装标志的各项内容进行核对,看其是否与合同规定相符。

3) 进口商品残损检验

主要是对受损货物的残损部分进行鉴定,了解致残原因以及对商品使用价值的影响,估定损失程度,出具证明,作为向有关方面索赔的依据。商品的残损是指商品的残破、短缺、生锈、发霉、虫蛀、油浸、变质、受潮、水渍、腐败等情况。进口商品残损检验的依据主要包括发票、装箱单、保险单、重量单、提单、商务记录及外轮理货报告等有效单证或资料。

4) 商品重量检验

主要是使用相应的手段对商品的重量进行鉴定,看其是否符合合同规定。因

重量检验的各种方式都有一定的局限性,实际业务中允许有一定的合理误差。

商品检验除上述内容外,还包括船舱检验、监视装载、签封样品、签发产地证书和价值证书、委托检验等项内容。

9.1.3　商检的依据

检验依据也即检验进出口商品的根据,衡量进出口商品是否合格的标准。被检验的进出口商品如符合检验依据则出具合格证书,如不符合检验依据则出具不合格证书。

1) 对进口商品的商检依据

①合同中规定以成交样品表示商品品质的,则以样品作为进出口商品的检验依据。

②合同中或信用证中明确规定以某项标准为进口商品的检验依据,则使用此标准。

③合同中未做规定或规定不具体,一般以生产国的现行标准为检验依据。如生产国无该项标准,则以国际通用标准为准。

④若合同中有规定,卖方提供的品质证明书、使用说明书、图纸等技术资料,也可作为进口商品的检验依据。但如果卖方未及时提供这些资料,经报验人追索后依然拒不提供,则报验人有权选择其认为适用的检验依据。

⑤海运提单、运单、卖方的发票、装货清单、明细单等也是检验商品数量和重量的检验依据,理货清单、残损单、商务记录等是进口商品检验残损出证的依据。

⑥在检验过程中,如发现合同或标准以外的项目将严重影响商品的质量和使用价值,可根据具体情况执行检验,并应以足够的理由将实际检验结果在证明书中列明。

2) 对出口商品实施检验的依据

①合同或信用证中有规定,以合同规定为检验依据。

②合同中未作规定或规定不明确,则以国家标准为依据。无国家标准的以专业标准为依据,无专业标准的以企业标准为依据。

③对目前尚无标准的出口商品,一般应参照同类商品的标准,或由国内生产部门与商检机构共同研究后确定。

④如委托人要求按国外某一标准或国际上常见的标准进行检验,一般也可

以接受。

9.1.4 进出口商品的检验程序

我国进出口商品检验程序一般分 3 个阶段：申请检验、实施检验、签发证书。

1) 申请检验

申请检验分为报验和商检机构受理两部分。

(1) 报验

报验人办理报验要填制检验申请单，申请单是报验人提出检验鉴定申请和检验机构受理并实施检验鉴定的凭证。申请单上要求填写的各个项目是检验、签证的重要依据之一。在实际工作中，对出口商品报验和进口商品报验有不同的要求。

①出口商品报验。在"出口检验申请单"中，填明申请检验和鉴定项目的要求，并提供合同、信用证、来往函电等有关证件。报验时间一般在发运前 7~10 天，鲜货则应在发运前 3~7 天；如申请单位不在商检部门所在地，则报验时间应为发运前的 10~15 天。

②进口商品报验。在"进口检验申请单"中，填明申请检验和鉴定项目的要求，并附合同、发票、铁路或空运或邮运单、海运提单、品质证书、装箱单、外运通知单、接货部门已验收的应附验收记录等资料。进口商品的报验时间，应在货物入境前或入境时凭进口货物报关单和其他单证向到货口岸的检验检疫机构办理报检手续。其中，进口动物应视不同情况，在入境 30 日前或 15 日前报检；进口植物应在入境 7 日前报检。

(2) 受理

商检机构在收到进口商品报验申请后，受理报验人员须对申请单上所填内容逐项审核，并对所需附件的有关单证逐一核对。在审核无误的基础上，对报验申请进行登记编号，受理报验。之后，将全套单证移送有关检验部门，安排检验。

2) 实施检验

实施检验阶段分为现场抽样和检验或鉴定两个环节。

(1) 现场抽样

抽样是按照规定的标准和方法，从整批商品中抽取一定数量的代表性样

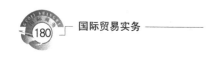

品,一般采用随机抽样。

(2)检验或鉴定

检验就是按照合同或技术标准的规定,对样品有关特性进行检查、试验、测量或计量。检验和鉴定是进出口商品检验工作的中心环节。

3)签发证书

对于进出口商品,经商检局检验合格后,签发"放行单"或在"进出口货物报关单"上加盖放行章。

9.1.5 有关商检权的规定

为了买卖双方行使检验权和复验权,首先要明确检验时间和地点。在国际贸易中,买卖合同中的有关商品检验条款的规定基本可分为 3 种做法。

1)出口国检验

①产地检验,即货物离开产地(工厂、农场、矿山)之前由卖方或其委托的检验人员或买方的验收人员对货物进行检验或验收。卖方承担货物离开产地之前进行检验或到买方验收为止的责任。

②出口国口岸检验,即以离岸品质、重量(数量)为准(shipping quality, weight or quantity as final)。货物在装运前或装运时由双方约定的在装运港的检验机构进行检验,该检验机构出具的品质和重量检验证书应视为决定交货品质和重量的最后依据。货物运抵目的港后,买方还可以自行或委托检验机构对货物进行复验,但无权向卖方就货物的品质或重量提出异议或索赔。

2)进口国检验

①目的港卸货后检验,即以到岸品质、重量(数量)为准(landing quality, weight or quantity as final)。货物到达目的港卸货后由双方约定的在目的港的检验机构进行检验,其出具的品质和重量检验证书视为交货品质和重量的最后依据。如检验证书证明货物与合同规定不符确属卖方责任,卖方应予负责。

②目的地买方营业所在地或最终用户所在地检验。对于那些不便在目的港卸货后立即检验的货物,可将检验推迟至目的地买方营业所在地或最终用户所在地进行。

3）出口国装运港检验、进口国目的港复验

在国际贸易中，往往以装运港的检验证书作为收付货款的依据，货到目的港后买方有复验权。如经双方同意的检验机构复验发现货物不符合合同规定，并证明这种不符情况不属于承运人或保险公司的责任范围，买方的复验证书可作为向卖方提出异议和索赔的依据。这种做法较为公平，在我国的进出口业务中也常用此法。

在买方有复验权时，合同中应对复验的期限、地点以及复验机构作出明确的规定。复验期限的长短，应视商品的性质，复验地点和检验条件等情况而定，至于复验费用由何方负担的问题，也应在合同中订明。

 【案例分析】

> 某公司以 CFR 条件对德国出口一批小五金工具。合同规定货到目的港后 30 天内检验；买方有权凭复验结果提出索赔。我公司按期发货，德国客户也按期凭单支付了货款。可半年后，我公司收到德国客户的索赔文件，声称上述小五金工具有 70% 已锈损，并附有德国某内地一检验机构出具的检验证书。对德国客户的索赔要求，我公司应如何处理？
>
> ────────────────────────────
>
> 我公司可以拒绝，因为超过了索赔期限。双方在合同中规定货到目的港 30 天内检验。尽管这是一个买方复验的期限，但实质上是索赔的期限。德国客户却在半年后向我公司提出索赔，显然是超过了索赔期限，因此德国客户丧失了向我方公司索赔的权利。
>
> 尽管索赔文件声称 70% 的货物已锈损，但它也无法证明这些锈损是装船前已存在的，还是装船后发生的。按照 CFR 条件成交，买卖双方风险划分界限是以装运港船舷为界。因此，卖方只承担货物装船前锈损的风险，而装上船后发生的锈损风险只能由买方自己承担。在本案中买方已按期凭单付了货款，说明买方提交的货物单据是齐全合格的。故买方除非能证明锈损是由货物本身固有，否则卖方不承担任何责任。
>
> 德国客户提供的索赔依据不符合要求。双方规定货到目的港 30 天内检验，买方提供的检验证书应由目的港的检验机构出具。而买方提供的确是德国内地的检验机构出具，显然是不合格的。

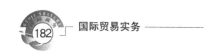

9.1.6 商检机构

商检机构是指接受委托进行商品检验与公证鉴定的专门机构。商检机构的选定,关系到交易双方的利益,故交易双方应在买卖合同中订明有关的商检机构条款。

在国际贸易中从事商品检验的机构种类有:

①官方机构:由国家设立的检验机构。

②非官方机构:由私人或同业公会、协会等开设的检验机构,如公证人、公证行。

③工厂企业或用货单位设立的化验室、检验室等。

1)国际上的商检机构

有官方、同业公会的和私人设立的。比较著名的同业公会机构有英国的劳氏公证行、瑞士的日内瓦通用鉴定公司、日本海事鉴定协会和美国担保人实验所。另外,美国粮谷检验署、美国食品药物管理局、法国国家实验室检测中心、日本通商产业检查所等属官方设立的检验机构。香港天祥公证化验行属民间或社团设立的检验机构。

2)我国的商验机构

我国的商验机构是中国进出口商品检验局和中国进出口商品检验总公司及其在全国各地的分支机构。我国对进出口商品的检验,统一按照《中华人民共和国进出口商品检验法》的有关规定办理。

我国商检机构的任务主要有3项:

①法定检验(legal inspection),是指对重要进出口商品执行强制检验,属于法定检验的进出口商品,未经检验合格,不准进出口;属进口商品,在国内不准销售或使用。法定检验的范围包括列入《商检机构实施检验的进出口商品种类表》的商品和其他法律、法规规定必须经商检机构检验的进出口商品。

②监督管理(superintending),是通过行政手段,推动和组织有关部门对进出口商品按规定要求进行检验;对有关部门、检验机构的进出口商品检验工作实施监督管理,进行抽查检验;对重要的进出口商品及其生产企业可实行质量许可证制度。

③公证鉴定(surveying services),是指商检机构根据对外贸易关系人的申

请、外国检验机构的委托,或受仲裁及司法机关的指定,进行进出口商品的鉴别和鉴定。商检机构对进出口商品实施法定检验后签发的检验证书,具有公证鉴定的作用。

9.1.7　商检证书

商检证书是商检机构依据有关规定对进出口商品检验或鉴定后出具的证明文件。

我国进出口业务中常用的检验证书有下列几种:

①品质检验证书(inspection certificate of quality);

②重量检验证书(inspection certificate of weight);

③数量检验证书(inspection certificate of quantity);

④卫生检验证书(inspection certificate of health);

⑤消毒检验证书(disinfection inspection certificate);

⑥兽医检验证书(veterinary inspection certificate);

⑦产地检验证书(inspection certificate of origin);

⑧价值检验证书(inspection certificate of value);

⑨验损检验证书(inspection certificate on damaged cargo);

⑩验舱检验证书(inspection certificate on tank/hold)。

商检证书的作用主要表现在以下几个方面:

①作为证明卖方所交货物的品质、重量(数量)、包装以及卫生条件等是否符合合同规定的依据。

②作为向有关银行议付货款的单据之一。

③作为买卖双方处理异议、解决争议、索赔或理赔的依据。

④作为海关验关放行的凭证。

9.1.8　合同中的商检条款

订立商检条款的原因是:由第三方出面对货物进行检验和鉴定的商检条款是为了保障买卖双方的利益,避免双方就商品的品质和重量(数量)、包装等发生争议。商检条款是商品检验的依据。检验证书是买卖双方交接货物、支付货款、进行索赔和理赔的重要依据。

商检条款一般包括:检验时间与地点;检验机构;检验证书;有时还列入检验方法和标准。

1)出口合同的商检条款

出口合同的商检条款有如下两种常用的规定方法：
①以装运港检验证书为最后依据。
②以装运港检验证书为议付货款的依据,货到目的港后买方有复验权。在我国出口贸易中,一般采用这种办法,即我国出口口岸商检局的检验证书,作为向银行议付货款的依据;货到目的港后买方的复验证明作为索赔的依据。

2)进口合同的商检条款

进口合同的商检条款有如下 3 种常用的规定方法：
①双方同意以制造厂商出具的品质及数量或重量证明书作为有关信用证项下议付货款的单据之一。
②双方同意以买方国家商检机构或公证行出具的检验证明书和买方派人监造、监运、监装的证明书共同作为商检的议付单据。
③根据我国《进口商品质量监督管理办法》的规定,对于有些重要的进口货物,可以根据合同规定,到出口国进行货物装运前的事先检验、监造或监装。最后以到货后的检验为准。

3)订立检验条款的注意事项

①检验条款应与合同中的其他条款相互衔接。
②品质条款应订得明确、具体,不能含糊其辞,模棱两可,致使检验工作失去确切依据而无法进行,或只能按照不利于出口人的最严格的质量标准进行检验。
③应明确规定复验的地点、期限和检验机构。
④凡以地名、牌名、商标表示品质时,卖方所交货物既要符合传统优质的要求,又要有确切的质量指标说明,为检验提供依据。
⑤应明确规定检验标准和方法。

【相关链接】

合同条款举例:出口合同中的商检条款

　　双方同意以装运港中国进出口商品检验局签发品质和数量(重量)检验证书作为信用证项下议付单据的一部分。买方有权对货物的品质、数量(重量)进行复验。复验费由买方负担。如发现品质或数量(质量)与合同不符,买方有权向卖方索赔,但需提供经卖方同意的公证机构出具的检验报告。索赔期限为货到目的港××天内。

It is mutually agreed that the Inspection Certificate of quality and quantity (weight) issued by the China Import and Export Commodity Inspection Bureau at the port of shipment shall be part of the documents to be presented for negotiation under the relevant L/C. The buyers shall have the right to reinspect the quality and quantity (weight) of the cargo. The reinspection fee shall be borne by the buyers. Should the quality and/or quantity (weight) be found not in conformity with that of the contract, the buyers are entitled to lodge with the sellers a claim which should be supported by survey reports issued by a recognized surveyor approved by the sellers. The claim, if any, shall be lodged within × × days after arrival of the cargo at the port of destination.

9.2 索赔与理赔

在国际贸易中,买方与卖方之间的索赔与理赔,是由争议引起的;争议产生的原因往往是由合同方的违约行为造成的。

9.2.1 争议与违约

争议(dispute)是指交易的一方认为对方未能部分或全部履行合同规定的责任与义务而引起的纠纷。在买卖双方中,任何一方未能部分或全部履行合同规定的责任与义务就构成违约(breach of contract)行为。违约是引起争议或纠纷的直接原因。在国际货物买卖中,由于违约情况不同,所引起的法律后果和承担的责任也不同。下面介绍两种有代表性的法律解释。

1)英国法的规定

英国的《货物买卖法》把违约分为违反要件与违反担保两种。

①违反要件(breach of condition),是指违反合同的主要条款,其法律后果是受害方有权因之解除合同,并有权要求损害赔偿。所以,违反要件,受损害方有两项权利:一是有权解除合同;二是有权提出赔偿要求。

②违反担保(breach of warranty),通常是指违反合同的次要条款,其法律后

果是受害方有权因之要求损害赔偿,但不能解除合同。所以,违反担保,受害方则仅有一项权利,即只能提出赔偿要求,不能解除合同。

至于合同中哪些条款属于要件,哪些条款属于担保,英国法律并无明确规定,需要根据合同的不同情况作不同的解释,即"根据合同推定出的双方意愿和依法可采纳的行为来作为解释合同的证据的具体事实"来决定。在买卖合同中,一般认为与商品有关的品质、数量和交货期等条件属于要件,与商品不直接联系的为担保。

2)《联合国国际货物销售合同公约》的规定

《联合国国际货物销售合同公约》也把违约分为两类:

①根本性违约(fundamental breach),是指一方当事人违反合同的结果,给另一方当事人造成了实质性的损害,以至于实际上剥夺了他根据合同规定有权期待得到的东西。受损害的一方可以宣告合同无效,同时有权向违约方提出损害赔偿的要求。

②非根本性违约(non-fundamental breach),是指违约的情况尚未达到根本违反合同的程度,则受损害的一方只能要求损害赔偿而不能宣告合同无效。

根本性违约是违约方主观行为造成的,且给受害方造成了实质性的损害;而非根本性违约是指违约方虽然给受害方造成损害,但损害较轻,且不是主观行为造成的。

9.2.2 索赔与理赔

1)索赔

索赔(claim)是指买卖合同的一方当事人因另一方当事人违约致使其遭受损失而向另一方当事人提出损害赔偿要求的行为。在国际贸易中,根据索赔对象来分,一般有货物买卖索赔、运输索赔和保险索赔3种情况。大致原因有以下几种:

(1)买卖双方之间的贸易索赔(the trade claim between both parties)

①卖方违约(the seller breaks a contract)。例如,卖方未按合同规定的品质、数量、时间交货,或拒不交货;或所提供的单证不符合合同和信用证的规定等。

②买方违约(the buyer breaks a contract)。例如,买方未按时开出信用证,或拒不开证或拒不赎单,或无理拒收货物;或在FOB条件下不按时派船等。

③合同规定欠明确(the contract stipulates are not clear)。由于合同规定欠明确,造成双方对合同条款的理解和解释不一致,以致引起争议索赔。例如,采用"立即交货"(immediate shipment)所表示的装运时间等。

（2）向承运人的运输索赔（装运索赔）（the transport claim to the carrier）

①货物短卸。即货物未卸净，或货物误卸在其他港口造成短卸。

②货物在运输过程中被盗窃，或因破损撒漏而货物短少。

③属于承运人责任的货物损毁，包括破损、毁坏、水渍、污染等。

（3）向保险人的保险索赔（the insurer's insurance claim）

属于保险单规定范围内的有关损失，应向保险公司索赔。

2）理赔

理赔（settlement）是指违约方对于索赔进行处理的行为。索赔与理赔是同一问题的两个方面，一方进行索赔，另一方就得理赔。如有足够的理由，解释清楚，不接受赔偿要求的就是拒赔。一般情况下，索赔多发生在进口方，而理赔多发生在出口方。当然，有时也有相反的情况。

3）索赔期限

索赔期限是指受损害方有权向违约方提出索赔的期限。按照法律和国际惯例，受损害一方只能在一定的索赔期限内提出索赔，否则即丧失索赔权。

①约定索赔期限，是指买卖双方在合同中明确规定索赔期限。在合同中规定索赔期限时，要根据商品的情况来定，简单商品短些，复杂商品长些。有时也要考虑卸货港的情况，装卸条件好的短些，装卸条件差的长些。一般货物的索赔期限，通常限定为货到目的港卸货后30天或45天，而机械设备一般定为货到目的港卸货后60天。

②法定索赔期限，是指根据相关法律规定的索赔期限。如《联合国国际货物销售合同公约》规定，买方必须在实际可行的最短时间内检验货物，并在发现和理应发现货物不符合合同规定后的一段合理时间内通知对方，提出索赔；否则，就丧失了声称货物与合同不符的权利。另外，《公约》也规定了最长期限：如果买方在实际收到货物之日起两年内未将货物不符合合同的情况通知对方，他就丧失了声称货物不符合合同的权利，除非这一时限与合同规定的保证期不符。

4）索赔金额

①如果合同规定有损害赔偿的金额或损害赔偿的计算方法，通常应按约定的提出索赔。

②如果合同未作规定，根据有关法律和国际贸易实践，确定损害赔偿金额

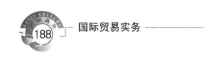

的原则是：

A.赔偿金额应与因违约而遭受的包括利润在内的损失额相等。

B.赔偿金额应与违约方在订立合同时可预料到的合理损失为限。

C.由于受损害一方未采取合理措施使有可能减轻而未减轻的损失,应在赔偿金额中扣除。

5)索赔和理赔应注意的问题(the questions should be noted in claims and claim settlement)

①索赔方应在索赔期限内提出索赔并附上各种有效证据。

②索赔方与理赔方应依据合同规定和违约事实,通过协商合理确定损害赔偿金额,或者采取退货、换货、延期交货或延期付款等方式。

③处理双方间的争议及索赔要尽量选择对双方有利的方式。

【案例分析】

> 日本某商人在广交会上向我天津某公司以 CIF 条件出口仪器一批,合同中未规定任何日方履行合同义务的先决条件。中方 5 月开出 L/C 后被日方告知,该仪器为巴统出口管制产品。日方因无法获取许可证,要求解除合同,按不可抗力请中方免责。请问中方应如何处理? 为什么?
>
> ---
>
> ①该仪器须领出口许可证的情况不是在订约后出现的,日方在订约前理应知道这一法律要求,它不是不可预见的,因此,就本案具体情况来说,不能构成不可抗力;
>
> ②在 CIF 条件下,领出口许可证是卖方的义务,卖方对未能领到许可证应承担责任;
>
> ③中方应坚持日方负责损害赔偿。

【案例分析】

> 我国内地×市的 A 公司委托沿海城市 S 市的 B 公司进口机器一台,合同规定买方对货物品质不符合的索赔期限为货到目的港 30 天内。货到 S 市后,B 公司即将货转至×市交 A 公司,由于 A 公司的厂房尚未建好,机器无法安装。半年后,待厂房完工,机器装好,经商检机构检验,发现该机器均系旧货,不能很好运转,遂请 B 公司向外商提出索赔,外商置之不理。对此,

我方应吸取什么教训？

分析：

①我们知道，根据规定，对外索赔必须在合同规定的索赔有效期限内提出，过期无效，责任方有权不予受理，如因商检工作有困难，可能需要更长的时间，可向对方要求延长索赔期限，或在合同规定索赔有效期内向对方提出，保留索赔权。

②在案例中，合同规定索赔期限为货到目的港 30 天内，但在 30 天内我方既未经检验并提出索赔，也未为向对方提出要求延长索赔期限或在此时间内向对方提出保留索赔权，这样，在半年后提起的索赔，属于过期索赔，对方有权不理。

③我方应接受教训，在货到后及时检验，及时索赔，避免过期索赔。

9.2.3　合同中的索赔条款

为了在发生索赔时能有所依据，在贸易合同中应对索赔条款做出规定。贸易合同中的索赔条款(claim clause in trade contract)有两种规定方式：一种是异议和索赔条款，另一种是罚金条款。后者主要用于买卖大宗商品和机械设备的合同，一般合同仅用前者。

1) 异议和索赔条款(discrepancy and claim clause)

异议和索赔条款的内容是，除了规定一方违约，另一方有权索赔外，主要还规定索赔的依据、索赔的期限、索赔的办法和金额等。主要适用于交货品质数量等方面的违约行为，这类赔偿的金额不是预先决定，而是根据货损、货差的实际情况确定的。

有关索赔依据(the basis for claims)，主要是规定提出索赔必须具备的证据和合法的出证机构。如果受损方提出索赔的证据不全，或出证机构不符合规定，都可能遭到对方的拒赔。索赔依据主要包括两方面内容：

①法律依据，即贸易合同和有关国家的法律规定；

②事实依据，即指违约事实真相和有关的证明材料。

2) 罚金条款(penalty clause)

罚金(penalty)又称"违约金"，是对违约方的罚款，是指当一方未履行或未完全履行合同义务时,应向对方支付一定数额的罚款,以补偿给对方造成的损失。罚金条款是规定当一方未能履行合同义务时,应向对方支付一定数额的约定金额,以补偿对方损失的条款。该条款一般适用于卖方延期交货,或者买方迟延开立信用证或延期接货等情况。罚金数额大小是以违约时间的长短确定的,一般是预先在合同中规定罚金的百分率,同时还规定最高限额。

罚金的支付,并不能解除违约方继续履行合同的义务,违约方既要支付罚金,又要继续履行合同。欲规定罚金条款时,要注意各国法律对罚金条款的不同规定。比如法国、德国等国的法律承认罚金并予以保护;而英国、美国、澳大利亚和新西兰等国的法律则不承认罚金,只承认损害赔偿金,因此,在与英美澳等国签订合同时,不宜规定罚金,而宜规定损害赔偿金。

【相关链接】

合同条款举例:合同中的异议与索赔条款

买方对于装运货物的任何异议,必须于装运货物的船只到达提单指定目的港30天内提出,并须提供经卖方同意的公证机构出具的检验报告。如果货物已经过加工,买方即丧失索赔权利。属于保险公司或轮船公司责任范围内的索赔,卖方不予受理。

Any claim by the buyers regarding the goods shipped shall be filed within 30 days after the arrival of the goods at the port of destination specified in the relative Bill of Lading and supported by a survey report issued by a surveyor spproved by the sellers. If the goods have already been processed, the buyers shall thereupon lose the right to claim. Claims in respect of matters within responsibility of insurance company and/or shipping company will not be considered or entertained by the sellers.

【案例分析】

我某化工公司与欧洲进口商订立出口合同,出口某种化工原料150吨。后化工公司因外力断电,导致生产设备发生事故不能按期履约。我方认定断电非我方过失,且无法预见和防范,系不可抗力事件。要求延期履约,并免除违约责任。对方不同意我方将该事件确定为不可抗力事件,并提出该化工原料系通用产品,要求我方按合同规定交货,否则应赔偿因延期交货造成的损失。——问:我方应如何解决?

9.3 不可抗力

9.3.1 不可抗力的构成条件及法律后果

1) 构成条件

不可抗力事件(force majeure)又称人力不可抗拒,是指买卖合同签订后,不是由于任何一方当事人的故意行为、过失或疏忽,而是由于发生了当事人在订立合同时不能预见,对其发生和后果不能避免并不能克服的事件,以至于不能履行合同或不能完全履行合同,遭受事故的一方即可根据合同或法律的规定免除其违约责任,对方无权要求赔偿。

不可抗力既是合同中的一项条款,也是一项法律原则。各国在法律上虽然对于不可抗力的叫法不一,如英美法中叫"合同落空",大陆法系国家通常称为"情势变迁原则"或"契约失效原则",但是,其法律原则和构成条件是大致相同的,主要包括如下 3 点:

①事件是在有关合同签订以后发生;

②不是由于任何一方当事人的故意行为或者过失所造成;

③事件的发生及其后果是当事人无法预见、无法控制、无法避免和不可克服的。

2) 不可抗力事件的原因

引起不可抗力事件的原因有两种:

①由"自然力量"引起的,如水灾、火灾、旱灾、暴风雪、大雪、地震等。

②由"社会力量"引起的,如战争、罢工、政府禁令等。

对于"自然力量"引起的灾害,国际上解释比较一致;但是,对于"社会力量"引起的意外事件,目前国际上并无统一的解释。例如,英美法系的国家认为不可抗力事件只是由自然原因引起的,不包括社会原因引起的"意外事故"。

3) 法律后果

不可抗力事件发生后,有两种法律后果:

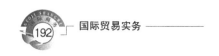

（1）变更合同

不可抗力事件若只是部分地或暂时地阻碍了合同的履行,则发生事故的一方只能变更合同,包括替代履行、减少或延迟履行。

（2）解除合同

不可抗力事件的发生若完全排除了继续履行合同的可能性,则可解除合同。

9.3.2　合同中的不可抗力条款

不可抗力条款是一种免责条款,即免除由于不可抗力事件而违约的一方的违约责任。不可抗力条款包括的内容是:不可抗力事件的范围,事件发生后通知对方的时限,通知方式和出具证明文件的机构以及不可抗力事件的后果(即处理原则和办法)。

1）不可抗力事件的范围

关于不可抗力事件的范围,在买卖合同中,通常有下列 3 种规定办法①:

①概括式,即对不可抗力事件作笼统的提示,如"由于不可抗力原因,而不能履行合同或延迟履行合同的一方不负有违约责任,但应立即以电传或传真通知对方,并须在××天内,以航空挂号信件向对方提交由中国国际贸易促进委员会(中国国际商会)出具的证明书"。

②列举式,即逐一订明不可抗力事件的种类,如"由于战争、地震、水灾、火灾、暴风雪的原因而不能履行合同或延迟履行合同的一方不负有违约责任……"。

③综合式,即将概括式和列举式合并在一起,如"由于战争、地震、水灾、火灾、暴风雪或其他不可抗力原因而不能履行合同的一方不负有违约责任……"。综合式是最为常用的一种方式。

2）不可抗力事件的通知与证明

（1）通知期限与方式

不可抗力事件发生后,不能按规定履约的一方当事人,应按约定的通知期限和通知方式,将不可抗力事件情况如实通知对方,如以电报通知对方,并在 15

---

① 　陈宪等编著. 国际贸易理论与实务(第 2 版). 北京:高等教育出版社,2004 年 7 月第 352 页

天内以航空信提供事故的详尽情况和影响合同履行程度的证明文件。对方在接到通知后,应及时答复,如有异议也应及时提出,否则,按有些国家的法律如《美国统一商法典》,将视作默认。

（2）不可抗力事件的证明

在国际贸易中,当一方援引不可抗力条款要求免责时,必须向对方提交有关机构出具的证明文件,作为发生不可抗力的证明。在国外,一般由当地的商会或合法的公证机构出具。在我国,由中国国际贸易促进委员会或其设在口岸的贸促分会出具。

3）不可抗力事件的处理

发生不可抗力事件后,应按约定的处理原则和办法及时进行处理。不可抗力的后果有两种:一是解除合同,二是变更合同（包括替代履行、减少或延期履行合同）。究竟如何处理,应视事件的原因、性质、规模及其对履行合同所产生的实际影响程度而定。

4）援引不可抗力条款和处理不可抗力事件应注意的事项

①发生事件的一方当事人除了应即时采取措施外,还应按约定期限和方式将事件情况通知对方,并在15天内航寄事件详细情况,将不能执行合同的原因和证明文件交给对方。对方也应及时答复,否则要负违约责任。

②双方当事人都要认真分析事件的性质,看其是否属于不可抗力事件的范围。

③发生事件的一方当事人应出具有效的证明文件,以作为发生事件的证据。

④双方当事人应就不可抗力的后果,按约定的处理原则和办法进行处理。

【相关链接】

合同条款举例:不可抗力事件范围的规定

①概括式

如果由于不可抗力的原因导致卖方不能履行合同规定的义务时,卖方不负责任,但卖方应立即电报通知买方,并须向买方提交证明发生此类事件的有效证明书。

If the fulfillment of the contract is prevented due to force majeure, the seller shall not be liable. However, the seller shall notify the buyer by cable and furnish the sufficient certificate attesting such event or events.

②列举式

如果由于战争、洪水、火灾、地震、雪灾、暴风雪的原因致使卖方不能按时履行义务时,卖方可以推迟这些义务的履行时间,或者撤销部分或全部合同。

IF the shipment of the contracted goods is delayed by reason of war, flood, fire, earthquake, heavy snow and storm, the seller can delay to fulfill, or revoke part or the whole contract.

③综合式(即采用概括和列举并用的方式)

如果因战争或其他人力不可控制的原因,买卖双方不能在规定的时间内履行合同,如此种行为或原因,在合同有效期后继续三个月,则本合同的未交货部分即视为取消,买卖双方的任何一方,不负任何责任。

If the fulfillment of the contract is prevented by reason of war or other causes of force majeure, which exists for three months after the expiring the contract, the non-shipment of this contract is considered to be void, for which neither the seller nor the buyer shall be liable.

 【案例分析】

①某年9月意商售给英商一批蚕豆。合同规定10月交货。不料意政府于当年10月20日宣布禁止蚕豆出口,自宣布日起十天后生效。意商以不可抗力事故为理由要求解约。请问此说法是否成立?

②甲国商人分别与乙国和丙国商人签订了出口合同。不久甲国对乙国宣战,进入战争状态,甲国商人遂以不可抗力为由,宣布撤销上述两个合同。你认为甲国商人的行为是否合理?

9.4　仲　裁

9.4.1　仲裁

1) 争议的解决方式

在国际贸易中,当事人由于种种原因发生争议是不可避免的。争议的解决方式主要有协商、调解、仲裁和诉讼等四种。其中,仲裁是解决国际贸易争议的普遍方法。

① 当事人双方的友好协商解决。

② 调解(conciliation)。双方当事人自愿将争议提交选定的调解机构,按调解程序进行调解。调解机构有法院、仲裁机构或专门的调解机构等。我国在诉讼和仲裁中,均采用先行调解的程序。

③ 仲裁(arbitration)。仲裁,又称公断,是指双方当事人达成书面协议,自愿把争议提交给双方同意的第三者或指定的仲裁机构进行裁决(award)。仲裁机构做出的裁决是终局的,对双方都有约束力。

④ 诉讼(litigation)。一方当事人向法院起诉,控告合同的另一方,一般要求法院判决另一方当事人以赔偿经济损失或支付违约金的方式承担违约责任,也有要求对方实际履行合同义务的。

2) 仲裁的特点

① 仲裁属于准司法裁决,无强制管辖权;

② 专业权威性强、程序简单、时间短、费用低、执行方便;

③ 具有保密性;

④ 仲裁属终局性的,对双方均有约束力。

9.4.2　仲裁协议

1) 仲裁协议的定义

仲裁协议是双方当事人在自愿、协商的基础之上将他们之间已经发生的争

议或可能发生的争议交付仲裁机构裁决的书面文件。仲裁协议是仲裁机构凭以裁决的书面文件和仲裁机构管辖案件的前提,也即仲裁协议可排除法院对于争议案件的管辖权。

2) 仲裁协议的形式

仲裁协议有 3 种类型:

①合同中的仲裁条款(arbitration clause),是指在合同中订立的仲裁协议,即双方当事人在争议发生前在合同中订立,表示愿意把将来可能发生的争议提交仲裁解决的协议。这种协议作为合同的一项条款包括在合同中,被称为"仲裁条款"。除了个别国家以外,合同中的仲裁条款被认为是一种有效的书面仲裁协议形式。

②仲裁合同,或称提交仲裁的协议(submission agreement),是指双方当事人在争议发生后订立的,表示愿意将他们之间已经发生的争议提交仲裁解决的协议。提交仲裁的协议是独立于合同之外的单独协议。

以上两种形式仲裁协议的效力是相同的,它们的区别在于提交仲裁的协议所涉及的问题除了合同中发生的争议外,可能包括非合同关系或多个合同关系中的争执。

③"援引条款"(reference clause),是指当事人在争议发生前或发生后通过"援引"的方式达成的仲裁协议,即当事人不必直接去草拟仲裁协议的内容,而是同意将他们之间的争议按照某公约、双边条约、多边条约或标准合同中的仲裁条款所述的方式进行仲裁解决。

这 3 种仲裁协议的形式虽然不同,其法律作用与效力是相同的。

3) 仲裁协议的作用

根据多数国家的仲裁实践,仲裁协议的作用表现在:

①对双方当事人具有约束力,不得向法院起诉。

②是仲裁机构和仲裁员受理争议的依据。

③排除了法院对争议案件的管辖权,而使仲裁机构取得了对争议案件的管辖权。如果任何一方违反仲裁协议,向法院提起诉讼,对方可以要求法院停止诉讼程序,而把案件提交仲裁机构审理。

④是执行仲裁的依据。当事人必须提交仲裁协议,主管机关才能承认和执行仲裁裁决。

【案例分析】

> 　　某年我国某公司与英国某公司成交某种食品1 500公吨,每公吨CFR×
> ×港348英镑,总金额为522 000英镑,交货期为当年5—9月。由于当时我
> 方公司缺货,只交了450公吨,其余1 050公吨经双方协商同意延长至下一
> 年度交货。次年,我国发生自然灾害。于是我方公司以不可抗力为理由,要
> 求免除交货责任。但对方回电拒绝,并称该商品市场价格上涨,指出由于我
> 方不交货致使损失15万英镑。因此,要求我方公司无偿供应其他品种的同
> 类食品予以抵偿。对此我方亦表示拒绝。于是,该外国公司根据仲裁条款
> 规定,向中国仲裁机构提出仲裁。仲裁申请书中强调我方公司所称不可抗
> 力的理由不充分。——试问:若你为仲裁员,应如何处理此案?

　　案例分析应考虑3个方面:
　　(1)有无书面确认双方同意延时交货;
　　(2)自然灾害后有无及时通知买方;
　　(3)有无机构证明出现自然灾害。

9.4.3　仲裁条款的主要内容

　　在国际贸易中,仲裁条款或仲裁协议一般应包括仲裁地点、仲裁机构、仲裁
程序、仲裁裁决的效力和仲裁费用的负担等方面的内容。

1)仲裁地点的规定

　　仲裁地点是仲裁条款的主要内容。仲裁地点的确定与当事人的利益密切
相关,因为在何地仲裁就得遵守该地的仲裁法规。因此,交易双方都愿意在本
国仲裁,这样一方面可以节省时间和费用,另一方面当事人对本国的法律和仲
裁法规比较了解,对在本国的当事人比较有利。

　　我国进出口贸易合同中,仲裁地点的选择,一般采用以下3种方法:

　　①规定在我国仲裁。我国进出口合同中大多数采用此种做法。

　　②规定在被告所在国仲裁。这是一种为了避免因仲裁地点问题而使谈判
陷入僵局的比较灵活的做法。

　　③规定在双方同意的第三国仲裁。这是双方各让一步的常见做法。选择
这种做法时,应注意仲裁地的仲裁法规应允许受理双方当事人都不是本国公民

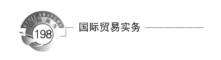

的争议。

2）仲裁机构的选定

仲裁机构的选定是双方当事人选择由仲裁地的哪一家机构仲裁或选择仲裁地点以外的仲裁机构进行仲裁。

仲裁机构有常设和临时两种。常设的仲裁机构是指根据一国的法律规定设立的有固定名称、地址、工作人员和明文规定的仲裁规则，专门从事处理商事纠纷，进行有关仲裁的管理与组织工作的仲裁机构。如瑞士苏黎世商会仲裁院、瑞典斯德哥尔摩仲裁院、美国仲裁院、英国伦敦国际仲裁院、意大利仲裁协会、日本国际商事仲裁协会等。

临时仲裁机构是指争议双方当事人为审理特定的争议案件而由指定仲裁员组织起来的，案件审理完毕后，自动解散。采用临时仲裁机构时，双方应就仲裁员的指定方法、人数、组成仲裁庭的成员等问题明确规定。

在国际贸易中大多数争议案都选择常设的仲裁机构。我国常设的国际商事仲裁机构是中国国际商会下设的中国国际贸易仲裁委员会，总部设在北京。

3）仲裁程序

仲裁程序是指仲裁时所适用的程序法，包括如何提交仲裁申请、如何进行答辩、如何指定仲裁员、如何组成仲裁庭、如何进行仲裁审理、如何做出裁决以及如何交纳仲裁费等。仲裁程序的作用，主要是为当事人和仲裁员提供一套进行仲裁的行动准则，以便在仲裁时有所遵循。各国仲裁机构一般都有自己的仲裁程序规则，我国现行的仲裁程序规则是自 1994 年 6 月 1 日起施行的《中国国际经济贸易仲裁委员会仲裁规则》。根据该规则规定，凡当事人同意将其争议提交中国国际经济贸易仲裁委员会仲裁的，均视为同意按本规则进行仲裁。

（1）提出仲裁申请

仲裁申请是由一方当事人或者双方当事人共同根据仲裁协议向约定的仲裁机构提起仲裁的书面申请书。仲裁申请书包括以下内容：

①申诉人和被诉人的名称、地址、电传、传真、电话和法人代表。

②所依据的仲裁协议及协议中指定的有关仲裁机构名称。

③请求仲裁的事项，包括争议事项、请求理由和所要求的损害赔偿。

④申诉人或授权人、代理人的签章。

有关证明文件应包括：合同、仲裁协议、来往函电、检验证书和提供其他证据的正本或复印本。

（2）仲裁申诉的审查和受理

仲裁机构收到仲裁申请书及其附件后，着手对仲裁申诉进行受理：

①审查仲裁协议是否合法。

②审查争议是否在仲裁协议范围之内。

③审查申请仲裁的争议实效是否过期等。

仲裁机构经审查认为申请仲裁的手续完备，应立即向被诉人发出仲裁通知，令其指定仲裁员，并通知其在规定期限内答辩。

（3）组织仲裁庭

仲裁庭可由一人或数人组成，多数由 3 名仲裁员组成，通常由申请人在提交仲裁申请书时指定一名仲裁员，被诉人也指定一名仲裁员，并根据规定由两名仲裁员推选或由仲裁机构指定一名首席仲裁员。由仲裁员组成仲裁庭后，开始对争议案件进行审理。

（4）仲裁审理

组成仲裁庭后，即开始审理程序。仲裁审理案件有两种形式：一种是书面审理，也称不开庭审理，只根据有关书面材料对案件进行审理并做出裁决。海事仲裁通常采用这种形式。另一种是开庭审理，这是普遍采用的一种形式，即由仲裁员、双方当事人和其他相关人员当庭听取当事人口头申述、辩论，并对案件进行审理。

案件的审理一般不公开进行，以保护当事人的商业机密，但如果双方当事人要求公开审理，也可以由仲裁庭决定公开审理。

（5）仲裁裁决及其效力

仲裁裁决是仲裁庭对当事人的争议进行审理后所做出的处理结果。按我国仲裁规则，仲裁庭应在组庭之日起 9 个月之内做出仲裁裁决（必要时可延长）。裁决做出后，仲裁程序即告结束。各国仲裁法规定，仲裁裁决必须采用书面形式。

仲裁裁决的效力是指由仲裁庭做出的裁决对双方当事人是否具有约束力，双方当事人能否向其他机构提出变更仲裁裁决请求等。

目前，世界上大多数国家仲裁机构的仲裁规则是，仲裁裁决是终局的，当事人不得再向法院等其他机构请求变更仲裁裁决。也有少数国家，比如澳大利亚、英国，认为法院对仲裁案件的上诉有管辖权。由于各国对此解释不一，为了明确仲裁裁决的效力，签订仲裁条款时应规定：仲裁裁决是终局的，对双方都有约束力。

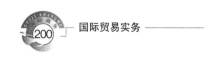
4）仲裁裁决的承认与执行

仲裁裁决具有法律效力，当事人应当自觉执行，但是在实践中，败诉方拒不执行仲裁裁决的情况并不少见。特别是对外国的仲裁机构仲裁裁决的承认与执行，往往存在困难。

为了解决各国在承认和执行外国仲裁裁决问题上存在的矛盾，各国之间缔结了一些国际公约。目前，国际上最有影响的是 1958 年由联合国支持下在纽约缔结的《关于承认和执行外国仲裁裁决的公约》，简称《1958 年纽约公约》。包括我国在内的 100 多个国家和地区参加了这个公约（中国 1987 年 4 月正式加入这一公约）。《纽约公约》规定了各缔约方应承担的义务：

①缔约国相互承认和执行对方国家境内做出的裁决。

②缔约国在承认和执行对方国家的裁决时不应比承认和执行本国裁决提出更为麻烦的条件或收取更高的费用。

5）仲裁费用的负担

通常在仲裁条款中明确规定仲裁费用由谁负担。一般规定由败诉方承担，也有的规定由仲裁庭酌情决定。

【相关链接】

合同条款举例：合同中的仲裁条款

凡因执行本合同所发生的或与本合同有关的一切争议，双方应通过友好协商解决；如果协商不能解决，应提交中国北京国际贸易仲裁委员会根据该会仲裁规则进行仲裁。仲裁裁决是终局的，对双方都有约束力。

All disputes arising out of the performance of, or relating to his contract, shall be settled amicably through friendly negotiation. In case no settlement can be reached through negotiation, the case shall then be submitted to the China International Economic and Trade Arbitration Commission, Beijing, China, in accordance with its Rules of Arbitration. The arbitral award is final and binding upon both parties.

【案例分析】

　　某实业公司与某商场签订了一份合同,合同中约定双方如因合同发生纠纷,由市仲裁委员会仲裁解决。后该合同被人民法院确认为无效合同。某实业公司请求仲裁委员会裁决某商场赔偿其损失。而某商场则认为整个合同无效,因此该仲裁协议也无效,拒不赔偿。——问:仲裁协议的效力是否因合同无效而丧失? 该仲裁委员会裁决某商场赔偿损失,并经人民法院进行强制执行,是否合法?

　　仲裁协议是双方当事人达成的将已经发生或可能发生的一定法律关系的争议提交仲裁,并服从裁决约束的一种契约。仲裁协议包括请求仲裁的意思表示与仲裁事项及选定的仲裁委员会。仲裁协议具有独立性,它并不因合同无效而失去效力。我国《仲裁法》第 19 条规定:“合同的变更、解除、终止或者无效,不影响仲裁协议的效力。”在本案中某商场的理由是不合法的,因此仲裁机构有权依法作出裁决,并由当事人申请人民法院强制执行。

【课后练习】

　　一、解释名词
　　1.商品检验
　　2.违反要件
　　3.仲裁
　　4.根本性违约
　　5.不可抗力

　　二、英文词语翻译
　　1. inspection
　　2. claim
　　3. fundamental breach
　　4. force majeure
　　5. arbitration

　　三、问答题
　　1.确定检验的时间与地点的方法有哪些?

2. 举例说明什么是根本性违约与非根本性违约。

3. 如何确定不可抗力事件? 作为不可抗力事件,应具备哪些条件?

4. 为什么要在进出口合同中规定不可抗力条款?

5. 仲裁协议有哪几种形式? 仲裁协议的作用有哪些? 合同中的仲裁条款主要包括哪些内容?

6. 仲裁与诉讼相比有哪些优点?

四、案例分析

1. 我国 A 公司以 CIF 东京条件向日本 B 公司出口一批货物,B 公司又将该货转卖给新加坡 C 公司。货到东京后,B 公司发现货物的质量有问题,但 B 公司仍将该货装上另一轮船运往新加坡。后 B 公司凭新加坡商检机构签发的检验证书,在合同的索赔期限内向 A 公司提出退货要求。问 A 公司应如何处理? 为什么?

2. 我国某科研单位与日商签订合同,购买一台精密仪器,合同规定 9 月份交货,日商 9 月上旬未能交货,日本政府在 9 月 15 日宣布这种仪器属于高科技产品,自 10 月 1 日起将禁止出口。后来日方以不可抗力为由要求解除合同。问我方是否同意? 为什么?

3. 我某公司出口货物 3 000 公吨,采用信用证方式支付,2、3、4 月份每月平均装运。出口公司 2、3 月份已如期装运,并收回货款。4 月份原定 4 月 20 日装出,出于台风登陆。延迟到 5 月 5 日才装船出运。当受益人凭 5 月 5 日的提单向银行议付时,遭银行拒付。上述情况下银行有无拒付的权利? 为什么? 我出口公司可否以不可抗力为由要求银行付款? 为什么?

4. 某年 10 月,我外贸公司与外商签订一份出口农产品的合同,交货期为当年 12 月。由于同年 7、8 月份产区遭受水灾,产品无收。出口方不能依约交货,于是以遭受不可抗力为由,向对方提出解除合同的要求。试问:该项要求是否合理? 为什么?

5. 某公司以 CIF 鹿特丹出口食品 1 000 箱,即期信用证付款,货物装运后,凭已装船清洁提单和已投保一切险及战争险的保险单,向银行收妥货款,货到目的港后经进口人复验发现下列情况:(1) 该批货物共 10 个批号,抽查 20 箱,发现其中 2 个批号涉及 200 箱内含沙门氏细菌超过进口国的标准。(2) 收货人只实收 988 箱,短少 2 箱。(3) 有 15 箱货物外表情况良好,但箱内货物共短少 60 公斤。试分析以上情况,进口人应分别向谁索赔,并说明理由。

6. 我某出口企业以 CIF 纽约条件与美国某公司订立了 200 套家具的出口合同。合同规定 1996 年 12 月交货。11 月底,我企业出口商品仓库发生雷击火灾,致使一半左右的出口家具烧毁。我企业以发生不可抗力事故为由,要求免除交货责任,美方不同意,坚持要求我方按时交货。我方无奈经多方努力,于1997年1月初交货,美方要求索赔。试问:(1)我方要求免除交货责任的要求是否合理? 为什么? (2)美方的索赔要求是否合理? 为什么?

　　7. 我国某进出口公司出口欧洲大豆 500 公吨,USD 300.00/公吨 CIF 鹿特丹。合同规定任何一方违反合同,应支付另一方违约金 2 万美元。装运期将近时,由于美洲大豆产区出现灾害天气,世界市场大豆价格猛涨,CIF 鹿特丹价涨到 USD 450.00/公吨。于是中方仅发运 300 公吨,希望以赔偿违约金 2 万美元了结此案。但是买方不同意。试问买方能向中方索赔的金额应是多少?

第10章
进出口合同的签订与履行

【本章导读】

　　本章学习在国际贸易中,如何和外商经过多次磋商各项合同条款后,最终签订了外贸合同,应如何进行合同的履行,以及在实践中要注意的问题和应用中的技巧。

为了使国际货物进出口行为获得法律保障,买卖双方必须要签订进出口合同。合同一经依法有效成立,有关当事人就必须履行合同规定的义务。履行合同是当事人双方共同的责任。

在国际贸易中我们经常要遇见有关国际贸易合同履行方面的问题及纠纷。

案例1

我某公司与某外商洽谈进口交易一宗,经往来电传磋商,就合同的主要条件全部达成协议,但在最后一次我方所发的表示接受的传真中列有"以签订确认书为准"。事后对方拟就合同草稿,要我方确认,但由于对某些条款的措辞尚待进一步研究。故未及时给予答复。不久,该商品的国际市场价格下跌,外商催我开立信用证,我方以合同尚未有效成立为由拒绝开证。我方的做法是否有理,为什么?

案例2

中国东方公司国外某 B 公司出口一批冻对虾,双方合同约定,装运期为 2004 年 5 月,采用不可撤销信用证结算,凭卖方开具见票后 30 天付款的跟单汇票议付。而后 B 公司开出信用证,规定装运期为 7 月 20 日,并且记载"本信用证在你方收到授权书后方生效"。东方公司没有仔细审核信用证就按装运期发货了。议付时被银行拒付,为什么?

下面我们具体介绍一下运输条款及如何解决这类问题。

10.1　进出口合同的签订

国际货物进出口是围绕着国际货物进出口合同这一中心而展开的。而进出口合同签订本身就是一个复杂的过程,不仅要了解和掌握在交易磋商前应做好哪些准备工作、交易磋商的形式、内容及一般程序。还需要掌握合同成立和书面合同签订方面的有关业务知识。这样签订后的合同才是真实有效的,合同内容中的交易才会受到法律的保护。

10.1.1　交易磋商前的准备工作

无论进口商还是出口商,只有在交易之前做好充分的准备,才有可能顺利地磋商和签订合同,提高交易的成功率。这些准备工作主要包括选配贸易谈判人员,国际市场调查,客户调研,制定进、出口商品经营方案等。

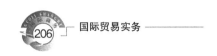

1）选配贸易谈判人员

高素质的贸易谈判人员是确保交易磋商成功的关键，为保证磋商顺利进行，应事先选配优秀的谈判人员。国际货物进出口是跨国交易，其程序、参与方、市场和文化背景以及所涉及的法律、法规都十分复杂，所以，参加交易洽谈的人员不仅要具有认真负责的工作态度，同时还要掌握较为广泛的国际贸易业务知识。除了一般的商品知识外，还要了解运输、保险、国际结算、国际金融等方面的知识，熟悉有关的国际惯例和法律（尤其是《合同法》、《公约》），精通国际市场营销的一般方法和规律。

在大宗交易或其他内容复杂的交易中，由于洽谈人员不可能精通所有相关知识，因而有必要组织一个有力的谈判团队。在该团队中，应当包括熟悉商务、技术、法律和财务的人员，他们不仅要掌握谈判技巧，善于应变，还要具有良好的团队精神，能在谈判过程中精诚合作，在知识上互相补充、谋求一致。

2）国际市场调查

在洽商交易之前，必须加强对国外市场的调查工作，通过各种途径广泛收集国外市场资料，了解市场供求状况、价格动态、各国有关进出口的政策、法规和惯例，以便从中确定最恰当的目标市场。对于出口商来说这意味着选择销售市场，对进口商来说则是选择采购市场。

国际市场调查的内容很广，大致包括：国别（或地区）调查；商品市场调查；商品销售调查等。

（1）国别（或地区）调查

通过国别调查，主要是为了达到贯彻国别政策，选择适宜的市场，创造有利条件，发展贸易关系。这方面调查的主要内容有：

①一般概况调查。包括人口、气候、风俗习惯、宗教信仰、官方语言、度量衡制度等。

②政治情况调查。包括该国的政治局势、对外贸易政策、与我国的贸易关系等。

③经济情况调查。包括主要物产资源、工农业生产情况、财政金融情况、就业状况和收入状况等。

④对外贸易情况调查。包括主要进出口商品贸易情况、进出口贸易的主要国别地区、国际收支状况、主要贸易港口、对外贸易和外汇管制政策、进出口商品税率等。例如：目前我国出口商在出口纺织品时，必须遵守商务部制定的《纺

织品出口自动许可暂行办法》。

⑤交通运输情况调查。包括港口情况、海运和班轮情况等。

【相关链接】

《中国纺织品出口自动许可暂行办法》
（中华人民共和国商务部令2005年第3号）

为加强对纺织品出口的统计分析和监测,及时向出口经营者发布纺织品出口预警信息,根据《中华人民共和国对外贸易法》,商务部制定和公布了该管理办法,并于2005年3月1日实施。按照《办法》中的规定,商务部将定期在政府网站上公布《纺织品出口自动许可目录》所涉商品的信息,列入《纺织品出口自动许可目录》的商品,出口经营者在办理海关出口报关手续前,须向发证机构提出自动许可申请并提供申请表和出口合同等书面材料。未申领《纺织品出口自动许可证》、擅自出口纺织品出口自动许可证管理货物的,由海关依照有关法律、行政法规的规定处理。

（2）商品市场调查

通过商品市场调查,摸清适销市场,使我国的出口商品能适销对路,在国际市场竞争中处于有利位置。这方面的调查主要包括:

①市场适销商品调查。包括品种、规格、用料、颜色、包装、商标使用等。

②市场竞争情况调查 。包括市场容量、供货主要来源、主要生产者和竞争者、主要消费对象等。

③市场消费特点调查。包括消费水平、质量要求、消费习惯、主要销售季节、产品销售周期、商品供求价格变动规律等。

（3）商品销售调查

通过商品销售调查,学会与当地人做生意的技巧,运用有效的推销手段,扩大商品出口。这方面的内容主要包括有:

①产品销售渠道的调查。包括各大类商品的主要销售渠道,各个销售渠道的特点和地位以及它们之间的相互关系,哪些销售渠道最适合自己的产品,推销网点如何分布,经销代理商如何选择,销售渠道由谁来控制等。

②广告宣传的调查。包括商品在某个国家和地区最好的宣传媒介是什么,结合商品特点。消费习惯、顾客心理,选择最佳的宣传广告手段。

③选择计价货币的调查。包括选择什么货币计价较为有利,如何制订价格

策略,如何使用佣金和折扣,应该采取何种支付手段。

④制订商品发展规划的调查。包括哪些市场要开拓,哪些市场可进入,哪些市场要维持,哪些产品已被市场淘汰,哪些产品可进行改进,哪些产品有发展前途及要开发的产品等。

总之,通过综合调查,选择适当的产品,制订合理的价格,采用最佳的手段,推销到最适的市场,从而扩大出口,这就是出口商品调查研究的目的。

（4）收集国际市场行情的途径

及时准确地了解国际市场行情,应充分利用各种途径收集有关国际市场行情的资料。收集资料的途径多种多样,主要有以下几个方面:

①通过国外通信网络和各种报纸杂志所发布的每日国际市场行情,以及每天世界各大交易所发布的每日收市价了解和掌握世界市场情况。

②利用国外的推销网和客户渠道,通过各项业务活动收集和积累有关国际市场行情。

③利用国内外综合的和各种专业的交易会,有目的地收集所需的资料。

④通过出口推销或国外实地考查,收集当地市场以及国际市场行情资料。

⑤通过驻外使馆及其他机构收集资料。

⑥利用互联网获得国际市场行情或销售目的国的资料。

（5）收集、使用信息应注意的问题

在收集、使用信息资料时要注意下列问题:

①信息的时效性。要分清信息是否已经过期,信息对现在进行市场行情分析所起的作用。同时要把过去的、现在的和预期的信息进行比较分析。

②信息的准确性。含糊不清、模棱两可的信息会影响分析和判断,导致决策错误,在未落实信息的可靠性之前最好不用。

③信息的全面性。有些信息可能是针对国际市场某一方面的,在收集、使用时千万不要以偏概全,要把信息综合起来进行分析。

④信息的区域性。有些信息的地区性较强,在某些地方适应,而在另一地方就不适应。

3）客户调研

在交易之前,应对客户的资信情况进行全面调查。对客户的资信调查主要从以下方面进行:

（1）支付能力

主要是了解客户的财力,其中包括注册资本的大小、融资渠道、营业额的大小、潜在资本、资本负债和借贷能力等。

（2）客户背景

主要是指客户的政治经济背景、政治态度以及对我方的态度。

（3）经营范围

主要指企业经营的品种、经营的性质、经营业务的范围，合作还是独资经营，以及是否同我国做过交易等。

（4）经营能力

主要是指客户的活动能力、购销渠道、联系网络、贸易关系和经营做法等。

（5）经营作风

主要是指企业经营的作风和客户的商业信誉、商业道德、服务态度和公共关系水平等。

此外，对于选择供货商的进口商来说，在坚持以上原则的基础上，更要特别注意对方所提供的商品是否先进、适用以及交易条件是否对我方有利。

在以上调查的基础上，进（或出）口商应尽量选择政治上友好、资信状况良好、经营能力较强的客户作为交易对象，并与之建立稳定的贸易关系。

国际市场调查的各种途径可同样适用于客户调研。稍微不同的一点是，客户调研可在实际的业务接触和交往活动中进行，也就是对老客户进行评估。对于信誉良好的老客户，进（或出）口商应不断巩固合作关系。同时，也要积极的通过其他各种途径，发展并建立新的客户关系，以在国际市场上形成一个广泛的有基础、有活力的客户群。

 【案例分析】

> 中国 A 公司是一家实力很强的全国性进出口公司，主营粮油、食品、土畜水产、饲料等类产品。日本牧场是一家现代化牧场，年育出栏肥牛、猪 2.8 万头，是饲料种植、加工、饲养，畜产品加工，储运，销售一体化的综合性畜牧企业。为了打开日本市场，A 公司通过一个业务经理认识了牧场社长本人，经他介绍，日本牧场愿意和 A 公司建立业务联系，并开始在中国某城市进行出口玉米谈判。
>
> 但是谈判进行得异常缓慢，A 公司意识到日本人犹豫不决的态度，肯定有内情，后来通过调查，发现日本牧场还和中国另一家粮油 B 公司有联系。在后续的谈判中，A 公司闭口不谈出口玉米一事，而只是详尽地介绍公司玉米出口基地的情况。

　　年末,以A公司总经理为首,由畜牧专家、玉米出口商品基地专家、技术顾问组成的代表团,对日本牧场进行了访问考察。考察期间,代表团参观了种植场、饲料加工厂、饲养长、仓库、冷库和研究所。发现牧场的科研力量很强,能不断培育新品种,种、养、加工技术水平先进;屠宰加工自动化、管理现代化,资金雄厚,问题是种植面积小,劳动力少,劳动力成本高,难以形成规模,饲料一直从美国大量进口。

　　通过分析、研究,在征得总部同意后,A公司马上在日本牧场进行谈判,提出以合资方式引进日本牧场的成套先进技术和优良品种意向,这一建议极大地刺激了牧场的兴趣。原来,几年前,该牧场就准备同中国合资兴办牧场以利用中国的土地和劳动力,可由于种种原因一直没有结果,这下双方意向一致,一拍即合。谈判进展非常顺利,所涉及的事项逐一落实,不仅签订了玉米合同,还签订了在中国合资建立现代化综合性牧场的意向书。——试问:这说明了什么?

4)制订进出口商品经营方案

(1)出口商品经营方案

出口商品经营方案是在一定时期内对外推销商品和安排出口业务的具体安排,是对外洽商交易的依据。其主要内容包括:

①国内货源情况。主要包括国内生产能力、可供出口的数量,以及商品的品质规格和包装等情况。

②国外市场情况。主要包括国外市场需求情况、供求和价格变动情况。

③出口经济效益。包括出口成本、出口盈亏率和出口换汇成本等。通过核算同类商品在不同时期的出口经济效益,有助于出口商改进经营管理;而对同类商品出口到不同国家和地区的经济效益的比较,则可以为选择市场提供依据。

④销售计划和措施。包括分国别和地区、按品种数量与金额列明销售的计划进度,以及按销售计划采取的措施,如对客户的利用,贸易方式、收汇方式的应用,对价格佣金和折扣的掌握。

对于大宗商品或重点销售的商品,通常是逐个制订出口商品经营方案;对其他一般商品可以按商品大类制订经营方案;对一些中小商品或成交额不大的商品,则仅制订内容简单的价格方案即可。同时,还要做好出口商品的商标注册和广告宣传工作。出口商可委托国外的代理人或广告商,或自己通过广播、电视、杂志、报刊等媒体,或通过举办展览、印发宣传品等各种方式,将产品的用途及突出特点介绍给特定市场上的消费者,力求加深消费者对商品的印象和好感。

(2)进口商品经营方案

进口商品经营方案是为了完成进口任务而确定的各项具体安排,是进口商对外洽商交易,采购商品和安排进口业务的主要依据。凡涉及大宗或重要商品的进口,一般都要在交易前制订进口经营方案,其主要内容大致包括以下几个方面:

①订货数量。根据国内需要的轻重缓急和国外市场的具体情况,适当安排订货数量和进度。在保证满足国内需要的情况下,争取在有利的时机成交。

②采购市场。根据国别(或地区)政策和国外市场条件,合理安排进口国别(或地区),既要选择对我们有利的市场,又不宜过分集中在某一市场,力争使采购市场的布局合理。

③交易对象。要选择资信好、经营能力强并对我们友好的客户作为交易对象。为了减少中间环节和节约外汇,一般应向厂家直接采购。

④交易价格。根据国际市场近期价格,并结合采购意图,拟定出价格掌握的幅度,以作为谈判交易的依据。同时,在初步确定交易价格时,还要充分考虑融资成本以及汇率变动的因素,尽量计算出不同报价实际的本币价格。

⑤贸易方式。贸易方式有很多种,我们可以采用招标方式采购,也可以按补偿贸易方式,同时可采用一般的单边进口方式订购。具体如何选择,应根据采购的数量、品种、贸易习惯做法等酌情掌握。

⑥交易条件的掌握。应当注意的是,有些商品是受国家进口管制的,进口商必须先从有关国家机构办理进口许可证方能办理进口手续。另外,如果进口商还没有自营进口的权利,则必须先与有进口经营权的企业签订代理进口的合同,由后者代理进口其所需商品。

10.1.2　交易磋商的形式与内容

交易磋商(business negotiation)通常又称作贸易谈判,指买卖双方就买卖商品的有关条件进行协商以期达成交易的过程。交易磋商是合同订立的基础,没有交易磋商就没有合同的产生,交易磋商工作的好坏,直接影响到合同的签订和履行,关系到双方从交易中所获利益的大小,因而必须谨慎对待。

1）交易磋商的形式

交易磋商在形式上可分为口头、书面及行为 3 种。口头磋商既可以是在谈判桌上面对面的谈判,如参加各种交易会、洽谈会,以及贸易小组出访、邀请客户来访等,也可以通过电话来进行。书面磋商是指通过信函、电报、电传等通讯方式进行交易洽谈。此外,随着电子商务在国际贸易中的普及,交易磋商正越来越多地直接通过计算机在国际互联网上进行。行为磋商即通过行为进行交易磋商,最典型的例子就是在市场上进行拍卖或购物。

2）交易磋商的内容

合同的内容,又称合同条款,是确定合同双方当事人权利与义务关系的重要依据,同时也是判断合同是否有效的客观依据。

根据《中华人民共和国合同法》和其他国家民商法的规定,合同的内容由双方当事人约定,一般包括以下条款:

（1）当事人的名称或者姓名和住所

本条款主要反映合同当事人的基本情况,确定当事人的身份和各自的处所。

（2）标的

标的是指合同当事人约定的权利与义务所交易的对象,它体现着当事人订立合同的目的与要求。国际货物进出口合同的标的通常就是货物。

（3）数量

数量是对货物的计量,是以数字和计量单位来衡量标的尺度,它是确定标的的重要依据。

（4）质量

质量是表示标的的内在质量和外观形态的综合。它的好坏与高低直接决定了标的效用,一般用品种、型号、规格等级等表示。

（5）价款或者报酬

价款或者报酬是指合同的买方对合同的卖方履行合同,交付货物所应支付的以货币为表现形式的价金。在该条款中,双方当事人应约定计算标准、支付方式、金额、支付日期和地点等。

（6）履行期限、地点和方式

该条款一般是指合同当事人为实现权利和履行义务所约定的时间界限、地点、具体途径以及方法。它是确定合同是否按时、按地履行或延迟履行的客观依据。

（7）违约责任

违约责任是合同当事人违反合同的规定时应当承担的法律责任，是合同履行的保障条款。承担违约责任的形式主要是支付违约金，实际履行，损害赔偿等。

（8）解决争议的方法

在履行合同中难免会发生争议，为使产生争议后能有一个双方都接受的解决方法，合同中一般均对此做出规定。解决争议的方法主要有协商、调解、仲裁和诉讼等。

需要指出的是，以上合同条款是合同中通常包括的内容，并不是必须都包括这些条款，合同才成立有效。买卖双方当事人可根据交易货物特点和实际需要，对合同的内容条款做出增加或减少的约定。此外，在许多老客户之间，大多以事先就"一般交易条件"达成了协议，或者双方在长期的交易过程中已经形成了一些习惯做法，或者双方已经订立了长期的贸易协议，在这些情况下，也不需要在每笔交易中对各项条款进行一一协商。

10.1.3　交易磋商的一般程序

交易磋商一般包括询盘（inquiry）、发盘（offer）、还盘（counter offer）、接受（acceptance）四个环节，其中发盘和接受是每笔交易必不可少的两个基本环节。只要一方被另一方有效接受，便达到了合同成立的实质性的要求。

1）询盘

询盘（inquiry）是指交易的一方打算购买或出售某种商品，向对方询问买卖该项商品的有关条件，或者就该项交易提出带有保留条件的建议。在实际业务中，询盘通常由买方向卖方发出，一般被称为"邀请发盘"；它也可以由卖方发出，习惯上将其称为"邀请递盘"。询盘的内容以对价格的询问为主，所以询盘又称作询价；但有时也会涉及商品的规格、品质、数量、包装、交货期，以及索取样品、商品目录等。询盘往往是交易的起点，但并不是交易磋商的必经阶段。

询盘可采用口头的方式也可采用书面的方式。书面方式有书信、电报、传真、询价单。电报、传真询盘由于传递速度快，在业务中采用较多。

询盘人发出询盘的目的有时只是为了了解市场行情，有时则是为了表达与对方成交的愿望,希望对方能及时发盘。询盘中涉及的交易条件往往不够明确或带有某些保留条件,因此它对询盘人和被询盘人都没有法律上的约束力。如果被询盘人愿意与询盘人成交,还需同对方进行进一步的磋商。不过,虽然询盘对询盘人没有约束,但也要慎重,不要乱发询盘,特别是在进口业务中,以免引起不良后果。因为乱发询盘,很可能引来大量发盘,而买方又不能全买,这样会影响双方的合作。同时也容易把自己的意图泄漏出去,形成高价发盘。

询盘示例:

We are interested in your products, please supply your detailed information. (我方对你公司的产品感兴趣,请提供详细资料)

We are a big company in China producing footwear for many year. We sell our products to Europe and America. We would like to establish business with you. Please find our catalogue enclosed and price list attached, if you are interested please do not hesitate to contact me. (我们是中国一家多年生产鞋类的工厂。我们的产品远销欧美市场。我们想和你们建立业务。现随附给你我们的产品样本和价格清单,如适合你们的话请尽快和我们联系)

2)发盘

发盘(offer)又称发价、报盘或报价,是指交易一方(发盘人)向对方(受盘人)提出交易条件,并愿意按此条件达成交易、签订合同买卖某种商品的一种表示。

发盘可以是应对方的邀请发盘做出的答复,也可以是在没有邀请的情况下直接发出。在实际业务中,发盘多由卖方发出,这种发盘称为售货发盘(selling offer),也可以由买方发出,称为购货发盘(buying offer)或递盘(bid)。

发盘在合同法中称为要约,具有法律效力。因而,它既是一项是商业行为,又是一种法律行为。在发盘有效期内,发盘人不能任意撤销或修改其内容。如果受盘人在有效期内对该发盘表示无条件的接受,发盘人将受其约束,并承担按发盘条件与对方订立合同的法律责任。这种发盘称为实盘(offer with engagement),不符合上述条件的发盘称为虚盘(offer without engagement)。发盘人必须按发盘条件与其成交,签订合同,否则即为违约,要承担相应的法律责任。需要指出的是:无论是买方发盘还是卖方发盘,其法律后果都一样,即发盘一经对方无条件接受,就算达成交易,买卖合同即告成立。

发盘可以口头进行,也可以书面进行。下面是一个电报发盘的实例:

Offer 5000 dozen sport shirt sampled March 15th USD 84.5 per dozen CIF New

York export standard packing May/June shipment irrevocable　L/C subject reply here 20th。

（兹发盘 5 000 打运动衫,规格按 3 月 15 日样品,每打 CIF 纽约价 84.5 美元,标准出口包装,5—6 月装运,以不可撤销信用证支付,限 20 日复到）。

（1）构成发盘的条件

根据《联合国国际货物销售合同公约》（以下简称《公约》）第十四条第一款解释:"凡向一个或一个以上特定的人提出订立合同的建议,如果其内容十分确定,并且表明发盘人在得到接受时承受约束的意旨,即构成发盘。"据此,一项有效的发盘应具备以下几个条件:

①发盘必须向一个或一个以上的特定的人提出。在发盘中必须指定一个或多个可以对发盘表示接受的人,也就是说,受盘人必须确定。如果发盘中没有指定受盘人,它便不能构成有法律约束力的发盘,而只能被看作邀请发盘,比如,向国外客户广为散发的商品目录、价格表等。

②发盘的内容必须十分确定。对于什么是"十分确定",不同国家有不同的解释。《公约》的解释是在发盘中明确货物,规定数量和价格。在规定数量和价格的时候,可以明示,也可以暗示,还可以只规定确定数量和价格的方法。但在我国的贸易业务中,一般要求交易条件是完整的,也就是要求在发盘中列明商品名称、品质或规格、数量、包装、价格、交货期、支付方式等主要条件。应该说,后者相对于前者的风险更小,更容易避免纠纷,有助于交易的顺利进行。当然,如果交易双方已就"一般交易条件"达成协议,或已在长期的贸易往来中形成了某种习惯做法,或由于在发盘中援引了过去的函电或过去的合同,那么发盘中的一些交易条件也可以省略,此时它仍然是一项完整的发盘。

发盘中交易条件的表述不能含糊不清,不能用诸如"大概"、"大约"、"仅供参考"之类的词句。而且交易条件应是终局性的,不得附加任何保留及限制条件,如"以我方最终确认为准","以商品未售出为准"等。

③发盘人必须表明发盘人愿意按照发盘中的各项条件同对方签订合同的意思,即发盘人在发盘时向对方表示,在得到有效接受时双方即可按发盘的内容订立合同。发盘人在发盘中是否有这种意思表示,不必一定要求发盘中有"实盘"之类的字样,更重要的是取决于发盘的整个内容是否确定。如果受盘人对此不能确定,则应向发盘人提出,不能任意猜测。

一项有效的发盘在内容上必须同时具备完整、明确、终局性的特点,否则不能构成真正的发盘,而只能作为邀请发盘。

④发盘必须送达受盘人。按照《公约》第十五条的解释:"发盘于送达受盘

人时生效。"也就是说,发盘虽已发出,但在到达受盘人之前并不产生对发盘人的约束力,受盘人也只有在接到发盘后,才可考虑接受与否的问题,在此之前,即使受盘人已经通过其他途径知道了发盘的内容,也不能主动对该发盘表示接受。

以上是构成有效发盘的 4 个条件,也是考察发盘是否具有法律效力的标准,一个有效发盘必须同时满足这四个条件。否则,即使发盘上注明"实盘"或类似字样,也不能使发盘具有法律约束力。

(2)发盘的有效期

发盘中通常都规定有效期,作为发盘人受约束的期限和受盘人接受的有效时限。只有在有效期内,受盘人对发盘的接受才有效,发盘人才承担按发盘条件与受盘人成交的法律责任。

有效期可在发盘中进行明确的规定。在实际业务中常见的一种做法是在发盘中规定一个最后时限。这时,发盘人要说明该日期是受盘人发出接受通知的最后期限,还是接受通知送达发盘人的最后期限,以及该日期以何处时间为准。也可以在发盘中只规定一段有效期限,如"Offer valid within 3 days"(本发盘有效期 3 天)。此时,若发盘是以电报或信函方式发出的,有效期从电报拍发或信函寄出时起算;若该发盘是以电传形式发出,则有效期从发盘送达受盘人时起算。无论哪种情况,受盘人的接受都应在有效期最后一天结束前送达发盘人。如果有效期的最后一天是发盘人所在地的正式假日或非营业日,则发盘有效期可顺延到下一个营业日。

另外应注意的是,规定有效期并非构成发盘的必要条件。如果发盘中没有明确有效期,受盘人应在合理时间内接受,否则无效。"合理时间"需视交易的具体情况而定,一般按照商品的特点和行业习惯或国际惯例处理。对于像有色金属、棉花、粮食等市场行情不稳定、价格变动幅度大的大宗商品,有效期应短一些;反之则可长一些。

若发盘采用的是口头形式,则除非双方另有约定,受盘人必须立即表示接受才有效。

(3)发盘的撤回和撤销

关于发盘的撤回,《公约》第十五条第二款规定:"一项发盘,即使是不可撤销的,也可以撤回,如果撤回的通知在发盘到达受盘人之前或同时到达受盘人。"也就是说,只要发盘还未生效,对发盘人就还未产生约束力,发盘是可以撤回的。所以发盘人要想撤回发盘,必须以更快的通信方式使撤回的通知赶在发盘到达受盘人之前到达受盘人,或起码与之同时到达。否则就不是撤回的问题,而是撤销了。

发盘的撤销与撤回不同,撤销是指发盘送达受盘人,即已生效后,发盘人再通知受盘人取消该发盘,解除自己在发盘项下所应承担的法律责任的行为。对于发盘生效后能否再撤销的问题,各国合同法的规定有较大分歧。英、美、法认为,发盘在原则上对发盘人没有约束力。除了受盘人已经给予了发盘人一定的对价(或称"约因")或者发盘人以签字蜡封的形式发盘的情况,在受盘人接受之前,发盘人可以随时撤销发盘或变更内容。美国《统一商法典》则对上述原则做了修改,承认在一定的条件下(发盘人是商人,以书面形式发盘,有效期不超过3个月)无对价的发盘亦不得撤销。大陆法系则认为,发盘原则上对发盘人有约束力,除非他在发盘中已表明不受约束。法国的法律虽然允许发盘人在有效期内撤销其发盘,但若撤销不当,发盘人必须承担损害赔偿责任。

《公约》对这些不同的规定做了折中,其第十六条的规定是:

①未订立合同之前,如果撤销的通知于受盘人发出接受通知之前送达受盘人,发盘可以撤销。

②但在下列情况下,发盘不得撤销:a. 发盘中写明了发盘的有效期或以其他方式表明发盘是不可撤销的;b. 受盘人有理由信赖该发盘是不可撤销的,而且已本着对该发盘的信赖采取了行动。

我国法律承认《公约》的规定,认为发盘可以撤销和撤回。但在实际业务中,为了减少纠纷,维护我方发盘的严肃性和进、出口商的信誉,应尽量减少对发盘的撤销。

(4)发盘的失效

《公约》第十七条规定:"一项发盘,即使是不可撤销的,于拒绝通知到达发盘人时终止。"就是说,若受盘人在对发盘表示拒绝后又表示接受,即使原发盘仍在有效期内,其效力也会随着受盘人的拒绝送达而丧失,发盘人将不再受其约束,除非他愿意对该项接受予以确认。除此以外,以下情况也可造成发盘的失效:

①被受盘人拒绝或还盘之后。即拒绝或还盘通知送达发盘人时,原发盘失效。

②发盘人依法撤销发盘。

③发盘中规定的有效期届满。若受盘人没有在发盘规定的有效期或一段合理的时间内做出接受,则该发盘自动失去效力。

④不可抗拒力。非当事人所能控制的意外事故造成发盘的失效。如政府

对发盘中的商品或所需外汇发布禁令等,或者由于战争、罢工等原因造成当事人不能实际执行发盘中的承诺,发盘的效力即告终止。

⑤在发盘被接受前,当事人丧失行为能力、死亡或法人破产等,则发盘的效力也可终止。

3)还盘

还盘(counter offer)又称还价,是指受盘人不同意或不完全同意发盘提出的各项条件,并提出了修改意见,建议原发盘人考虑,即还盘是对发盘条件进行添加、限制或其他更改的答复。受盘人的答复如果在实质上变更了发盘条件,就构成对发盘的拒绝,其法律后果是否定了原发盘,原发盘即告失效,原发盘人就不再受其约束。根据《公约》的规定,受盘人对货物的价格、付款、品质、数量、交货时间与地点,一方当事人对另一方当事人的赔偿责任范围或解决争端的办法等条件提出添加或更改,均作为实质性变更发盘条件。

此外,对发盘表示有条件的接受,也是还盘的一种形式。例如受盘人在答复发盘人时,附加有"以最后确认为准"、"未售有效"等规定或类似的附加条件,这种答复只能视作还盘或邀请发盘。还盘的内容,凡不具备发盘条件,即为"邀请发盘"。如还盘的内容发盘条件,就构成了一个新的发盘,还盘人成为新发盘人,原发盘人成为新受盘人,他有对新发盘做出接受、拒绝或再还盘的权利。

如果受盘人的答复仅对一些非实质性的、细枝末节的内容作了添加或修改,"除发盘人在不过分延迟的期间内以口头或书面通知反对其间的差异外"(《公约》第十九条第二款),将构成接受,而非还盘。

4)接受

接受(acceptance),在法律上称为承诺,它是指受盘人在发盘规定的时间内以声明或行为表示同意发盘提出的各项条件。接受如同发盘一样,既属商业行为,也属于法律行为。发盘一经接受,合同即告成立,对买卖双方都产生了法律上的约束力。

根据《公约》的规定,受盘人对发盘表示接受,既可以通过口头或书面向发盘人发表声明的方式接受,也可以通过其他实际行动来表示接受。沉默或不行为本身,并不等于接受,如果受盘人收到发盘后,不采取任何行动对发盘作出反应,而只是保持缄默,则不能认为是对发盘表示接受。因为,从法律责任来看,受盘人一般并不承担对发盘必须进行答复的义务。但是需注意的是,如果沉默或不行为与其他因素结合在一起,足以使对方确信沉默或不行为是同意的一种表示,也可构成接受。例如交易双方有协议或按以前确认的习惯交易做法,受盘人的缄默或不行为也可以视同接受。

(1)构成一项有效接受的条件

①接受必须由受盘人做出。这一条件是与构成发盘的第一个条件相呼应的。发盘必须向特定的人发出,即表示发盘人愿意按发盘中的条件与对方订立合同,但这并不意味他愿意按这些条件与任何人订立合同。因此,接受只能由受盘人做出,才具有效力。任何第三人对发盘的接受对发盘人都没有约束力,只能被看作对发盘人的一项新发盘。

②接受的内容必须与发盘的内容相一致。接受是受盘人无条件同意发盘人所提出的内容的意思表示。接受的内容应当与发盘的内容相一致。只接受发盘中的部分内容,或对发盘条件提出实质性的修改,或提出有条件的接受,均不能构成接受,而只能视作还盘。

但如果这种添加或更改并非实质性的(如要求增加重量单、装箱单、原产地证明或某些单据的人数,要求将货物分成两批装运等),除非发盘人在不过分迟延的时间内表示反对其间的差异外,仍可构成有效的接受,从而使合同得以成立。

③接受通知的传递方式应符合发盘的要求。发盘人发盘时,有的具体规定接受通知的传递方式,也有未作规定的。如发盘没有规定传递方式的,则受盘人可按发盘所采用的,或采用比其更快的传递方式将接受通知送达发盘人。它可以是口头声明,也可以是书面声明。

④接受必须在发盘的有效期内做出并送达发盘人。当发盘规定了接受的时限时,受盘人必须在发盘规定的时限内作出接受,方为有效。如发盘没有规定接受的时限,则受盘人应在合理的时间内表示接受。对何谓“合理时间”,往往有不同的理解。为了避免争议,最好在发盘中明确规定接受的具体时限。

(2)逾期接受

发盘中虽然都规定了有效期,受盘人也只有在有效期内做出的接受,才具有法律效力。但由于各种原因,在复杂的国际贸易中经常会出现受盘人的接受通知晚于发盘人规定的有效期送达的情况,这在法律上称为“逾期接受”或“迟到的接受”。对于这种接受,各国法律一般都认为无效,它只能视作一个新的发盘,但《公约》对这个问题作了灵活的处理。《公约》第二十一条第一款规定,只要发盘人毫不迟疑地用口头或书面通知受盘人,认为该项逾期的接受可以有效,愿意承受逾期接受的约束,合同仍可于接受通知送达发盘人时订立。如果发盘人对逾期的接受表示拒绝或不立即向受盘人发出上述通知,则该项逾期的接受无效,合同不能成立。《公约》第二十一条第二款规定,如果载有逾期接受的信件或其他书面文件显示,依照当时寄发情况,只要传递正常,它本来是能够及时送达受盘人的,则此项逾期的接受应当有效,合同于接受通知送达发盘人时订立。除非发盘人毫不迟疑地用口头或书面通知受盘人,认为其发盘因逾期接受而失效。以上表明,逾期接受是否有效,关键要看发盘人如何表态。

(3)接受生效时间

关于接受在什么情况下生效,各个国家的不同法律体系存在明显的分歧。英美法系实行"投邮生效"的原则,这是指在采用信件、电报等通信方式表示接受时,只要发出的时间是在有效期内,接受的函电一经发出立即生效,即使函电在邮途中延误或遗失,也不影响合同的成立。而大陆法系采用的是"到达生效"原则,即表示接受的函电须在规定的时间内送达发盘人,接受方能生效。因此,函电如果在邮递途中发生延误或遗失,合同不能成立。《公约》采用的是到达生效的原则。《公约》第十八条中明确规定:"接受发盘于表示同意的通知到达发盘人时生效。"这是针对书面形式的接受的规定。如果双方以口头方式磋商,《公约》规定:"对口头发盘必须立即接受,但情况有别时不在此限。"这里所说的"情况有别"指的是发盘中有特殊的规定或双方另有约定。如果受盘人以行为表示接受,那么这种接受何时生效呢?《公约》第十八条第三款规定:"(受盘人)无须向发盘人发出通知,接受于该项行为做出时生效,但该项行为必须在上一款所规定的期间内做出。"

(4)接受的撤回或修改

在接受的撤回或修改问题上,《公约》采取了大陆法"送达生效"原则。《公约》第22条规定:"如果撤回通知于接受原发盘应生效之前或同时送达发盘人,接受得予撤回。"由于接受在送达受盘人时才产生法律效力,故撤回或修改接受的通知,只要先于原接受通知或与原发盘接受通知同时送达发盘人,则接受可以撤回或修改。但在英美法系中,由于对接受的效力采用"投邮生效"原则,接受一经投邮就已生效,合同即告成立,因而不存在撤回的问题。在实际业务中,我们应注意各国法律规定上的这种差别,以免产生误解或争议。

需要指出的是,在当前通信设施非常发达和各国普遍采用现代化通信的条件下,当发现接受中存在问题而想撤回或修改时,往往已来不及了。为了防止出现差错和避免发生不必要的损失,在实际业务中,应当审慎行事。

【案例分析】

> A 向 B 发盘,发盘中说:"供应 50 台拖拉机,100 匹马力,每台 CIF 香港 3 500 美元,订立合同后 2 个月装船,不可撤销信用证付款,请电复。"B 收到发盘后,立即电复说:"接受发盘,在订立合同后立即装船。"但 A 未作任何答复。——问:双方合同是否成立? 为什么?

10.1.4 合同的成立与书面合同的签订

合同即法律,依法成立的合同,具有法律约束力,合同自成立时生效。但在这里需要说明的是,合同成立与合同生效是两个不同的概念。合同成立的判断依据是接受是否生效;而合同生效是指合同是否具有法律上的效力。在通常情况下,合同成立之时,就是合同生效之日,二者在时间上是同步的。但有时,合同虽然成立,却不立即产生法律效力,而是需要其他条件成立时,合同才开始生效。

1)合同成立的时间

在国际贸易中,合同成立的时间是一个十分重要的问题。根据《公约》的规定,合同成立的时间为接受生效的时间,而接受生效的时间,又以接受通知到达发盘人或按交易习惯及发盘要求作出接受的行为为准。由此可见,合同成立的时间有两个判断标准:一是有效接受的通知到达发盘人时,合同成立;二是受盘人作出接受行为时,合同成立。此外,在实际业务中,有时双方当事人在洽商交易时约定,合同成立的时间以合同上所写明的日期为准,或以收到对方确认合同的日期为准。

在现实经济生活中,有些合同成立的时间有特殊规定。如我国《合同法》第三十二条规定:"当事人采用合同书形式订立合同的,自双方当事人签字或都盖章时合同成立。"签字或盖章不在同一时间的,最后签字或者盖章时合同成立。

2)合同成立的有效条件

(1)合同当事人必须具有签约能力

签约买卖合同的当事人主要为自然人或法人。按各国法律的一般规定,自然人签订合同的行为能力,是指精神正常的成年人才能订立合同;未成年人、精神病人等无行为能力人订立合同必须受到限制。关于法人签订合同的行为能

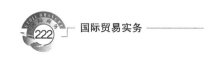

力,各国法律一般认为,法人必须通过其代理人,在法人的经营范围内签订合同,即越权的合同不能发生法律效力。

我国《合同法》第九条规定:"当事人订立合同,应当具有相应的民事权利能力和民事行为能力。"由此可见,在订立合同时,注意当事人的缔约能力和主体资格问题是十分重要的。

(2)合同必须有对价或约因

英美法认为,对价(consideration)是指当事人为了取得合同利益所付出的代价。法国法认为,约因(cause)是指当事人签订合同所追求的直接目的。按照英美法和法国法的规定,合同只有在有对价或约因时,才是法律上有效的合同,无对价或无约因的合同,是得不到法律保护的。

(3)合同的内容必须合法

许多国家往往从广义上解释"合同内容必须合法",其中包括不得违反法律、不得违反公共秩序或公共政策,以及不得违反善良风俗或道德三个方面。

根据我国《合同法》第七条规定:"当事人订立、履行合同应当依照法律、行政法规,尊重社会公德,不得扰乱社会经济秩序,损害社会公共利益。"

(4)合同必须符合法律规定的形式

世界上大多数国家,只对少数合同才要求必须按法律规定的特定形式订立,而对大多数合同,一般不从法律上规定应当采取的形式。我国《合同法》第十条规定:"当事人订立合同,有书面形式、口头形式和其他形式。"

(5)合同当事人的意思表示必须真实

各国法律都认为,合同当事人的意思表示是真实的才能成为一项有约束力的合同,否则这种合同无效。

为了使签订的合同能得到法律上的保护,我们必须了解上述合同生效的各项要件,并依法行事。此外,我们还应了解造成合同无效的下列几种情况。我国《合同法》第五十二条规定,有下列情形之一的,合同无效:

①一方以欺诈、胁迫的手段订立合同,损害国家利益;

②恶意串通,损害国家、集体或者第三人利益;

③以合法形式掩盖非法目的;

④损害社会公共利益;

⑤违反法律、行政法规的强制性规定。

3）书面合同的签订

合同可以采用书面形式、口头形式和其他形式。《公约》第十一条规定："销售合同无须以书面订立或书面证明，在形式上也不受任何其他条件的限制。销售合同可以用包括证人在内的任何方法证明。"口头合同是指通过口头协商达成的协议，在实际业务中较少采用。在实际业务中，买卖双方达成协议后，通常都要制作书面合同将各自的权利和义务用书面的形式加以明确，并签字，这就是书面合同的签订。

（1）签订书面合同的意义

我国《涉外经济合同法》规定，涉外经济合同的订立、更改或者解除，应当采用书面形式。强调这一要求具有十分重要的意义，其意义主要表现在以下几个方面：

①书面合同是合同成立的有力证据。书面合同与口头合同相比，其合同成立的证据更为有力。口头合同往往是"空口无凭"，而书面合同却起到"立字为据"的作用。

②书面合同便于合同的履行。在实际业务中，买卖双方各自享受哪些权利和应承担哪些义务，用书面的形式一条一条地规定下来，这样就便于双方履行合同时对照执行。如果没有一份包括各项条款的书面合同，则会给合同的履行带来诸多不便。

③书面合同是解决双方争议的重要依据。在履行合同的过程中，双方当事人一旦发生争议，将争议提交仲裁或诉讼，仲裁员或法官首先要求当事人提供证据，而书面合同就是重要的证据。同时，书面合同又是仲裁员或法官裁决双方当事人谁是谁非的重要根据。如果没有书面合同，就会因证据不足或无据可依致使争议无法裁决。

④书面合同有时是合同生效的条件。例如，我国《涉外经济合同法》第七条规定："通过信件、电报、电传达成的协议，如一方当事人要求签订确认书的，签订确认书时，方为合同成立。"在此种情况下，签订确认书就成为合同生效的条件。但该法同时又规定："中华人民共和国法律、行政法规规定应由国家批准的合同，获得批准时，方为合同成立。"此类合同生效时间应为授权机构批准之日，而非双方当事人在合同上签字的日期。

（2）书面合同的形式

关于书面合同的形式，法律并没有非常明确的规定。《公约》仅在第十三条规定:"为本公约的目的,'书面'包括电报和电传。"我国《合同法》第十一条规定:"书面形式是指合同书、信件和数据交换(包括电报、电传、传真、电子数据交换和电子邮件)等可以有形地表现所载内容的形式。"在实际的国际贸易业务中,书面合同可采用正式合同(contract)、确认书(confirmation)、协议(agreement)、备忘录(memorandum)等多种形式。

在我国进出口业务中,书面合同主要采用两种形式,即正式合同和确认书。

①正式合同。如进口合同(import contract)或购买合同(purchase contract)以及出口合同(export contract)或销售合同(sales contract),都属于条款完备、内容全面的合同。该种合同包括商品名称、品质、规格、单价、包装、装运港和目的港、交货期、付款方式、运输标志、商品检验、异议索赔、仲裁、不可抗力等条款;内容全面,表现在对双方的权利和义务以及发生争议后如何处理均有全面的规定。由于该种合同具有上述特点,因此,大宗商品或成交金额较大的交易,多采用正式合同的形式。

②确认书。如销售确认书(sales confirmation)和购买确认书(purchase confirmation)。这是一种简式合同,它所包括的条款较销售或购买合同简单。这种简式合同适用于金额不大、批数众多的小土特产品和轻工产品,或者已订有代理、包销等长期协议的交易。

上述两种形式的合同,虽然在条款项目和内容的繁简上有所不同,但在法律上具有同等效力,对买卖双方均有约束力。

在我国进出口业务中,各进出口企业都印有固定格式的进出口合同或成交确认书,由我方签署后,一般将正本一式两份送交国外买方签署并退回一份,以备存查,作为履行合同的依据。

(3)书面合同的结构和内容

一份完整的国际货物买卖合同一般包括三个部分,即约首、主文和约尾。

①约首。约首部分的内容主要载明合同的名称、编号、买方和卖方的名称、地址、传真号码、合同签订的时间和地点。除此之外,在合同序言部分常常写明双方订立的意愿和执行合同的保证。合同的序言对双方均具有约束力。因此,在规定序言时,应慎重考虑。

②主文。这是合同的主体部分,具体列明各项交易的条件或条款,体现双方当事人的权利和义务。合同中的条款主要包括:品名、品质、数量、价格、包装、运输、保险、支付方式、检验、索赔、不可抗力、仲裁等。这些条款在前面各章中分别作了详细介绍。

③约尾。一般列明合同的份数、使用的文字及其效力、订约的时间和地点

及生效的时间。有时,有的合同将"订约时间和地点"放在约首订明。最后由具有法律资格的双方当事人在合同上签字。

【相关链接】

合同的主要条款

商品品名条款。在国际货物买卖合同中,都列有商品名称这一栏,在这一栏中,应列明缔约双方同意买卖的商品的准确名称。

商品品质条款。该条款是合同的重要条款之一,它是构成商品说明的重要组成部分,又是买卖双方交接货物时对货物品质进行评价的依据,也是买卖双方容易发生争议的焦点。在国际贸易中,不同种类的商品有不同的表示商品品质的方法,常用的有:A.以样品为依据;B.以规格、等级或标准为依据;C.以牌名或商标为依据;D.以说明书为依据。

商品数量条款。该条款主要是规定卖方交货的数量和计算单位。数量一经确定,卖方就有义务按合同规定的数量交货。买卖合同中的数量可以用重量、体积、容积、长度、面积、个数等单位来表示。

商品价格条款。该条款是国际货物买卖合同的核心内容,买卖双方所承担的责任、风险和费用都要在价格条款中反映出来。价格条款一般包括计价单位、贸易术语、价格总额等,其中计价货币和贸易术语则是国际货物买卖所特有的。

商品包装条款。进入国际流通领域的货物一般都要经过长途运输,许多货物还要经过多次转装和储存,因此,对出口货物包装的要求也就必然比国内贸易严格,有的国家还通过法律形式对包装的用料、尺寸、重量做出具体规定。买卖双方在签订合同时,除不需要包装的散货、裸装货外,一般都对包装问题作出具体规定。合同中包装条款一般包括:包装的种类、包装材料、包装方式、包装费用、运输标志等。包装种类又分运输包装和销售包装两种。

商品运输条款。按照各国法律,履行合同的交货义务是卖方的基本义务,在装运港交货的条件下,卖方必须按约定的时间和地点,将符合合同要求的货物装船以运交买方。因此,合同中的装运条款就成为合同的主要条款。装运条款主要规定装运时间、装运港与目的港以及装运通知等事项。

商品保险条款。保险条款的主要内容包括由谁负责投保和支付保险费,以及保险的险别与保险的金额等。保险条款的内容与合同所采取的贸易术语有密切关联。对 FOB 和 CFR 合同,由于货物保险由买方负责,货价中不含保险费,因此,合同的保险条款一般只简略地规定保险由买方自理。但对 CIF 合同,由于保险由卖方负责,货价中含有保险费,保险条款就要订得明确、具体。

支付条款。支付货款是国际货物买卖合同中买方的基本义务,按什么条件支付货款,包括付款时间、方式和支付货币种类,与双方的利益相关,在订立合同时,应尽量明确。在国际贸易中,支付方式很多,主要有汇付、托收、信用证、分期付款、延期付款等。其中信用证成为当今国际贸易中最常用、最有效的支付方式。

检验条款。检验条款与品质条款、数量条款及包装条款关系密切,它的作用之一就是通过检验来判定卖方所交的货物是否符合合同的有关规定。检验条款一般涉及检验货物的时间、地点、检验机构、检验内容和方法等问题。

索赔条款。索赔在作为独立条款时,一般应规定以下内容:索赔期限和索赔依据。按照国际贸易习惯,合同当事人就对方违约提出的索赔,都必须在一定期限内进行;逾期提出,对方有权拒绝受理。按照各国法律,合同当事人对提出索赔负有举证责任,一般应提供合同和法律的依据以及事实根据。

不可抗力条款。该条款是国际货物买卖合同中普遍采用的免责条款,它的作用是在合同订立之后,如果发生了不可抗力的意外事故,以致不能履行合同或不能如期履行合同,遭受事故的一方可免除履行合同的责任或推迟履行合同,另一方无权要求其履行合同或要求赔偿损失。不可抗力条款包括不可抗力事故的含义、范围以及所引起的法律后果。

仲裁条款。仲裁是解决国际贸易争议的一种习惯做法。仲裁条款一般包括仲裁机构、仲裁程序和规则、仲裁效力等。

【相关链接】

正式合同范本

中国粮油食品进出口公司安徽分公司

CHINA NATIONAL CEREALS, OILS &FOODSTUFFS IMPORT&EXPORT CORPORATION ANHUI BRANCH

Address: Imp. &Exp. Bldg, Jinzhai Rd. Hefei　　　Address:

Cable: "CEROILFOOD" Hefei　　　　　　　　　　　Cable:

Telex: 90010 AHLYS CN

销货合约　　　　　　　　　　　　　　　　号码　Number

SALES CONTRACT　　　　　　　　　　　　日期　Date

中国粮油食品进出口公司安徽省分公司(以下简称卖方)与 _____(以下简称买方)同意按下列条款成交。

The China National Cereals, oils and Foodstuffs Import &Export Corporation, Anhui Branch(hereinafter called the sellers) and _____(hereinafter called the buyers) agree to close the following transaction according to the terms and conditions stipulated below:

1. 商品名称(name of commodity):

2. 规格(specifications):

3. 包装(packing):

4. 数量(quantity):

(卖方在装运时,可溢/短装合同数量　　%,此溢/短装部分,按本合同单价结算。)

(Sellers have the option to deliver　　% more or less of the quantity contracted, such excess or deficiency to be settled at the contracted price.)

5. 单价(unit Price):

6. 总值(total Value):

7. 装船日期(time of shipment):

8. 唛头(shipment Mark):

9. 保险(insurance):

10. 付款条件:由买方通过为卖方所同意的银行开至　　中国银行保兑的,不可撤销的,可以转让并可以分割的,以卖方为受益人的,还有电报索汇条款的即期信用证。信用证必须于　　前到达　　。信用证议付有效期迄至上述有关装运期后15天在中国到期。信用证中必须注意允许转运与分运,以及准许数量及全额增减　　%由卖方确定。

Terms of payment：The buyers shall establish，through a bank acceptable to the sellers a confirmed，irrevocable，transferable and divisible letter of credit with T. T. reimbursement clause in favour of the sellers，to the Bank of China，

to be available by sight draft(s)。The letter of credit must reach before　　　and is to remain valid for negotiation in China until the 15th day after the date of shipment。The L/C must specify that transshipment and partial shipment are allowed and the　　% more or less both on amount and quantity at seller's option is permitted。

备注：本合同背面的一般条款是本合同的不可分割部分，对双方具有同等约束力。

REMARKS：The general terms and conditions of this contract on the back page constitute an inseparable part to this contract and shall be equally binding upon both parties。

卖方　　　　SELLERS　　　　买方　　　　BUYERS

10.2　进出口合同的履行

买卖双方经过交易磋商、达成协议进而签订合同后，就进入了合同履行阶段，亦即己方义务的实际履行和对方权利的实际实现阶段。在国际贸易中，买卖合同一经依法成立，有关当事人就必须按时、按质、按量地履行合同的规定，这不仅关系到买卖双方行使和取得各自的权利和义务，而且关系到企业和国家的对外声誉。因此，买卖双方必须本着"重合同、守信用"的原则，严格履行合同。

10.2.1　出口合同的履行

按照《公约》第三十条规定："卖方必须按照合同和本公约的规定，交付货物，移交一切与货物有关的单据并转移货物所有权。"然而，在实际的出口业务中，由于每一笔交易中的商品品种、贸易条件以及所选用的惯例不同，合同规定的当事人的权利和义务也各不相同，合同的履行往往要经过不同的环节。在我国的出口业务中，最常见的就是以信用证为支付方式、以海运为运输方式的 CIF

与 CFR 合同。在履行这类合同时往往要经过备货、报验、催证、审证、改证、租船订舱、报关、保险、装运、制单结汇等诸多环节,只有将这些环节做好,使其环环紧扣,才能避免有货无证、有证无货、有船无货、有货无船等诸多问题,使出口企业在按合同规定出运货物,提供全套合格单据,顺利从进口方取得货款,安全收汇。

1)备货和报验

备货指出口人根据合同规定的品质、规格、数量、包装等条件准备好货物,以便按质、按量、按时地完成交货义务。

(1)备货

备货一般在合同签订后开始进行,外贸公司首先向生产或供货单位下达联系单,安排生产或催交货物,并要求后者按联系单的内容对货物进行加工、整理、刷制唛头,再由外贸公司对货物进行核实、验收,以便货物提前验收入仓。有的商品进仓后,尚需根据出口合同规定对入库货物再进行加工整理或重新包装并刷好唛头,才能使货物符合合同中规定的要求。然后,填制货物出仓申请单,待得到储运部货物出仓通知单后,即可办理其他手续。

在出口备货时,一般要注意以下几个问题:

①货物的品质、规格及花色搭配应与合同规定完全一致,对不符合规定的商品应立即更换,以免买方拒收货物或提出索赔要求,给出口方在经济和声誉上造成损害。如系凭样品达成的合同,则必须与样品相一致;如既凭文字说明又凭样品达成的合同,则两者均须相符。

②货物的包装要与合同规定一致。卖方必须按照合同规定的包装方式交付货物。倘若合同对包装未作具体规定,应按《公约》第三十五条第二款的规定:"应按照同类货物通用的方式装箱或包装。如果没有此种通用方式,则应按照足以保全和保护货物的方式装箱或包装。"若发现包装不妥,要立即更换或修整。

③运输标志(唛头)的式样,如合同有规定或客户另有指定的,则应按合同或信用证中的规定办理;如合同未规定,客户对此又无要求的,则由我方自行选定刷制,而且要做到字迹清晰、位置醒目、刷制正确。如进口国有关当局规定包装标志必须使用特定文字的,应予照办。

④备货的数量应保证能满足合同或信用证的要求,一般要比合同规定稍多一些,以便在装船发现货物短缺或损坏时能及时补足或更换,从而避免发生少装。

⑤备货时应注意信用证规定的最迟装运期与船期情况,尽可能做到船货衔接,以避免船等货或货等船的现象,从而节约各种费用。

⑥若货物比较特殊、不易转售,出口方最好在收到信用证并审核无误后再开始备货,以免因对方违约拒不开证而造成被动。

(2)报验

针对不同商品的情况和出口合同的规定,对出口货物进行检验,也是备货工作的重要内容。出口商在货物备齐后,就应向出入境检验检疫机构申请检验。只有取得出入境检验检疫机构发给的合格的检验证书,海关才准放行;凡经检验不合格的货物,一律无法出口。

凡属法定检验的出口商品,必须根据《中华人民共和国进出口商品检验法》及其实施条例,《中华人民共和国进出境动植物检疫法》及其实施条例,《中华人民共和国国境卫生检疫法》及其实施细则,《中华人民共和国食品卫生法》与国家质量监督检验检疫局制定的《出入境检验检疫报检规定》的规定,在规定的地点和期限内,持出口合同、信用证副本、发票、装箱单以及其他必要的证单向出入境检验检疫机构报检。此时,出口商要填制“出口报验申请单”,表明货物的品名、规格、数量、包装、产地等内容。在检验部门对货物进行抽样检验合格后,对出口企业发给检验证书。应注意的是,若出口企业未能在商检证书的有效期内将货物运出,应向商检局申请复验,复验合格,商品才能出口。

对于不属于法定检验范围的出口商品,出口合同约定由检验检疫机构检验的,也需按合同规定,持买卖合同等有关证单向检验检疫机构报验。

2)催证、审证、改证

在凭信用证支付的交易中,落实信用证是履行出口合同至关重要的环节,因为它将直接关系到出口商能否安全、顺利地结汇。落实信用证通常包括催证、审证和改证3项内容。

(1)催证

催证是指卖方催促买方按照合同规定的开证时间及时开立信用证,并送达卖方,以便卖方按时将货物装运交付。在凭信用证支付的交易中,按合同规定及时开立信用证本来是买方的主要义务之一,但买方往往因市场行情变化或资金周转困难、进口国外汇管制加强、商品市场行情发生不利于买方的变化等原因而拖延开证。这可能会使出口方错过船期,不能按时履约。在这种情况下,出口方应催请买方尽快开证,并在对方仍不开证时声明保留索赔权,或拒绝交货。另外,如果我方根据备货和承运船舶的情况可以提前装运时,也可商请对方提前开证。

出口商可以信函、电报、电传、传真等方式直接向国外客户催证,必要时还可商请银行或我驻外机构等有关机构或代理商给予协助和配合代为催证。

(2)审证

审证是指卖方对国外买方通过开证银行开来的信用证内容进行全面审查,以确定是否接受或向买方提出需要其修改某些内容。信用证是依据合同开立的,信用证内容应该与合同条款一致。但在实际工作中,由于工作的疏忽、电文传递的错误或者进口商故意加列对其有利的附加条款等因素,往往会出现信用证条款和合同条款不符的情况。此时,如果卖方按信用证条款发货,在买方国家市场行情不好的情况下,很容易被其以货物不符合合同为由拒绝受货,从而造成损失;如果以合同条款发货,由于信用证的“独立性”,在卖方凭单索汇时银行经常会拒付,从而无法顺利结汇。所以,出口商在接到对方开来的信用证时,一定要严格审证,以便在信用证存在问题时及时通知对方改证。审核信用证的基本原则就是要求信用证条款与合同中的规定相一致,除非事先征得我方出口企业的同意,否则在信用证中不得增减和改变合同条款的内容。

在实际业务中,审核信用证是银行与进出口公司的共同责任。由于银行与出口企业的分工不同,因而在审核内容上各有侧重。银行着重负责审核有关开证行的政治背景、资信能力、付款责任以及索汇路线等方面的条款和规定,进出口公司着重审核信用证的条款是否与买卖合同的规定相一致。

一般来说,对信用证的审核应包括以下要点:

①对开证行资信的审查。凡是资信情况不好,经营作风欠佳的银行开来的信用证,原则上应拒绝接受,并请客户另行委托我方允许往来的其他银行开证。

②对信用证是否已经生效、有无保留或限制性条款的审核。遇到包含“详情后告”、“经我方确认生效”等字样的信用证,出口企业应及时与对方协商该证。

③对信用证不可撤销性的审核。信用证是否是不可撤销的,直接关系到我方交付货物后能否安全收汇。我方一般只接受不可撤销的国外来证。

以上三点是银行审证的重点,出口企业既要对银行审核的内容进行复核。又要着重对信用证进行以下专项审核。

④审核信用证中对商品名称、质量、规格、数量、包装、唛头等的规定是否与合同条款相符。若信用证中对此加列某些特殊规定,要认真考虑我方能否接受。

⑤信用证中的货币与金额是否与合同规定相同。来证所采用的货币及金额应与合同一致。若信用证规定商品在数量上可以有一定幅度的增减,金额也应规定有相同幅度的增减,否则,信用证金额不得小于发票和汇票金额。

⑥审核信用证对装运期、有效期、交单期及到期地点的规定。对装运期的规定应与合同规定相一致。若出口企业由于种种原因不能按时出运货物,应及时要求买方展期。若信用证中未规定装运期,则信用证的有效期即被视为装运期。有效期与装运期之间应有一定的时间间隔,以使出口企业在出运货物、取得货运单据后有足够的时间制单和议付。再者,交单期也应合理,以免因交单期太短而难以及时向银行交单议付。关于信用证的到期地点,通常要求规定在中国境内到期,如将到期地点规定在国外,一般不宜轻易接受。

⑦审核信用证单据条款。检查信用证中是否有要求合同规定以外的单据,是否对单据的内容、种类、填制方法等提出了特殊要求。若发现有我方不能同意的特殊要求,应立即要求对方改证。

⑧审查信用证运输条款。信用证对装运港(起运地)、目的港(目的地),以及对转运与分批装运的规定应与合同一致。除非合同中有明确规定,出口方应要求信用证允许转运或分批装运,或对此不作规定。另外,还应审查来证对分批装运是否有特殊要求。

⑨审查开证申请人和受益人。开证申请人大都是买卖合同的对方当事人即买方,但也可能是对方的客户即实际买主或第二买主,因此对其名称和地址均应仔细核对,防止张冠李戴,错发错运受益人。

⑩审查信用证中是否规定有特殊条款。我方一般不接受特殊条款中的各种规定。特别要注意信用证中的"软条款",如有"软条款",应立即要求对方更正。

(3)改证

在审证时,如果发现有违背国家政策或出口企业无法办到的、与合同规定不相符的内容,应立即要求对方到原开证行申请改证。对于可改可不改的,或经过适当努力可以做到的,则可酌情处理,或不作修改,按信用证规定办理。

对于收到的信用证修改通知书,要认真进行审核,如发现修改内容有误或我方不能同意,我方有权拒绝接受,但应及时将做出拒绝修改的通知送交通知行,以免影响合同的顺利履行。按照《UCP 500》的规定,对于信用证的修改通知书,卖方只能选择全部接受或全部拒绝,不能接受其中的一部分内容而拒绝另一部分内容。若出口方没有明确表示接受修改通知或按修改通知中的规定向银行交单,则可认为原信用证对出口企业继续有效。

【案例分析】

> 某国际贸易公司出口一批花生仁,合同规定数量500公吨,4至8月每月各装运100吨,不可撤销即期信用证付款,装运月份开始前20天买方负责将信用证开至卖方。买方如期开好了信用证。经审查,信用证总量与总金额以及其他条款均与合同规定一致,但装运条款仅规定"允许分批"和"最后装运日期为8月31日"。由于出口企业备有库存现货,为争取早出口、早收汇,遂先后于4月10日和6月10日将货物分两批各250吨装运出口,由于提交的单据符合信用证条款规定,付款行及时履行了付款义务。但事后不久,收到国外进口人电传,声称我出口企业违反了合同,提出索赔。——对此,你认为应该如何处理?

3)租船、订舱和装船

在 CIF 与 CFR 出口合同下,租船订舱是出口方的责任之一。我国出口企业通常委托中国对外贸易运输公司(外运公司)代办托运,对于数量大、需整船运输的货物,办理租船手续;对于数量不够整船运输的货物,办理班轮舱位。

订舱、装船工作的基本程序大致如下:

①出口商向外运公司填写并发送订舱委托书,办理订舱委托。

②外运公司填写托运单并送交给承运人或其他代理人,为托运人办理订舱手续。

③承运人或其他代理人在接受托运人的托运单证后,即对出口企业签发装货单,作为通知出口企业备货装船与载货船舶收货装运的凭证。待载货船舶到港后,出口企业或外运公司在海关验货放行后,凭此装货单装船。

④待货物装船后,由船长或大副签发收货单,根据装船货物实际情况在收货单上签字或作适当批注,即大副收据,作为货物已装船的临时收据。然后,由托运人凭该收货单向承运人交付费用并换取正本提单。

⑤出口企业在货物装船后应向对方发出通知,以便其做好收货准备。由于在 CFR 合同下买方要办理保险,装船通知显得尤为重要。如果出口方未能及时发出装船通知,卖方因此耽误了办理保险,出口方要对由此给卖方造成的损失承担责任。

4)报关

出口报关是指出口人向海关如实申报出口,交验有关单据和证件,接受海关对货物的查验的过程。按照《中华人民共和国海关法》规定:"凡是进出国境的货物,必须经由设有海关的港口、车站、国际航空站进出,并由货物的所有人向海关申报。经过海关查验放行后,货物方可提取或装运出口。"在出口货物的发货人缴清税款或提供担保后,经海关签印放行,称为清关或通关。

报关时,出口商或其代理人必须填写出口货物报关单,并提交其他必要的单证,如出口合同副本、发票、装箱单或重量单、商品检验证书等,交给具有报关资格的报关员申请验关并办理货物通关手续。

5) 投保

在 CIF 出口合同下,在配载就绪,确定船名后,出口商应于货物装运前,按照买卖合同和信用证的规定向保险公司办理投保手续,取得约定的保险单据。在办理投保手续时,通常应填写国外运输险投保单,列明投保人名称、货物的名称、唛头、运输路线、船名或装运工具、开航日期、航程、投保险别、保险金额、投保日期、赔款地点等。保险公司据此考虑承保并签发保险单或保险凭证。

6) 制单结汇

货物装运后,出口企业应立即按照信用证的规定,正确缮制各种单据(有的单据和凭证在货物装运前就应准备好),并在信用证规定的交单到期日或以前将各种单据和必要的凭证送交指定的银行办理要求付款、承兑或议付手续。

(1) 我国出口结汇的方法

在信用证付款条件下,我国目前出口商在银行可以办理出口结汇的做法主要有三种:收妥结汇、押汇和定期结汇。不同的银行,其具体的结汇做法不一样,即使是同一个银行,针对不同的客户信誉度,以及不同的交易金额等情况,所采用的结汇方式也有所不同,现将这三种我国常见的结汇方式简单介绍如下:

①收妥结汇。收妥结汇又称收妥付款,是指信用证议付行收到出口企业的出口单据后,经审查无误,将单据寄交国外付款行索取货款的结汇做法。这种方式下,议付行都是待收到付款行的贷款后,即从国外付款行收到该行账户的贷记通知书(credit note)时,才按当日外汇牌价,按照出口企业的指示,将贷款折成人民币拨入出口企业的账户。

②押汇。押汇又称买单结汇,是指议付行在审单无误情况下,按信用证条款贴现受益人(出口公司)的汇票或者以一定的折扣买入信用证项下的货运单据,从票面金额中扣除从议付日到估计收到票款之日的利息,将余款按议付日外汇牌价折成人民币,拨给出口企业。议付行向受益人垫付资金、买入跟单汇

票后,即成为汇票持有人,可凭票向付款行索取票款。银行之所以做出口押汇,是为了给出口企业提供资金融通的便利,这有利于加速出口企业的资金周转。

③定期结汇。定期结汇是指议付行根据向国外付款行索偿所需时间,预先确定一个固定的结汇期限,并与出口企业约定该期限到期后,无论是否已经收到国外付款行的贷款,都主动将票款金额折成人民币拨交出口企业。

（2）处理单证不符情况的几种办法

在信用证项下的制单结汇中,议付银行要求"单、证表面严格相符"。但是,在实际业务中,由于种种原因,单证不符情况时常发生。如果信用证的交单期允许,应及时修改单据,使之与信用证的规定一致。如果不能及时改证,进出口企业应视具体情况,选择如下处理方法:

①表提。表提又称"表盖提出",即信用证受益人在提交单据时,如存在单证不符,向议付行主动书面提出单、证不符点。通常,议付行要求受益人出具担保书,担保如日后遭到开证行拒付,则由受益人承担一切后果。在这种情况下,议付行为受益人议付货款。因此,这种做法也被称为"凭保议付"。表提的情况一般是单证不符情况并不严重,或虽然是实质性不符,但事先已经开证人（进口商）确认可以接受。

②电提。电提又称为"电报提出",即在单、证不符的情况下,议付行先向国外开证行拍发电报或电传,列明单、证不符点,待开证行复电同意再将单据寄出。电提的情况一般是单、证不符属实质性问题,金额较大。用电提方式可以在较短的时间内由开证行征求开证申请人的意见。如获同意,则可以立即寄单收汇;如果不获同意,受益人可以及时采取必要措施对运输中的货物进行处理。

③跟单托收。如出现单、证不符,议付行不愿用表提或电提方式征询开证行的意见。在此情况下,信用证就会彻底失效。出口企业只能采用托收方式,委托银行寄单代收货款。

这里要指出的是,无论是采用"表提"、"电提",还是"跟单托收"方式,信用证受益人都失去了开证行在信用证中所作出的付款保证,从而使出口收汇从银行信用变成了商业信用。

（3）信用证结算方式对各种单据的要求

信用证作为国际贸易支付方式,实行的是凭单付款,从这个意义上讲,信用证就是单据的交易。在信用证条件下,不仅要求"单证相符",而且要求"单单相符"。前者指信用证规定的一切单据在表面上要符合信用证条款,后者指单据之间不能出现彼此不一致的情况。根据《UCP 500》的规定,这里的"相符"必须是表面的严格相符。因此,出口商在缮制单据时一定要认真、谨慎,切勿因为疏忽而导致银行拒付。

对于结汇单据,一定要做到正确、完整、及时、简明、整洁。"正确"就是要求单据应与信用证条款的规定相一致,单据与单据之间应彼此一致;"完整"是指信用证规定的各项单据必须齐全,不能短缺,单据的种类、每种单据的份数和单据本身的必要项目内容都必须完整;"及时"是指出口商应在信用证规定的交单期和/或《UCP 500》规定的交单期内将各项单据送交指定的银行办理议付、付款或承兑手续;"简明"指单据内容按信用证和《UCP 500》的规定以及该惯例所反映的国际标准银行实务填写,力求简单明了,切勿加列不必要的内容,以致弄巧成拙;"整洁"是指单据的布局要美观、大方,缮写或打印的字迹要清楚,单据表面要洁净,更改的地方要加盖校对章。

出口单据的缮制一般以发票为中心展开,海关发票、产地证、投保单及报关需要的托运、报关单等单证一般都是按发票为内容缮制的。各单据的填制内容除提单用概括性的商品统称外,须在措辞和用语方面保持一致。如发票上叙及的产地应与产地证上的产地相同;发票运费金额应与运费单据或运费发票上所列一致;检验证书上应注明关于货物描述、航运、信用证或其他单据的引证;各单据相应的重量或数量应完全相等等。涉及商品数量、尺码、重量、总价等方面计算的,制单前应按信用证要求和装运实际详细核算,须提供具体的细码单时还应逐码核对,并计算累积数量。

此外,各种单据签发日期应保持合理,符合逻辑性及国际惯例。一般说来:

①汇票日期应等于或晚于发票日期,且不能先于提单日期。

②保险单日期应早于或等于提单日期,除非信用证特别许可,或保险单据表明保险职责最迟于装船或发运或接受监管日起生效。

③装箱单、重量日期不得早于发票日期。

④一般产地证明日期不应迟于提单日期。普惠制产地证书签署日期不得早于发票日期。

⑤商检证书日期不应晚于提单日期,但也不能太早。

⑥出口许可证日期应早于或等于提单日期。

⑦受益人证明或声明、船长收据或证明的签发日期应等于或晚于提单日期。

⑧运费收据应早于或等于提单日期。

7)出口收汇核销和出口退税

（1）出口收汇核销

出口收汇核销制度是为了监督出口单位及时、安全收汇核销,防止境内出口收汇截留境外,国家外汇管理部门根据国家外汇管理的要求,通过海关对出口货物的监管,对出口单位的结汇情况进行监督的管理制度。

货物出口报关时,出口单位必须向海关提交出口收汇核销单和标明核销单编号的出口报关单办理申报手续,海关审核无误后,在单据上签章标注核放情况。办理结汇时,外汇指定银行在核销单上签注结汇情况。在货物出运、货款收妥结汇后,出口单位凭出口报关单、核销单及其他所需单据向外汇管理部门进行出口核销。

（2）出口退税

出口退税是国家为帮助出口企业降低成本,增强出口产品在国际市场上的竞争能力,鼓励出口创汇而实行的返还出口企业部分国内税的措施。目前符合出口退税条件的企业在完成发货、收汇和核销手续后,应及时向税务机关申请出口退税。办理出口退税手续需提供的基本单据有:出口货物报关单、出口结汇单、出口收汇核销单(退税联)和出口购货发票,等等。

 【相关链接】

出口收汇核销业务流程

第一步:出口单位取得商务部或其授权单位批准的进出口经营权;

第二步:出口单位到海关办理"中国电子口岸"入网手续,并到有关部门办理"中国电子口岸"企业法人IC卡和"中国电子口岸"企业操作员IC卡电子认证手续;

第三步:出口单位持有关材料到注册所在地外汇局办理登记,外汇局审核无误后,为出口单位办理登记手续,建立出口单位电子档案信息;

第四步:出口单位网上申领出口收汇核销单;

第五步:出口单位凭操作员IC卡、核销员证、出口合同(首次申领时提供)到注册所在地外汇局申领纸质出口收汇核销单;

第六步:出口企业网上向报关地海关进行出口核销单的报关前的备案;

第七步:出口单位出口报关;

第八步:出口单位可以在报关出口后通过"中国电子口岸出口收汇系统",将已用于出口报关的核销单向外汇局交单;

第九步:出口单位在银行办理出口收汇后,到外汇局办理出口收汇核销手续。

【相关链接】

信用证支付下的几种主要结汇单据及制单时常出现的问题

①汇票

汇票是由一个人向另一个人签发的一张无条件的书面支付命令,要求接受命令的人见票或在特定的或可以肯定的将来某一时期,支付一定金额给特定的人或其他指定人或持票人。汇票按出票时是否附有货运单据可分为光票和跟单汇票,信用证下的汇票一般是跟单汇票。按照汇票由商业企业还是银行承兑,汇票可分为商业承兑汇票和银行承兑汇票,《UCP 500》禁止信用证申请人为汇票付款人,所以信用证下的汇票一般为银行承兑汇票。

在缮制汇票时,应注意避免以下几个问题:

a. 付款人误填。付款人名称必须填写完整。信用证项下汇票通常以开证行或其指定银行为付款人。《UCP 500》规定信用证不应开立申请人为付款人的汇票,如开立了该汇票也仅视作一种附加单据,而不能作为金融单据。

b. 期限与信用证不符。

c. 漏填日期或日期不符合惯例。出票日期应在提单日期之后(交货后付款),但不能迟于信用证规定的交单有效期限。

d. 汇票付款日期不确定。汇票必须列明付款期限,凡没有列明付款期限的汇票,根据汇票法应认为无效。

e. 出票人不是信用证受益人或出票人漏签字。

f. 漏列或错列信用证号码。

g. 没有按规定列出出票条款或利息条款。

h. 金额与发票金额不一致,或金额大小写不一致。

②商业发票

发票的种类有很多,通常指的是商业发票。

商业发票是出口商开立的凭以向进口商索取货款的价目清单和对整个交易和货物有关内容的总体说明。发票的主要作用是供进口商凭以收货、支付货款和作为进出口商记账、报关交税的依据。发票无统一的格式,但主要内容及项目都基本一致,主要包括发票编号、开制日期、数量、包装、单价、总值等。

在缮制商业发票时,应注意避免以下几个问题:

a. 受益人名称不符。发票顶端应有醒目的出单人姓名、地址且必须与信用证上的受益人姓名、地址一致。

b. 抬头上与信用证上付款人不同。

c. 货物描述与信用证规定不同。货物数量、单价或发票总金额在不允许幅度内。

d. 交货条款或单价与信用证不同。

e. 发票列入了信用证没有规定的费用(如佣金、仓租等)。

f. 未按信用证规定细分费用支出。

g. 未经信用证规定的机构证实。

h. 没有按信用证要求加列声明文句。信用证要求加注细节条款或特殊条款的,制单时应照打。

i. 货物包装或标志著有未经信用证许可的"用过"、"旧货"、"重新装配"字样。

j. 发票的参考号与信用证上的不一致。

除商业发票外,发票还有形式发票、样本发票、领事发票、海关发票、厂商发票等。

出口商有时应进口商的要求,发出一份有出口货物的名称、规格、单价等内容的非正式参考性发票,供进口商向其本国贸易管理当局或外汇管理单据等申请进口许可证或批准给予外汇等之用,这种发票叫形式发票。形式发票不是一种正式发票,其价格仅为估价,不能作为结算单据。若信用证规定需"PROFORMA INVOICE",制单时名称照打,且发票内注明"供进口商申请许可证"或"本交易以卖方最终确认为有效"等字样。

出口商在交易前发送样本,说明推销商品的品质、规格、价格,此时开出的为样本发票。样本发票不同于商业发票,只是便于客户了解商品的价值、费用等,便于向市场推销,便于报关取样。

有些国家法令规定,进口货物必须领取进口国在出口国领事签发的发票,作为有关货物征收进口关税的前提条件之一。领事发票是一份官方单证,与商业发票是并行的单据。有些国家规定了领事发票的固定格式,这种格式可从领事馆获得。在实际工作中,比较多的情况是来证中规定由其领事在商业发票上认证,认证的目的是证实商品的确实产地,收取认证费。关于信用证上认证条款的内容,不同国家有不同的要求,是否必须认证须视具体情况而定。

海关发票是进口国海关当局规定的进口报关必须提供的特定格式的发票,主要作为估价完税,确定原产地、征收差别税或征收反倾销税的依据。海关发票在不同国家有不同的专门固定格式,使用时要注意不能混用。有些国家只要求海关发票,不再要求商业发票,这时海关发票就起到了商业发票和海关发票的双重作用。在缮制时应注意:如成交价为 CIF,应分别列明 FOB、F、I 三块价格,且其和应与 FOB 货值相等;签字人和证明人均须以个人身份出现,二者不能为同一个人,个人签字须手签方有效。

厂商发票是生产厂商给出口商的销售货物的凭证,其目的是供进口国海关估价和检查是否有削价倾销行为,征收反倾销税时使用。若海关规定"MANUFACTURERS INVOICE",发票名称应该照打,且缮制时应注意:a. 出票日期应早于商业发票日期;b. 价格为以出口国货币表示的国内市场价。价格应按发票货价适当地打个折扣,例如打九折或八五折,以免进口国海关视为压价倾销而征收倾销税。抬头人打出口商,出单人为制造厂商。除非有明确规定,不必缮制唛头。

③海运提单

在使用海运运输时,海运提单是最常见的一种单据,也是各项单据中最重要的单据,通常由出口企业或委托运输代理制作,在货物装船后由船公司签署后交出口企业。在缮制海运提单时,应注意以下问题:a. 提单种类不能接受。b. 提交货物承运收据而非提单。c. 提交"收妥备运"提单。d. 收货人名称、通知人名称与信用证规定不符。e. 货名不符。f. 装运港、转运地不符。g. 信用证禁止转运而实际发生转运。h. 没有"已装船"批注或货装甲板。i. "已装船"批注未签字并加注日期。j. "已装船"批注日期迟于信用证规定的装运日期。k. 信用证为 CIF 价而提单上无"运费预付/付讫"的说明。l. 提交不清洁提单。

④保险单

保险单据即保险公司在接受货主投保后签发的承保凭证,该凭证既是保险人对被保人的承保证明,又是双方之间权利义务的契约。在 CIF 或 CIP 交易条件下,保险单是卖方必须向买方提供的出口单据之一。在缮制保险单时,应注意以下几点:

a. 被保险人即保险的抬头应符合信用证规定。一般谁投保,谁为被保险人,但遇特殊规定时,应根据信用证具体规定填制。若信用证规定以买方为被保人则卖方在收汇有保障的前提下,可以接受,将保单抬头填为进口方名称;若信用证规定以开证银行抬头(或受益),则保单抬头应填具开证行名称;若信用证规定以第三者为抬头人,也应照制。

b. 保险金额及货币应与信用证规定一致。如信用证没有规定,一般按 CIF 或 CIP 价值或发票毛值加一成投保,至少等于发票金额(不足额投保除外)。保额尾数进位取整,金额大小写必须一致,投保及赔款的货币名称必须与信用证的货币一致。

c. 出单日期不应迟于提单装运日期,除非信用证另有规定,或保险单表明保险责任最迟于装船日起生效。

d. 《UCP 500》第三十四条 b 款规定:除非信用证另有授权,如保险单据表明所出具正本单据系一份以上,则必须提交全部正本保险单据。

⑤产地证明书

产地证明书是证明货物原产地与制造地的文件,也是进口国海关采取不同的国别政策和关税待遇的依据。产地证分为普通产地证、普惠制产地证和欧洲纺织品产地证。

普通产地证又称原产地证。通常不使用海关发票或领事发票的国家,要求提供产地证明可确定对货物征税的税率。有的国家为限制从某个国家或地区进口货物,要求以产地证来确定货物来源国。原产地证一般由出口地的公证行或工商团体签发,在我国,可由中国进出口商品检验检疫局或中国贸易促进会签发。

普惠制产地证(Generalized System Of Preference Certificate Of Origin Form A)是普惠制的主要单据。凡是对给惠国出口一般货物,须提供这种产地证。由我进出口公司填制,并经中国进出口商品检验局出具,作为进口国减免关税的依据。目前采用普惠"Form A"产地证的有 20 多个国家。普惠制产地证书由出口人填制后连同普惠制产地证申请书和商业发票一份,送交出入境检验检疫局签发。

对欧洲经济共同体国家出口纺织品时,信用证一般都规定须提供特定的产地证,即纺织品产地证(Certificate Of Origin Of Textile Products)。此种产地证在我国是由出口地的经贸委(厅、局)签发的。

⑥检验证书

检验证书是由公证机构签发的证明商品检验结果的书面证明文件,一般由国家质量监督检验检疫部门指定的检验检疫机构包括设在各省、市、自治区的质量监督检验检疫局与其他专业检验机构出具。另外,如买卖双方同意,也可采用由出口商品的生产单位或进口商品的使用单位出具证明的办法。

10.2.2 进口合同的履行

进口合同签订后,进口企业一方面要履行付款、收货的义务,另一方面也要督促国外出口商及时履行合同规定的各项义务,防止其违约而给我方造成损失。

我国的进口交易大多以 FOB 条件成交,以即期信用证作为支付方式,并采用海运方式运输货物。虽然不同的合同在履行中有不同的特点,但一般都要经过开证、派船接货、保险、审单付款、报关提货、商检、拨交、进口索赔等几个主要环节。

1) 开立信用证

及时开立信用证是买方的主要责任之一,因此在进口合同签订后,进口企业一定要在合同规定的期间内及时向银行提交开证申请书及进口合同副本,要求银行对外开证。开证申请书的内容必须完整明确,为了防止混淆和误解,开证申请书中不应罗列过多的细节。银行一般会对进口企业进口所需外汇进行核查,并可能要求进口企业交付全额或一定比例的押金或提供其他担保,然后才按开证申请书的指示对外开出信用证。进口企业在填写开证申请书时,应在其中列明各项交易条件,并使这些条件与合同中的规定完全一致,这样才能保证银行开出的信用证的内容与合同一致。如果对方对与合同相符的信用证提出修改要求,进口企业有权斟酌处理。若同意改证,就要通知开证行办理改证手续。

2) 派船接货

在 FOB 合同下,进口方负责派船到指定港口接货。通常情况下,卖方收到信用证后,应将预计装船日期通知买方,由买方向船公司租船或订舱。我国进口企业往往将这项工作委托给外运公司代办。手续办妥,进口方要将船名、船期通知国外卖方,以便对方备货和做好装船准备。同时,进口方还要做好催装工作,特别是对数量、金额较大的重要商品,最好委托出口地的代理督促卖方按合同规定履行交货义务,保证船货衔接。

由于 FOB 条件下保险由进口方办理,我方应督促卖方在货物装船后及时发出装船通知,以便及时办理保险手续。

3）投保

FOB、FCA、CFR 和 CPT 条件下的进口合同由进口企业负责向保险公司办理货物的运输保险。进口货物运输保险一般有两种方式：预约保险和逐笔投保。

我国部分外贸企业和保险公司签订了海运、空运和陆运货物的预约保险合同，这种保险方式手续简便，对外贸企业进口的货物的投保险别、保险费率、适用的保险条款、保险费及赔偿的支付方法等都做了明确的规定。根据预约保险合同，保险公司对有关进口货物负自动承保的责任。进口企业只需按要求填制进口货物装货通知，将合同号、起运口岸、船名、起运日期、航线、货物名称、数量、金额等必要内容一一列明，送保险公司即可作为投保凭证。货物一经起运，保险公司就自动按预约保单所订的条件承保。

在没有与保险公司签订预约保险合同的情况下，对进口货物就需逐笔投保。进口企业在接到卖方的发货通知后，应当立即向保险公司办理保险手续。

4）审单付款

为保证对方提交的单据完全符合我方开立的信用证的条款，保证我方的权益，必须认真做好审单工作。审单是银行与企业的共同责任，因此必须与银行密切联系加强配合。

在此需要注意的是，银行对任何单据的格式、完整性、准确性、真实性、伪造或法律效力或单据上规定的或附加的一般及/或特殊条件一概不负责任；对于任何单据所代表的货物的描述、数量、重量、品质、状态、包装、交货、价值或存在货物的发货人、承运人、运输商、收货人、保险人或其他任何人的诚信或行为，或疏漏、清偿能力、履责能力或资信情况也不负责任。因此，进口商在审单时对这些方面可能存在的问题要特别谨慎，以便早日发现问题，及时采取补救措施。此外，进口商审单的其他内容和前述的出口商制作单据时的内容类似，此处不再赘述。

如开证行发现单据表面上不符信用证条款，一般会先与我进口企业联系，征求进口企业意见是否同意接受不符点。对此，我进口企业如表示可以接受，即可指示开证行对外付款；也可表示拒绝，即指示开证行对外提出异议，或通过寄单行通知受益人更正单据或由国外银行书面担保后付款，或改为货到检验认可后付款。

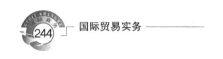

5) 报关、提货、验收和拨交

报关是指进口货物必须按海关规定的手续向海关办理申报验放的过程。货到目的港后,进口企业要根据进口单据填写进口货物报关单,连同发票、提单、装箱单或重量单、保险单及其他必要文件向海关申报进口,并在海关对货物及各种单据查验合格后,按国家规定缴纳关税。在此之后,海关将在货运单据上签章放行。我国的进口业务中,报送手续一般由外运公司代办。

进口货物到达港口卸货时,港务局要进行卸货核对,如发现短缺,应及时填制"短缺报告"交由船方确认,并根据短缺情况向船方提出保留索赔权的书面声明;若发现货物残损,则应将货物置于海关指定仓库,由保险公司会同商检机构及有关当事人进行检验。我国法律规定,凡属法定检验的进口商品,不经商检机构的检验就不得销售和使用。同时,若商检不能在合同规定的检验期内进行,买方即被视为放弃索赔权。因此,凡属于法定检验或合同规定在卸货港检验,或检验后付款,或合同规定的索赔期较短,或卸离海轮时已发现残损或有异状或提货不着的商品,均应在卸货港检验,其他进口商品则可以在用货部门所在地,由当地商检机构进行检验。

进口货物经报关、报验后,进口人即可按其与国内订货人的约定拨交货物。

10.2.3　进出口合同的索赔与理赔

1) 出口索赔与理赔

在履行出口合同的过程中,由于种种原因,常常出现当事人一方不履行或不能完全履行合同义务的情形。如果外商未能履行合同规定的义务,致使我方遭受损失,可以按合同向对方提出索赔;但是确系我方原因造成违约,致使外商造成损失,外商向我方提出索赔的,我方应做好调查,弄清事实,分清责任,实事求是地进行理赔。在理赔时,应注意以下问题:

(1) 认真审核

要认真细致地审核国外买方提出索赔的单证和出证机构的合法性,以防止其检验有误或恶意串通、弄虚作假。

(2) 分清责任,分清事实

要会同生产、运输、保险等有关部门,对商品品质、数量、重量、包装、储存、运输等方面进行周密的调查,弄清造成事故的主要原因和不同部门应负的相关责任。如果出现不交货或不按期交货、原装数量不足、品质低劣、规格与合同规定不符、包装不良使货物受损等情况,应由卖方赔偿;如果卸货数量少于提单记载的数量或由于船方过失导致货物残损,货损应由船方负责;如果因自然灾害、意外事故、其他外来原因造成了货物承保范围内的损失,或在承保范围内船方赔偿金额不足以抵补损失的部分,则由保险公司对进口方进行赔偿。对于外方提出的其他不合理要求,我们应根据可靠资料,以理拒绝。

(3)合理赔偿

如果确实属于卖方的责任,要予以赔偿,但要合理确认损失的程度、金额和赔偿方式。按照国际惯例,买方在证实卖方所交货物与合同不符时,除采用替代、修补等补救措施外,要求赔偿时,赔偿金应遵循以下原则:

①赔偿金应与因违约造成的损失相等;

②赔偿金应以可以预计的损失为限;

③由于受害方未采取合理措施,致使可能减轻而未减轻损失的,应要求从损害赔偿中扣除可以减轻的损失数额。

2)进口索赔与理赔

进口索赔是因进口货物的品质、数量、包装或交货时间不完全符合合同规定时,需要向有关责任方索要赔偿。进口索赔原因众多,从责任划分而言主要包括以下三个方面:

(1)向出口方索赔

凡交货与合同不符,应向出口方索赔,通常包括下列情况:进口货物的名称、品牌标号、品质、规格等与合同不符;原装数量不足;包装不良导致货物受损;未按期交货或拒不交货等。

向卖方索赔时,必须在合同规定的索赔期限内提出,如果在索赔期内来不及出具检验证书,买方应要求对方延长索赔期,或向对方声明保留索赔权。若合同未对索赔期限做出规定,根据《公约》的规定,这一期限应为买方实际收到货物之日起 2 年。我国《涉外经济合同法》规定的期限,是从当事人知道或者应当知道其权利受到侵犯之日起 2 年为限。

(2)向承运人索赔

在进口业务中,凡因承运人未履行应尽责任造成的下列损失,应向承运人索赔:凡到货数量少于运输单据所载数量,提单清洁但由于承运人的过失造成货物残损、遗失等。

向承运人提出索赔的期限为从货物到达目的港交货后1年内。

（3）向保险公司索赔

如进口货物在保险责任有效期内发生自然灾害、意外事故、外来原因致使货物受损,且在保险公司责任范围内的,应由进口人向保险公司提出赔偿要求。

3）索赔的依据

索赔的依据包括两个方面:一是法律依据;二是事实依据。法律依据是指索赔方提出的救济方法必须符合法律规定。如果法律上规定有几种救济方法,当事人必须从案情的具体事实出发,从中选择最合适的原则作为主张权利的依据。事实依据是指索赔所需要的足够的证明文件。它包括当事人业务往来的各种单证函电,商检机构的检验证书、发票、装箱单或重量单、提单副本、保险单,发生索赔事故时,有关人员的现场签字证明等。

【课后练习】

一、解释名词

1. 交易磋商

2. 市场调研

3. 发盘

4. 还盘

5. 接受

二、英文词语翻译

1. quotation

2. inquiry

3. time of validity

4. concession

5. reference price

6. offer

7. counter-offer

8. acceptance

9. business negotiation

10. purchase contract

三、简答题

1. 一项有效发盘必须具备哪些条件?

2. 一项有效接受必须具备哪些条件?

3. 一份有效的合同应具备哪些条件?

4. 为什么说审证是出口环节中一个极其重要的环节?

5. 进口索赔从责任划分,分哪几个方面?

6. 我方发盘,对方没有来电表示接受,但在有效期内我方收到对方的 L/C,问该合同是否已经成立?

7. 在什么情况下需要对外商催开 L/C?

8. 以 FOB 价格条件成交时,为什么卖方装船后要立即电告买方?

四、案例分析

1. 国内 A 公司向美国 B 公司发盘:"可供文化衫 20 000 件,USD 1.1/PC CIF 纽约,2004 年 5 月底之前交货,即期 L/C 付款,电复。"B 公司收到发盘后,电复:

(1)"我公司接受你方发盘,但是结汇时需提交中国原产地证书。"

(2)"我方接受发盘,但请于 2004 年 4 月底前发货。"

在上面两种情况下,试分别讨论合同是否成立。

2. 我国某外贸公司甲与法国商人乙洽谈一笔交易。甲公司 2004 年 3 月 5 日发实盘中规定,3 月 11 日前收到答复有效。乙公司 3 月 8 日收到发盘,3 月 9 日答复接受,因电报在途中耽误,甲公司 3 月 12 日才收到电报。请问甲公司如何处理?

3. 我对外报价为每公吨 1 000 美元 CIF 新西兰,外商还盘为 902 美元 FOB 中国口岸。经查该货物由中国港口运至新西兰每公吨运费为 88 美元,投保加一成,保险费率合计为 0.95%。问单纯从价格上讲,我方可否接受该项还盘?

4. 外商甲公司 8 月 1 日向乙发盘:"1 000 公吨当年玉米,FAQ 每公吨 17 425 日元 FOB 横滨。其余条件同 SC 991002。"3 天后,乙回电:"你 1 日电接受,用新麻袋装。"并通过银行向甲开立了信用证。几天后,国际市场上玉米价格上扬,甲来电:"你 4 日电,不接受。"并退回信用证。乙即回电指出甲违约。你认为甲做的对,还是乙认为的对? 为什么?

5. A 在 3 月 17 日上午用航空信寄出一份实盘给 B,A 在发盘通知中注有"不可撤销"的字样,规定受盘人 B 在 3 月 25 日前答复才有效。但 A 又于 3 月 17 日下午用电报发出撤回通知,该通知于 3 月 18 日上午送达 B 处。B 于 3 月 19 日才收到 A 空邮来的实盘,由于 B 考虑到发盘的价格对他十分有利,于是立即用电报发出接受通知。事后双方对合同是否成立发生纠纷。问 A 与 B 之间的合同能否成立,为什么?

6. 我国某矿产品进出口公司(A 公司),2004 年 8 月 10 日就矿产品氧化镁发实盘给日本一家公司(B 公司),发盘规定:"价格为 USD 2 950/MT CIF TO-KYO,可立即发货,有效期为 8 月 25 日。"B 公司 8 月 15 日电复:"你方发盘接受,但是价格降为 USD 2 850/MT CIF TOKYO。"而后氧化镁产品涨价,8 月 20 日 B 公司来电:"接受你方 2004 年 8 月 10 的发盘,请尽快安排装船。"A 公司 8 月 21 日收到接受电报,以原发盘已经失效为由拒绝成交。B 公司则称 8 月 20 日的接受仍在原发盘的有效期内,要求 A 公司履行合同,或者赔偿损失。试问:合同是否已经成立,为什么?

7. 我国 B 公司与外商签订一份按 CIF 价格条件和 L/C 付款条件的出口合同,合同规定装运期为 8 月底。外商迟迟不开出 L/C,经 B 公司多次催促,8 月 10 日收到对方申请开 L/C 的 FAX,并接到对方来电,告知 L/C 即将开出,请按时装船。8 月 28 日,B 公司接到 L/C 正本后,没有审查就立即办理出口报关和装运。由于 L/C 做了与合同不符的规定,B 公司议付时,议付行也没有发现,而开证银行以单据不符为由拒付货款。试分析 B 公司做法是否合理?

8. 某进出口公司以 CIF 鹿特丹条件出口食品 1 000 箱,即期信用证支付。货物装运后,该公司凭已装船清洁提单和已投保一切险及战争险的保险单,向银行收妥了货款。货到目的港后,经进口人复验发现下列情况:(1)该批货物共有 10 个批号,抽查 20 箱,发现其中两个批号及 200 箱内含沙门氏细菌超过进口国标准;(2)收货人只实收 998 箱,短少 2 箱;(3)有 15 箱货物外表情况良好,但箱内货物共短少 60 千克。根据以上情况,进口人应分别向谁索赔?

第11章
国际贸易的常见方式

【本章导读】

　　贸易方式是国际间商品及劳务交换的各种方式,即进口与出口的具体形式和方法。国际贸易方式是国际贸易中所采用各种具体交易方法的总称。实际业务中,除了通常采用的逐笔销售的国际贸易方式外,还有经销、代理、招标与投标、寄售、拍卖、期货合同交易、来料加工装配业务、对销贸易和租赁贸易等。这些国际贸易方式的性质、特点、作用、适用的场合、基本做法与注意事项不同。例如经销属于买卖关系,代理和寄售属于委托代理关系,招标与投标属于竞卖方式,拍卖属于竞争关系,等等。同时,本章还就各种贸易方式具体操作的有关重点和应注意的问题进行了阐述。

11.1 包 销

11.1.1 包销的特点

包销(exclusive sales)指出口人通过书面协议把某种商品在某一地区和期限内的经营权单独给予某个客户或公司的贸易做法。包销方式下双方当事人通过协议建立起一种较为稳固的特殊买卖关系,包销商享有该商品在这一地区一定期限内的专营权,包销商的经营目的是为了赚取利润。

1)包销的特点

①包销方式下,双方当事人通过协议建立起一种较为稳固的购销关系。
②包销商同出口商之间的关系是买卖关系。
③在包销方式下,包销商自筹资金,自己经营,自担风险和自负盈亏。

2)包销的优点

①包销商享有经营某种商品的专营权,有推销的积极性。
②通过集中经营,避免多头竞争,有利于稳定商品价格,扩大销路。
③有利于卖方有计划地安排生产,组织货源和出运工作,并根据市场的需要均衡供货,争取较好的售价。
④由于包销商负责商品的宣传广告和定期报道当地市场情况,有利于卖方随时了解消费者的反应,改进产品质量,从而扩大出口商品的销售。

3)包销的缺点

①包销商可能利用专营权,垄断市场,任意抬高售价,少卖多赚,对卖方不利。同时卖方有了包销商之后,失去了与其他客户的直接联系。
②包销方式缺乏机动灵活性。如果对包销商选择不当,或其经营能力不强,便可能出现包而不销或销售不得力的情况,使卖方遭受损失。

11.1.2 包销协议

采用包销方式时,买卖双方必须订立书面的包销协议,包销协议与通常的

买卖合同不同,包销协议只规定一般条款,作为将来出口商与包销商签订具体买卖合同的依据。包销协议的主要内容包括:

①包销协议的名称、签约日期与地点;

②包销商品的范围;

③包销地区;

④包销期限;

⑤包销数量和金额;

⑥专营权;

⑦包销商品的作价方式;

⑧广告宣传费用、市场和商标保护。

11.1.3 包销方式的应用

对出口商来说,采用包销方式主要是利用包销商的资金和销售能力,在特定的区域建立一个稳定发展的市场。对包销商来说,由于取得了专卖权,因而在指定商品的销售中处于有利的地位,避免了多头竞争而导致降价减盈的局面,故其有较高的经营积极性,能在广告促销和售后服务中作较多的投入。

由于包销是包销商买断商品后再自行销售,所以包销商需要有一定的资金投入和承担销售风险。若包销商资金不足或缺乏销售能力,则有可能形成"包而不销"。因此,对出口商来说,选择一个合适的包销商是成功采用包销方式的关键所在。

在采用包销方式时应注意如下问题:

①选择包销商时,要对包销商的资信情况、经营能力及其在该地区的商业地位进行评估。对大商品采用包销方式时,应当有试行阶段。

②适当规定包销商品范围、地区及包销数量或金额。在一般情况下,包销商品的范围不宜过大。为了扩大推销某类商品,可以允许包销商超额承购,并对超额完成部分给予一定比例的奖励金。

③为了防止包销商垄断市场和经营不力、"包而不销"或"包而少销"的情况出现,在协议中应规定终止或索赔条款。

11.2 代 理

11.2.1 代理的特点

代理(agency)是指代理人(agent)按照委托人(principal,通常是出口人)的授权,代表委托人在规定地区和期限内招揽生意与第三者达成交易,代销指定商品的贸易方式。

1)代理与包销的区别

①包销是买卖关系,双方的关系是货主对买方的关系;代理是委托代理关系,双方的关系是委托人与代理商的关系。

②包销是包销商以自己的名义买进商品,自筹资金,自担风险,自负盈亏;代理是由代理商根据委托人规定的交易条件,在约定区域内推销代理商品,招揽订单,收取佣金,不垫资金,不担风险。

③包销商买进商品是以开立信用证或其他方式自行支付货款;而代理商介绍买主后,由实际买主向委托人开立信用证或以其他方式支付货款。

2)代理方式的基本特点

①代理人只能在委托人的授权范围内代表委托人从事商业活动。代理人和委托人的关系是委托代理关系。

②代理人一般不以自己的名义与第三者签订合同。

③代理人通常是运用委托人的资金从事业务活动。

④代理人不管交易当中的盈亏,而只收取佣金。

⑤代理人只负责介绍生意、招揽订单,并不承担履行合同的责任。

11.2.2 代理的种类

在国际贸易中,代理主要分为一般代理、独家代理和总代理3种类型。

1)一般代理

一般代理又称为佣金代理(commission agent)。在同一地区和期限内,委托人可同时委派几个一般代理人代表其行为。一般代理人不享有独家经营权或独家代理的权利,而是依据合同中规定的销售比例向委托人收取佣金。

2) 独家代理

独家代理(sole agent or exclusive agent)是指在一定期限和特定的地区内,委托人授权代理人享有指定商品的独家专营权,他的权限和活动范围仅限于商业活动。独家代理人只收佣金,负责联络客户,招揽订单,并不关心具体业务和盈亏情况,其与委托人之间是委托代理关系。

委托人在授予代理商独家专营权后,不得在该地区内另设其他代理人。取得独家专营权的代理人不得再代理其他来源的同类产品。

3) 总代理

总代理(general agency)是指代理人在指定地区内,不仅有独家代销指定商品的权利,而且还有代表委托人从事商务活动和处理其他事务的权利。由于总代理人是委托人在指定地区的全权代表,有时甚至有权进行一些非商业性的活动,因而选择总代理的对象更须谨慎。在我国外贸业务中,通常指定我驻外贸易机构作为我外贸企业在该地区的总代理。

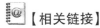【相关链接】

合同条款举例:一般代理协议书

制造商名称:KDSZ(以下简称制造商)

注册地点:＿＿＿＿＿

代表商名称:＿＿＿＿＿ABC贸易有限公司(简称代理商)

注册地点:＿＿＿＿＿

1. 委任

兹委任 ABC 贸易有限公司为＿＿＿＿＿地区船舶修理及销售之代理商。

2. 代理商之职责

(1)向该地区寻求船主欲购船和修船的询价单并转告 KDSZ;

(2)报道本地区综合市场概况;

(3)协助安排工厂经销人员的业务活动;

(4)代表制造商定期作市场调查;

(5)协助制造商回收货款(非经许可,不得动用法律手段);

(6)按商定的方式,向 KDSZ 报告在本地区所开展的业务状况。

3．范围

为了便于工作，KDSZ 应把代理区域内客户名录提供给代理商，代理商对此名录给予评述，提出建议或修正，供 KDSZ 备查；由于个别船舶收取佣金造成地区之间的争执时，KDSZ 应是唯一的公证人，他将综合各种情况给出公平合理的报酬。

4．佣金

KDSZ 向该地区代理商支付修理各种船舶结算总价值_____％的佣金，逢有大宗合同须另行商定佣金支付办法，先付_____％，余额待修船结算价格收款后支付。当需要由 KDSZ 付给客户（即船主）的经纪人及第三方介绍人佣金时，必须由代理商事先打招呼；同时由 KDSZ 决定是否支付。

5．费用

除下述者外，其余费用由代理商自理。

（1）在 KDSZ 指定的时间内对 KDSZ 的走访费用；

（2）特殊情况下的通讯费用（长话和电传，各种说明书等）；

（3）KDSZ 对该地区进行销售访问所发生的费用。

6．KDSZ 的职责

（1）向代理商提供样本和其他销售宣传品；

（2）向代理商提供重点客户的船名录以使其心中有数；

（3）通知代理商与本地区有关船主直接接洽；

（4）将所有客户交来的主要文件之副本提供给代理商并要求代理商不得泄露商业秘密。

7．职权范围

就合同之价款、时间、规格或其他合同条件，代理无权对 KDSZ 进行干涉，其业务承接之决定权属 KDSZ。

8．利害冲突

兹声明，本协议有效期内，代理商不得作为其他修船厂的代表而损害 KDSZ 利益。代理商同意在承签其他代理合同前须征求 KDSZ 之意见；代理商保证，未经 KDSZ 许可，不得向第三方泄露有损 KDSZ 的商业利益的情报。

9．终止

任何一方欲终止本协议，须提前 3 个月以书面形式通知对方；协议履行期内代理商所承接的船舶业务的佣金仍须被支付，不论这些船舶在此期间是否在厂修理。

10.泄密

协议执行中或执行完毕,代理商担保,不经 KDSZ 事先同意,不向任何方泄露 KDSZ 定为机密级的任何情报。

11.仲裁

除第三条所述外,双方凡因协议及其解释产生争执或经双方努力未能满意解决之纠纷,应提交双方确认的仲裁机构进行仲裁,如对仲裁员各持己见,则暂由海事仲裁委员会主席临时指定仲裁员。

KDSZ   ABC 贸易有限公司

签字_____   签字:_____

                             _____年____月____日

【相关链接】

合同条款举例:独家代理协议

甲方:美国,纽约,ABC 贸易有限公司

乙方:日本,东京,DEF 公司,甲方指定的合法代理人

协议条款如下:

1.甲方(简称公司)授予乙方(简称代理人)在日本东京经销陀螺仪的独家代理权,自本协议签字日起 2 年为期。

2.代理人保证竭力履行其向公司之订货,非经公司同意,代理人不得违背公司关于装运订货的任何指令。

3.本协议履行期间,代理人将收取佣金:

订单额少于_____美元,按_____%收佣;

订单额超过_____美元,按_____%收佣。

4.代理人提供的发票金额,包括佣金和除邮寄、小额杂费以外的开支,公司将开具不可撤销跟单信用证予以支付。

5.任何一方提前 3 个月用挂号信书面通知对方或任一方在任何时候违背本协议任何一款,无须通知,本协议即告终止。

协议双方于上述时间签字盖章为证。

ABC 贸易有限公司代表签字:_____

DEF 公司代表签字:_____

11.3　寄售与展卖

11.3.1　寄售

寄售(consignment)是一种委托代售的贸易方式,即委托人先将货物运往寄售地,委托国外一个代销人(受托人),按照寄售协议规定的条件,由代销人代替货主进行销售,在货物出售后,由代销人向货主结算货款的贸易方式。

1)寄售的特点

①寄售是先出运、后成交的贸易方式,即由出口商先将货物运至国外,再经寄售商向买主销售,是凭实物进行买卖的现货交易。

②出口商与寄售商之间是委托代销关系。

③寄售不是出售,在寄售商未将商品出售以前,商品的所有权仍属委托人(出口商),运输中和到达寄售地后的一切费用和风险,均由寄售人承担。寄售商只是根据出口商的委托照管货物,并按指示处置货物。货物如果销售不出,出口商仍可以收回有关商品。

2)寄售的优点

①寄售货物出售前,寄售人拥有货物的所有权。

②寄售方式是凭实物买卖。

③代销人不承担风险与费用,一般由寄售人垫资,代销人不占用资金,可以调动其经营的积极性。

3)寄售的缺点

①出口方承担的风险较大,费用较大,出口人有资金负担,不利于其资金周转。

②寄售货物的货款回收较缓慢,一旦代销人不守协议时,可能遭到货、款两空的危险。

寄售协议的主要内容包括:协议双方的关系条款、寄售商品的价格条款、佣金条款和协议双方的义务条款。

11.3.2　展卖

展卖(fairs and sales)是利用展览会和博览会及其他交易会形式对商品实行展销结合的一种贸易方式。展卖是最古老的交易方式之一,它把出口商品的展览和推销有机结合起来,边销边展,以销为主。

主要形式有展览会、展销会和博览会。

展卖应注意的问题是要选择适当的展卖商品,适合的展出地点,适当的展卖时机,同时做好宣传组织工作,选择好合作客户。

11.4　招标与投标

在国际贸易中,招标(invitation to tender or call for tender)与投标(submission of tender)是一种传统的贸易方式,常用于政府机构、国有企业或公用事业单位采购物资、器材或设备的交易中。目前更多用于国际承包工程。

11.4.1　招标与投标的特点

招标和投标是一种贸易方式的两个方面。招标是指招标人(买方)发出招标通知,说明拟采购的商品名称、规格、数量及其他条件,邀请投标人(卖方)在规定的时间、地点按照一定的程序进行投标的行为。投标是指投标人(卖方)应招标人的邀请,按照招标的要求和条件,在规定的时间内向招标人递价,争取中标的行为。

招标与投标的特点表现在:第一,招标方式下,投标人是按照招标人规定的时间、地点和条件进行的一次性报盘。这种报盘对投标人有法律约束力,一旦投标人违约,招标人可要求得到补偿。第二,招标投标属于竞卖方式,即一个买方对多个卖方。卖方之间的竞争使买方在价格及其他条件上有较多的比较和选择,从而在一定程度上保证了采购商品的最佳质量。

11.4.2　招标与投标的基本做法

招标与投标业务包括4个基本步骤,即招标、投标、开标和签约。

1) 招标

招标工作包括编制招标文件、发布招标公告、对投标人的资格预审等。目前,国际上的招标有 3 种类型:

(1) 国际竞争性招标(international competitive bidding, ICB)

国际竞争性招标是指招标人邀请几个乃至几十个投标人参加投标,通过多数投标人竞争,选择其中对招标人最有利的投标人成交。这种投标形式有两种做法:

①公开投标(open bidding),是一种无限竞争性招标(unlimited competitive bidding)。采用这种做法时,招标人要在国内外主要报刊上刊登招标广告,凡对该项招标内容有兴趣的人均有机会购买招标资料进行投标。

②选择性招标(selected bidding),又称邀请招标。它是有限竞争性招标(limited competitive bidding)。采用这种做法时,招标人不在报刊上刊登广告,而是根据自己具体的业务关系和情报资料由招标人对客商进行邀请,进行资格预审后,再由他们进行投标。

(2) 谈判招标(negotiated bidding)

谈判招标又叫议标,它是非公开的,是一种非竞争性的招标。这种招标由招标人物色几家客商直接进行全面谈判,谈判成功,交易达成。

(3) 两段招标(two-stage bidding)

两段招标是指无限竞争招标和有限竞争招标的综合方式,采用此类方式则先用公开招标,再用选择招标分两段进行。

2) 投标

投标人首先要取得招标文件,认真分析研究之后,编制投标书、做投标担保和递交文件。投标书实质上是一项有效期至规定开标日期为止的发盘,内容必须十分明确,中标后与招标人签订合同所要包含的重要内容应全部列入。投标书应在投标截止日期之前送达招标人或其指定的收件人,逾期无效。按照一般的惯例,投标人在投标截止日期之前可以书面提出修改或撤回。

3) 开标

开标有公开开标和不公开开标两种方式,招标人应在招标通告中对开标方式做出规定。公开开标是指招标人在规定的时间和地点当众启封投标书,宣读内容。投标人都可参加,监视开标。不公开开标则是由招标人自行开标和评标,选定中标人,投标人不参加。开标后,招标人进行权衡比较,即评标,以选择最有利者为中标人。如果招标人认为所有的投标均不理想,可宣布招标失败。

4)签约

招标人选定中标人之后,要向其发出中标通知书,约定双方签约的时间和地点。中标人签约时要提交履约保证金,用以担保中标人将遵照合同履行义务。

【案例思考】

> 我某工程承包公司于5月3日以电传请意大利某供应商发盘出售一批钢材。我方在电传中声明:这一发盘是为了计算一项承造一幢大楼的标价和确定是否参加投标之用;我方必须于5月15日向投标人送交投标书,而开标日期为5月31日。意供应商于5月5日用电传就上述钢材向我方发盘。我方据以计算标价,并于5月15日向招标人提交投标书。5月20日意供应商因钢材市价上涨,发来电传通知撤销他5月5日的发盘。我方当即复电表示不同意撤盘。于是,双方为能否撤销发盘发生争执。直到5月31日招标人开标,我方中标,随即电传通知意供应商我方接受该商5月5日的发盘。但意供应商坚持该发盘于5月20日撤销,合同不能成立。而我方则认为合同已经成立。对此,双方争执不下,遂协议提交仲裁。
>
> 问题:若你为仲裁员,将如何裁决?说明理由。

11.5 拍 卖

拍卖(auction)是由专营拍卖业务的拍卖行按照特定的章程,将卖方委托出售的货物公开展示,并在一定时间和地点由买主出价竞买的一种贸易方式。拍卖是国际贸易中较为古老的实物交易方式。通过拍卖进行交易的商品一般是一些品质规格不易标准化的商品,如皮毛、烟草、茶叶、香料、木材等;某些贵重商品或习惯上采用拍卖的商品,如贵金属、首饰、地毯、古董及其他艺术品。

11.5.1　拍卖的形式

1）增价拍卖

增价拍卖，也称买方叫价拍卖，或淘汰式拍卖，或有声拍卖。由拍卖人（auctioneer）公布叫价起点，买主竞相叫价，直至无人加价时即拍板成交，把商品卖给出价最高的买主。

2）减价拍卖

减价拍卖，又称卖方叫价拍卖，或荷兰式拍卖（Dutch auction），或无声拍卖。由拍卖人叫出最高价，在无买主的情况下拍卖人逐步降低叫价，直至有人表示购买时击锤成交。

3）密封递价拍卖

密封递价（sealed bids，closed bids）拍卖，又称投标式拍卖。由拍卖人公布某商品密封拍卖的条件，买主用密封信件把自己的出价寄给拍卖人，拍卖人比较各买主的出价后将商品卖给出价最高的买主。这种拍卖方式，和上述两种方式相比较，有以下两个特点：一是除价格条件外，还可能有其他交易条件需要考虑；二是可以采取公开开标方式，也可以采取不公开开标方式。拍卖大型设施或数量较大的库存物资或政府罚没物资时，可能采用这种方式。

11.5.2　拍卖的特点和程序

1）拍卖的特点

①拍卖是在一定的机构内有组织地进行的。
②拍卖具有自己独特的程序和规章。
③拍卖是一种公开竞买的现货交易。具体做法是：事先看货，当场叫价，落槌成交。

2）拍卖的程序

拍卖过程可分为拍卖准备、察看货物、正式拍卖和付款交货3个阶段。
①准备阶段。货主把货物运至拍卖地点，存放于拍卖人指定的仓库。拍卖

人在指定的仓库将要拍卖的货物挑选、整理、分类编号,印发目录,并刊登广告。

②察看货物。买主可事先到指定仓库察看货物,必要时可抽取样品供分析测试。

③正式拍卖。拍卖人在规定的时间、地点,按照拍卖章程进行拍卖。

④付款提货。拍卖成交后,买主按规定付款提货。

【案例思考】

> 1996 年,某地举办了一场罚没汽车拍卖会。但一些买主在交款时被告知,车辆购置费是新车价的 10% ,而他们则都以为是成交价的 10% ,一下子划算的车成了不划算。不少车主都抱有此误解。他们或是匆匆赶来拍卖而来不及多想,或是认为购置费理所当然是成交价的 10% ,有人表示要是如此就坚决不要了。
>
> 拍卖行有关人士介绍说,购置费是由市车辆购置附加费征收处征收的,与拍卖行无关,并且从未说过是成交价的 10% ,这在拍卖前的咨询中也解释过了。
>
> 一些竞买者在不清楚有关政策的情况下轻率地做出竞买决定,结果带来了问题。许多参加拍卖会的人反映希望拍卖行明确列出最终应付款额,以使买主心中有数。这场拍卖会使一些买主与拍卖行产生了纠纷。协商后未果,双方诉诸法庭。
>
> 分析:
>
> 1.此案发生的一个重要原因是拍卖公司在工作上有失误。
>
> 2.拍卖公司工作上的失误表现在:
>
> A.车辆购置费是成交价的 10% ,或者是新车价的 10% 有很大差别,对此拍卖公司并未在公告中告知每个竞买人。因为按逻辑联想,竞买人认为是成交价的 10% 是合理的。
>
> B.拍卖公司不能以车辆购置费不是自己收取范围作为不进行事先告知的理由。
>
> C.拍卖公司不能仅仅在咨询中就此进行解释,应向竞买人发出书面材料进行解释或在拍卖该件标的物时须作特别提示。
>
> 问题:
>
> 你作为拍卖公司的代表,认为此纠纷应当如何解决? 是否应当与买受人充分协商,争取在下述方法中确定一种?
>
> A.拍卖公司与买受人各自承担一定的损失;
>
> B.重新进行拍卖。

11.6　商品期货交易

商品期货交易(futures trading)是指在商品交易所内,按一定规章制度进行的期货合同买卖。商品交易所(commodity exchange),是指在一定的时间和地点并按一定规章买卖特定商品的有组织的市场。商品交易所的主要业务是期货交易,因此,商品交易所也称为期货市场。在商品交易所交易的商品主要是金、银、铜等有色金属,原油,谷物,棉花,羊毛,油料,食糖,咖啡,可可,橡胶等初级产品和农产品。

目前,在世界上比较著名的交易所有:美国芝加哥商品交易所;纽约商品交易所;英国的伦敦金属交易所;日本的东京工业品交易所;中国香港的期货交易所等。

11.6.1　商品交易所的特征

(1)期货交易须在期货交易市场内进行

期货交易者一般不允许在场外交易,因为期货交易须遵循十分严格的交易程序和规则,这些只能由特定的交易所来制定和提供;而且,交易所还可以同时提供交易所不可缺少的担保。

(2)期货交易是"纸合同"交易,而不是实物交易

就商品交易所而言,买卖的是已经标准化了的期货"合同",即在期货合同中对某项商品已制订了标准化的数量、品质等级、交割地点、交割月份等条款,而不能随便变动这些规定。

(3)期货交易的买卖双方不直接见面,只能通过场内经纪人进行交易

由于大多数国家规定只有正式会员才能进入交易所大厅,所以一切交易必须通过会员或经纪人才能成交,然后由交易所对双方当事人统一结算。

(4)交易所的成交价往往能比较准确地反映当时国际市场的价格和行情

交易所作为大宗商品的交易场所,对市场的变化情况反应迅速,特别是期货市场是一个价格公开、自由竞争的市场,价格变动灵活,因此期货的成交价格往往会影响国际市场价格及其变化趋势。

11.6.2 期货交易的内容和做法

1) 买空卖空

买空又称多头期货(long futures),是指投机商在行市看涨时,买进期货,待行市实际上涨后将期货回抛出售。卖空又称空头期货(short futures),是指投机商在行情看跌时,先抛出期货,在行情实际下跌时再补进期货。买空卖空是从两次交易的价格涨落中获取利润,这是一种投机活动。

2) 套期保值

套期保值又称"海琴"(Hedging),是指在进行实物交易的同时,利用实际货物价格与期货价格的变动趋势基本一致的原理,来转移价格风险的一种做法。基本做法是:在卖出(或买入)实际商品的同时,在商品交易所买入(或卖出)同等数量的期货。

在套期保值交易中卖期保值与买期保值又有一定的区别:

①卖期保值是指实货经营者购进一批现货的同时,为避免转卖时价格下跌,先在交易所卖出同等数量的期货合同,然后再买进相同数量和交割期的期货合同进行平仓。

②买期保值在实货市场卖出实货的同时,为避免进货价格上涨,先在期货市场买进同样数量的期货合同,然后再卖出相同数量和交割期的期货合同进行平仓。

两者是互为反向的操作,其目的都是为了套期保值,避免价格波动的风险。

【案例分析】

> 某商人在 10 月上旬以每吨 150 美元的价格购进大豆 1 500 吨。为避免货物出售时价格下跌的风险,即在期货交易所卖出 10 个大豆期货合同(每个合同的数量单位是 150 吨),价格为每吨 155 美元,交割期次年 1 月。在 11 月份,大豆现货价格降为每吨 140 美元,该商人以此价格将大豆转售,每吨亏 10 美元。与此同时,期货交易所的大豆价格也下降了,该商人又买进 10 个 1 月份交割的大豆期货合同,价格为每吨 145 美元,将卖出的期货合同冲销,每吨盈利 10 美元。

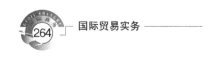

过程：

日 期	现货市场	期货市场
10 月 10 日	以 150 美元/吨的价格买入大豆	以 155 美元/吨的价格卖出 1 月份交割的大豆期货
11 月 10 日	以 140 美元/吨的价格卖出大豆	以 145 美元/吨的价格买入 1 月份交割的大豆期货
结果	每吨亏损 10 美元	每吨盈利 10 美元

在上例中，该商人以期货交易的盈利弥补了其现货交易因价格变动而带来的亏损，收到了套期保值的效果。但是，如果卖期保值后期货价格上涨，则现货交易的额外盈利将为期货交易的亏损所抵消。

11.7 对 销 贸 易

对销贸易（counter trade），在我国又称"对等贸易"、"反向贸易"、"互抵贸易"等。它是包含以进出口结合、出口和进口互为条件为共同特征的各种贸易方式的总称。其基本含义是：出口方承诺从进口方购买等值或一定金额的商品或劳务，不用或少用外汇，贸易双方的进出口货款全部或部分抵消，交易的过程在合同（或协议）规定的期限内完成。对销贸易的基本形式有以下三种：

11.7.1 易货贸易

易货贸易（barter trade），是指不通过货币媒介而直接用出口货物交换进口货物的贸易。它是一种物物交换的原始贸易方式，在当代国际贸易中有狭义的易货和广义的易货之分，狭义的易货也称为直接易货或一般易货，是纯粹的以货换货的方式，不用货币支付。其特征是交换商品的价值相等或相近，没有第三者参加，并且是一次性交易，履约期较短。广义易货采用的方式比较灵活，主要有两种不同的做法，记账易货贸易和对开信用证方式。

记账易货是进口和出口可以同时进行，也可有先有后，双方的货款分别记在双方国家指定的银行账号上，双方以货物的进出弥补差额来进行账务平衡，不支付现汇。这种做法多用于两个国家间的易货贸易。

对开信用证易货是进口方和出口方的双方进出口货值基本相等,双方对开信用证,并在同一家银行碰头后生效。这种做法虽发生了货款支付,但互相支付的金额基本相等,仍属于易货性质。这种做法多用于企业间的易货贸易。

易货贸易能够促成对外支付手段匮乏的国家或企业间贸易,有利于以进带出或以出带进,可以避免或减少与合同交货有关的货币转移问题。但易货多以直接易货为主,对进行的货物在数量、品质、规格等方面的要求,需完全满足对方需要,成交难度较大;易货交易往往要求等值同时进行,以减少交货后收不到对方货物的风险,在实际中较难完成;而且,易货开展还要受到双方国家经济互补性的制约。

11.7.2　互购

互购(counter purchase)也称反购或平行贸易(parallel trade),即出口方在出售货物给进口商时,承诺在规定的期限内向进口方购买一定数量或金额的商品,其涉及两个既独立又相互联系的合同,每个合同都以货币支付,金额不要求等值。由于双方都承担了互相购买对方产品的义务,尽管采用货币支付,但在一定时期内还是互相交换货物。因此,在一定程度上可以克服一方支付能力不足的问题。目前,互购已成为对销贸易的主要形式。

互购的特点是:

①销售与回购商品的两份合同分别签订。

②每份合同发票上开的应是双方都同意的可兑换货币,分别支付。

③两个交易无须同步进行。

④双方互购的商品没有相关联系。

11.7.3　补偿贸易

补偿贸易(compensation trade)是指在信贷基础上进口设备,然后以回销产品或劳务所得价款,分期偿还进口设备的价款及利息。具体做法是由国外厂商提供或者利用国外信贷进口生产技术设备、由我方企业进行生产,以返销其他产品的方式分期偿还对方技术、设备价款或贷款本息的交易方式。其实质是机器设备的出口方向进口方提供了中长期信贷,这种信贷通常叫做出口信贷,它是发达国家的出口商利用本国银行的信贷扩大商品出口的一种手段。

1)补偿贸易的特征

①信贷是进行补偿贸易必不可少的前提条件。

②设备供应方必须同时承诺回购设备进口方的产品或劳务,这是构成补偿贸易的必备条件。

③补偿贸易进口的机器设备或器材属买断性质,一般在交货后产权由进口方所有。

④补偿贸易的出口产品偿还期长。

⑤补偿贸易的设备进口往往和技术进口结合在一起。

2)补偿贸易的主要形式和做法

(1)直接补偿

直接产品补偿,又称产品返销(product buyback),即购进设备技术的一方,用该设备投产后的直接产品作为支付进口的价款。

采用这一补偿方式,进口方将引进设备技术所生产的产品,除可直接向供方抵偿价款外,也可售给供方事先约定的贸易商,由贸易商将货款偿还给供方。

(2)间接补偿

间接补偿又称产品回购(counter purchase),即用其他产品补偿。购进设备和技术的一方,可以用与该进口设备技术毫不相干的商品(或称间接产品)作为抵偿给供方的价款。

在回购形式的补偿贸易条件下,支付手段的商品与返销形式不同,因为它以现货为多,所以偿还期一般较短。

另有一种情况,买方在购进供方的设备技术后,本身不供应商品,而由另一家或若干家公司供应与进口设备技术不相干的回头商品,直接供给供方或供方事先指定的贸易商,由贸易商销售后将贷款还给供方。例如,德国的"奔驰汽车公司"向罗马尼亚出售30辆平板卡车,而从罗马尼亚买回150辆吉普车。奔驰公司通过中间商向厄瓜多尔推销吉普车换回了香蕉,然后,再由中间商将香蕉在德国市场上售得货款,偿还奔驰公司。

(3)混合补偿

混合补偿,也称综合补偿,购进设备技术的一方,其价款一部分可以待该设备技术投产后以直接产品抵偿,另一部分则以与设备无关的间接产品,或部分现汇或提供产品加工的劳务补偿。

11.8　对外加工装配业务

对外加工装配业务是我国企业发展来料加工和来件装配业务的总称。它是指由外商提供原材料、零部件、元器件,由我国的工厂按对方的品质规格和款式进行加工装配,成品交由对方处置,我方按照约定收取工缴费(加工费)作为报酬。

对外加工装配业务与通常的商品进出口贸易有较大区别,表现为:交易双方是委托加工关系,而不是买卖关系,其交易的经济效果由外商承担盈亏责任,我方只按照合同要求进行加工,收取工缴费,不负责盈亏。加工方始终不拥有来料、来件及成品的所有权或货物的处置权,而只收取加工劳动的报酬。进口的料件由外商提供,我方不动用外汇购买。所以,这是一种以商品为载体的劳务交易,不属于货物买卖范畴,不受货物买卖法规的约束。

属对外加工装配业务的来料加工与进料加工也有一定区别,表现为:

①原料的来源方式不同。进料加工是外贸公司自行进口原材料,委托国内企业进行加工;而来料加工是外商提供原料。

②产品所有权不同。进料加工产品所有权归原料进口方所有;来料加工的原料所有权归原料提供方所有。

③利润不同。进料加工利润是外汇增值额;来料加工利润为净加工费;

④交易双方关系不同。进料加工双方之间为买卖关系;而来料加工双方之间为委托加工关系。

⑤产品技术和质量要求的责任人不同。进料加工是原料进口方根据预测的国际市场行情自行决定产品技术和质量标准;来料加工由原料提供方负责产品质量标准和技术标准。

开展对外加工装配业务时,我们应注意如下问题:

①防止影响正常出口,毕竟对外加工装配业务同出口贸易相比是次要的,因此要处理好其与正常出口的关系。

②合理确定工缴费。

③逐步扩大采用国产料件的比重。

④提高企业和人员素质,提高技术层次。

⑤加强监督管理。

【案例思考】

　　某年某月我方某进口公司与香港 G. E 贸易公司经过商谈,签订一份来样加工吊扇的销售协议。协议规定由我方按来样加工吊扇 2 万台,于年底交货;并附签来样加工技术协议书。但在上述协议中均未说明产品上使用 S. M. C. 商标,对有关商标和专利方面的法律条文也只字未提。协议签订后,我方遂投入生产。由于对方所提供的模具中有 S. M. C. 的字样,因而用这些模具铸成的产品均有 S. M. C. 商标的标记。对此,我方未加留意,也未提出任何疑问。年底,对方派来集装箱车直接从我方加工工厂仓库提货,经我方海关查验签封后,通过文锦渡运往香港。货车到达香港境内,经香港海关开箱查验,涉嫌冒充 S. M. C. 商标,被香港海关扣查。随后,香港海关有关部门就工业产权问题向收货人香港 C. E 贸易公司发出调查通知。原商标所有人香港某电器制造厂提出有关 S. M. C. 商标分别在中国香港和中国内地注册的有效文件,并要求按照法律处理本案。

　　分析:

　　在接受来样加工时,我方应该在合同中注明商标所有权和使用权,不是对方的商标,要具有商标所有权的商家同意才能使用,尽可能要避免法律纠纷。

　　问题:

　　我方应从本案中吸取哪些经验教训?

11.9　租赁贸易

　　租赁贸易(lease trade)是一种新型的贸易方式,它是指出租人(lessor)将商品交给承租人(lessee)使用,并在约定期限内向承租人收取租金的一种贸易方式。租赁是一种融资与融物相结合的经济活动。

　　1)租赁贸易的特点

　　租赁贸易的基本特点是不转让货物的所有权,只转让货物的使用权,在租赁期限内,商品的所有权仍属于出租人,承租人靠支付租金取得该商品的使用权,所以,这是一种所有权和使用权分离的贸易方式。对承租人来说,只要按协议支付第一次租金就取得使用权,以后在一定期限内分批支付,具有借贷特点,所以,租赁贸易又是一种融资融物相结合的特殊借贷方式。对于卖方来说,租赁是一种扩大销售的途径,同时也很受购货资金不足的买方欢迎。

2) 租赁贸易的种类

(1) 融资租赁(finance lease)

融资租赁又称金融租赁,租赁的标的物主要是设备,因而又称为设备租赁。出租人在企业需要筹款添置机械设备时,不直接给予企业贷款,而是代为购进机器设备,租给企业使用,以融物代替融资。承租人以分期支付租金方式取得租赁设备的使用权,出租人以收取租金方式收回对租赁设备的投资。一般在期满后,出租人以名义价格,将设备所有权转移给承租人(例如 1 美元)。

(2) 经营租赁

经营租赁又称使用租赁,出租人除了提供融资外,还要提供如办理保险、维修等特别服务。因而又称服务性租赁。出租人在租期内收取租金往往不足以抵偿出租人对租赁物的全部投资和收益,并且负责维修保养和保险,有时会有在租期内中止合同,租赁物被退回的风险。

(3) 维修租赁

维修租赁主要用于飞机汽车等运输工具的租赁。出租人负责对出租物的维修保养,租赁期满后收回租赁物。

3) 租赁贸易对于承租人和出租人的作用

对承租人来说:
①可以充分地使用外资。
②可以享受许多税收上的优惠条件。
③对季节性和临时性需要的设备,使用租赁方式,既能及时满足需要,又可以避免闲置浪费。
④对于一些适用性,需求前景没有把握的设备,可以租用一个阶段,以降低自购所带来的风险。
对于出租人而言:
①可以扩大出口。
②容易取得银行的优惠。
③可以享受税收上的优惠。
④出租人出让知识使用权,仍拥有设备的所有权,一般出租时规定的使用期低于设备的有用寿命,设备余值是属于出租人的。

@【相关链接】

租金的计算方法——递减法

递减法按每期平均支付租金和按每期平均支付本金分为两种形式。

①按每期平均支付租金的计算

假使 R 为每期应付租金全额,P_V 为租赁资产的购买成本(包括运费保险费),i 为租赁费的利率,n 为应付租赁费的期数,它的支付公式分为:

先付公式(即每期的期初付款):$R = P_V(1+i)^{(n-1)}/(1+i)^n - 1$

后付公式(即每期的期末付款):$R = P_V(1+i)^n/(1+i)^n - 1$

例如:设一笔租赁设备的货价(包括运费保险费)为 100 万美元,租赁期为 5 年,每半年按后付租金一次,年利率为 8%,则每期应付租金:

$R = P_V(1+i)^n/(1+i)^n - 1 = 100 \times 4\%(1+4\%)/(1+4\%) - 1 = 123\ 291.01$(美元)

②按每期平均支付本金的计算公式

每期应付租金 = 各期占款本金数 × 年利率 × 占款年数 + 各期应还本金数

上面的例子:

第一期支付 10 万本金和 4 万利息额

第二期支付 10 万本金和 3.6 万利息额

第三期支付 10 万本金和 3.2 万利息额

第四期支付 10 万本金和 2.8 万利息额

第五期支付 10 万本金和 2.4 万利息额

第六期支付 10 万本金和 2 万利息额

第七期支付 10 万本金和 1.6 万利息额

第八期支付 10 万本金和 1.2 万利息额

第九期支付 10 万本金和 0.8 万利息额

第十期支付 10 万本金和 0.4 万利息额

本金和利息总额为 122 万美元

$123\ 291.01 \times 10 - 1\ 220\ 000 = 12\ 910.10$(美元)

从上述数字看出,如租赁设备的货价相同,按平均支付租赁费的方法所计算出的租赁费总额较每期平均支付本金并付清当期利息的租赁费总额高出 12 910.10 美元,这主要是由于按平均支付租金方法使租赁公司收回本金较晚,所以费用较高,但是两者差额也不很悬殊。

【案例思考】

租赁公司 A 对外租赁一套设备,价值 100 万美元,租赁期限 6 年,订立租赁条件是:预付 10% 的保证金,年利率为 7.5%。求租赁总额及最后一期租金?

解:

承租人首先预付 10% 的保证金 10 万美元。

因为,$P=100$ 万美元,$n=6$,每期利率为 $i=7.5\%/2=3.75\%$

所以,平均每期租金:$R=Pi/1-1/(1+i)=1\,000\,000\times3.75\%/1-1/(1+3.75\%)=189\,212.7$(美元)

租赁总额 $=189\,212.7\times6=1\,135\,273.6$(美元)

最后一期租金 $=189\,212.7-100\,000=89\,212.7$(美元)

问题:

作为承租人,你认为这样租赁设备是否合算? 有无其他方法购置设备或支付租金?

11.10 其他贸易方式

11.10.1 OEM 与 ODM

1) OEM 与 ODM 的含义

OEM(Original Equipment Manufacturer,原始设备制造商),是指一家工厂根据另一个厂商的设计和规格要求,为其生产产品和产品配件,亦称为定牌生产或授权贴牌生产。这也可代表对外委托加工,或代表转包合同加工。国内习惯称为协作生产、三来加工,俗称加工贸易。这种方式先是在电子产业发展起来,以后在世界范围内逐步生成一种普遍现象,微软、IBM 等国际上的主要大企业均采用这种方式。

OEM 与现代工业发展有着密切的联系。一些著名的品牌商品制造商,常常因为自己的厂房不能达到大批量生产的要求,或者需要某些特定的零件,因此向其他厂商求助。这些伸出援手的厂商就被称为 OEM。如将之引申到 IT 领域的话,则表示那些进行代工的生产商。例如 CPU 风扇,Intel 或 AMD 公司本身并不生产,它们通常会找像日本三洋公司这样的专业电机制造企业做风扇 OEM 生产。

ODM(Original Design Manufacturer,原始设计制造商),是指某制造商设计出一种产品后,被另外一些品牌的制造商看中,要求配上后者的品牌名称来进行生产,或者稍微修改一些设计来生产。这样做的最大好处是其他厂商减少了自己研制的时间。有些人也习惯性称这些产品是 OEM,实际上应该称之为 ODM。例如一些日本品牌的笔记本计算机实际上就是由台湾厂商代工生产的。事后,台湾笔记本计算机制造商只要修改某些设计细节或配件便可以以自己的品牌名称进行批量生产。原因在于它们为这些日本品牌作的是 ODM 而非 OEM。当然,我们可以说它们都是从同一条生产线生产出来。

OEM 和 ODM 两者最大的区别不只是名称而已。OEM 产品是为品牌厂商量身定做的,生产后也只能使用该品牌名称,绝对不能冠上生产者自己的名称再进行生产。而 ODM 则要看品牌企业有没有买断该产品的版权。如果没有的话,制造商有权自己组织生产,只要没有品牌企业的设计识别即可。

2) OEM 的优点

先举一例:假设甲、乙、丙三人同时加工绣花针,加工一根针从截料到打磨到穿孔,每人每天最多各生产 10 根,总计为 30 根。三人特长不同,如果只让甲截料,每天可截 50 根,乙每天可打磨 50 根,丙每天可穿孔 50 根,显而易见,三人组合每人只做一件事,三人每天就可生产 50 根针,这就是专业化的优势,从中我们也可以看到 OEM 的优点:

①OEM 可优化配置行业资源,合理利用相关企业的优势,实现共赢。我国的家电生产能力严重过剩,而且有不断重复上马的工程,造成资源的极大浪费。如果对 OEM 加以利用,结成战略联盟,能够具有强大的竞争优势。

②OEM 可提高合作企业的竞争效率,使其在市场中占据有利位置。

③OEM 可有效降低企业的负荷与风险,降低产品的生产和流通成本。现代企业的生产趋势是多品种小批量,产品的生命周期越来越短,对生产的要求越来越高,投入越来越大,需要源源不断的巨额投资,企业面临的风险也越来越大,采取 OEM 可以有效地避免上述因素影响;节约销售投资,降低物流费用。技术开发与生产销售的分工可使相关企业集中精力进行各自的市场拓展。

④适当的 OEM 订单能够使企业的生产能力规模化,弥补生产能力的空缺;有利于企业适应现代生产的批量小、特色化的要求。多家合作也使产品更加丰

富多彩。

21世纪衡量竞争优势的准则在于企业能了解市场反应的速度和满足消费的能力,而要提高这种能力必须以最快的速度把企业内部的优势和企业外部优势结合起来,通过OEM组成灵活的经营实体,即虚拟公司。这是一种打破时空阻隔的新型企业组织形式。把与任务相关的各个领域的精华组织起来形成无法比拟的优势,当任务一旦完成就宣告解体,当有新机会来临时又重新组合。

3) OEM方式的缺点

①对于OEM厂:给别人生产产品就好像丧失厂格,总放不下一个大厂的架子,单纯强调企业自负盈亏对中国产业的技术发展未必会直接发生促进作用。

②对于消费者:可能是一种蒙蔽行为,产品的质量不好,服务无保证。

【相关链接】

OEM:没有硝烟的战场

有专家预言,在未来几年内中国内地将成为全球OEM生产基地。到2006年底,中国内地将可以从全球的OEM市场上获得1万亿~3万亿美元的业务。在中国内地规模为1 250亿美元的企业间电子商务市场上,OEM行业将占据非常重要的地位。尤其在中国加入世界贸易组织之后,全球三分之一的OEM业务将转移到这里。这样的预测不无依据。首先,中国人力资源丰富;其二,中国的生产制造能力很强。这对国外厂商来说是非常具有吸引力的。中国的厂商一旦形成大规模生产的能力,一旦适应了OEM市场运作,中国成为OEM生产基地则是顺理成章的事情。对于国内的一些有制造能力的厂商来说,顺应市场潮流,转向OEM生产,也不失为一种明智的选择。

对于未来的OEM市场的发展可以从几个方面来看:一是从产品市场的发展来看,OEM产品会逐渐发展成为在硬件定制产品及软硬件结合方式上加强技术融合,为用户提供更方便的软硬件结合的一体化应用环境;二是从存在形式上看,OEM产品会逐渐被打包产品即为硬件厂商提供软硬件解决方案所取代;三是从市场合作来看,OEM产品的合作会逐步向产品及市场的深度合作方向发展。而随着硬件产品的技术更新和发展,软件产品的OEM会迎来更大的商机。

11.10.2　边境贸易

边境贸易是指两国陆路边境毗邻地区相互间进行的贸易。我国的边境贸易主要有两种形式：

1）边境小额贸易

边境小额贸易是指沿着陆路边境在国家批准的对外开发的边境县（旗）、边境城市辖区内经批准有边境小额贸易经营权的企业，通过国家指定的陆地边境口岸，与毗邻国家边境地区的企业或贸易机构之间进行的贸易活动。目前，我国在黑龙江、吉林、辽宁、内蒙古、甘肃、广西、云南、西藏和新疆 9 个省（自治区）开放了 135 个与毗邻国家进行边贸的城市、县（旗）或开放区。

2）边民互市贸易

边民互市贸易是指边境地区边民在边境线 20 千米以内经政府批准的开放点或指定的集市上，在不超过规定的金额或数量范围内进行的商品交易活动。

11.10.3　转手贸易

转手贸易（switch trade）又称三角贸易，涉及两个以上当事人，内容复杂，是战后以来原经互会国家和其他许多国家签订双边贸易协定和支付协定的产物。

转手贸易主要有两种形式：

1）简单的转手贸易

指拥有顺差的一方根据记账贸易将回购的货物运到国际市场，为加强其产品的竞争力，往往以低于市场的价格转售货物，从而取得硬货币。

2）复杂的转手贸易

指拥有顺差的一方用该顺差以高于市场的价格从第三方购进本来需要用自由外汇才能换得的其所需的设备或其他产品，由第三方用其顺差从记账贸易下的逆差国家购买约定的货物，在其他市场转售，最后取得硬货币。

11.10.4　抵消交易

抵消（offset）交易，这是在 20 世纪 80 年代开始盛行的一种贸易方式，目前多用于军火或大型设备的交易。可分为两种类型:直接抵消和间接抵消。在直接抵消的情况下,先出口的一方同意从进口方购买在出售给进口方的产品中所使用的零部件或与该产品有关的产品。有时,先出口方对进口方生产这些零部件提供技术和进行投资。这种直接抵消有时也称为工业参与或工业合作。在间接抵消的情况下,先出口方同意从进口方购买与其出口产品不相关的产品。

11.10.5　新兴国际贸易方式——电子商务

国际贸易中的电子商务(E-commerce or E-business)是指在国际贸易中,借助 Internet 等电子网络手段来进行销售及售前售后服务等活动,以降低成本,提高效率。它涵盖了各种贸易方式同 Internet 技术的融合,是传统贸易方式与新兴电子手段的结合,并构成基于全新信息平台的新的国际贸易方式。

【课后练习】

一、简答题

1. 什么是贸易方式? 常见的贸易方式有哪些?

2. 包销与独家代理有何异同? 各有什么利弊?

3. 在出口业务中,采用包销方式应注意哪些问题?

4. 寄售方式的主要特点是什么? 寄售时应注意什么问题?

5. 招标人为什么要对投标人进行资格预审?

6. 招标与投标方式适合什么商品?

7. 什么是拍卖? 拍卖的方式有哪些?

8. 商品期货交易有哪些特点? 其基本内容有哪些?

9. 什么是套期保值? 是否所有的国际贸易货物都可以进行套期保值?

10. 对销贸易有哪几种形式?

11. 什么是补偿贸易? 补偿贸易的补偿方式有哪几种?

12. 租赁贸易是适合什么情况的贸易形式?

13. 对外加工装配业务的特点是什么?

14. 进料加工与来料加工有何区别?

15. OEM 与 ODM 有何区别?

16. 若你是一名代理商,在当地你只是跟你的授权人签订了一般代理协议,当你的授权人在当地获取了一笔较大的业务,你是否应该跟他索取佣金报酬呢?

二、案例分析

1. 香港某商人与内地某电器厂合资创办企业,港商以合资企业所需部分设备作为资产进行投资,在合资企业建立过程中,该港商以购买设备款项不足为由,要求某电器厂以自己作为代理人向国外购买合资企业所需设备。由于该电器厂急需从国外进口设备,且对国外市场不了解,便同意了该港商的意见。当该厂将货款汇出境外时,该港商神秘失踪,货款亦石沉大海。

请问:

(1)该电器厂在指定代理人前应做好哪些准备工作?

(2)在此案中,电器厂应吸取什么教训?

2. 某年6月,我某外贸公司通过代理人向P国一个政府机构投标,后来获得中标,并于7月签订了买卖合同。合同中规定我方以CIF价格向P国供应电缆××桶,货价的90%采用即期信用证交付,另10%待货到目的地收货人仓库经买方查验无误后汇付。并规定P国的招标书为合同不可分割的一部分(招标书内规定按货价的110%投保,保险期不少于到买方仓库后90天)。我方收到对方开来的信用证(证中注明保险由卖方办理)后,投保了一切险与战争险并按规定时间发运货物和收进了信用证部分货款,货物于次年4月2日送进买方仓库,4月23日发现若干件货物不同程度被盗,但保险公司不予赔偿,于是对方从最后的10%货款中扣除被盗货值183 000美元,将剩余部分汇给我方了事。我方受到了一定的损失。请问我方在此案中应吸取哪些教训?

3. 我某公司根据埃及商人所提供的图纸生产出口机床一批,埃及商人又将这批机床转售给德国商人。机床进入德国后,德商被起诉,该机床侵犯了德国有效的专利权。法院令被告向专利权人赔偿损失,随后德商向埃及商人索取赔偿,而埃及商人又向中方要求赔偿。试问中方是否应承担责任?为什么?

参考文献

1 陈宪等编著. 国际贸易理论与实务. 第 2 版. 北京:高等教育出版社,2004

2 董宝琪. 经济法案例教程. 北京:高等教育出版社, 2000

3 宫焕久,许源主编. 进出口业务教程. 上海:上海人民出版社,2004

4 胡涵钧主编. 新编国际贸易. 上海:上海财经大学出版社,2000

5 兰宜生主编. 新编电子商务概论. 北京:中国财政经济出版社,2001

6 李岩,夏玉宇编著. 商品检验概论. 北京:化学工业出版社,2003

7 刘红燕主编. 进出口业务新教程. 北京:中国劳动社会保障出版社,2000

8 罗明,寿康. 进出口贸易. 北京:科学出版社,2004

9 马雁. 国际贸易事务. 北京:机械工业出版社,2004

10 孟祥年主编. 国际贸易实务习题集. 北京:对外经济贸易大学出版社, 2003

11 彭福永编著. 国际贸易实务教程. 上海:上海财经大学出版社, 2004

12 彭福永主编. 现代国境贸易实务. 上海:上海财经大学出版社,2000

13 邵望予主编. 国际贸易方式实务教程. 北京:中国海关出版社,2002

14 孙恒有. 国际贸易实务自学考试题解. 北京:中华工商联合出版社,1998

15 温历. 国际贸易与国际金融教学案例精选. 上海:复旦大学出版社,1998

16 翔硕主编. 国际贸易教程. 上海:复旦大学出版社,2001

17 严思忆主编. 中小企业国际贸易实务. 北京:中国人民大学出版杜,1999

18 应颖主编. 国际贸易基础知识习题集. 北京:高等教育出版社,2004

19 张卿,穆东. 国际贸易实务. 北京:中国审计出版社,1996

20 郑光贵主编. 国际贸易理论与实务. 大连:东北财经大学出版社,2002

21 http://www.beidabiz.com/bbdd/kmsjk/kmsjk_gjmy/38/382/2372.htm

22 http://www.china-arbitration.com/3a1.asp? id=1534&name=案例看台

23 http://www.china-arbitration.com/3a1.asp? id=741&name=案例看台

24 http://www.china-arbitration.com 中国仲裁网

25 http://www.cietac-sz.org.cn/cietac/zczn/index.htm

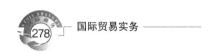
26　http://www.easipass.com/ytsce/zj/ytsce_jbzs_16.htm 亿通网 2004 年 3 月

27　http://www.hi-super.com/intro/content/fo_trad_guid12.asp

28　http://www.house.focus.cn/newshtml/56759.html

29　http://www.jctrans.com/myzs/bqt.asp? id＝38400

30　http://www.law-china.com/12/cp120015.htm

31　http://www.tjlndx.com/˜gjmy/learn/D8Z2J.htm.runsky.com/

32　http://www.zg163.net/user/jiexi1.htm

后 记

　　随着我国对外开放的不断深化,我国对外贸易继2004年首次突破1万亿美元后,2005年达到14 221.2亿美元,比上年增长23.2%。对外贸易极大地促进了我国经济的增长和结构的转换;世纪之交,我国对外贸易的地位日益突出,这更需要培养大批外贸专业人才以适应外贸形势的发展。本教材就是为配合这种需要编写的。

　　本书编者从事外贸教学多年,兼有丰富实践经验。我们在总结长期工作和教学经验的基础上,根据高等职业教育的要求编写了本教材。本书具有以下特色:

　　1.运用大量图文框,使全文条理清晰,易于阅读。

　　传统大学教材几乎全是文字描述,对于高等职业教育来说,这种教材较枯燥且生涩难懂。本教材运用大量图文框,列出各章节、各部分的顺序和思路,清晰明了,重点突出,易于学生阅读和教师教学。

　　2.运用大量案例配合理论教学。

　　传统教材只有理论讲述,对学生缺乏吸引力。本教材的重要理论讲述几乎都结合相关案例。有的理论由案例引出,有的理论由案例诠释,深入浅出,精彩纷呈。不仅可以提高教学的生动性,更能体现高等职业教育所倡导的学生思维能力的培养。

　　3.强调实践操作,注重学生动手能力的培养。

本教材每一章节均着重实践教学环节,凡涉及外贸实践的操作部分,教材中都有相关实例详述业务过程或者有相关链接来丰富学生的课外知识,并配以提问让学生亲自动手操作,完全符合高等职业教育的特色,极大地调动了学生学习的积极性和自主性,提高了学生的动手能力。

总之,本书融国际贸易理论和实践为一体,实用性、操作性强,深入浅出,通俗易懂,适合高等职业院校国际贸易、电子商务、国际市场营销和国际金融等专业使用。相信本书出版后,会成为广大读者的良师益友。

本书共分 11 章,深圳职业技术学院刘红燕副教授负责设计了本书的大纲和结构,以及全书的统稿、定稿工作,并编写了其中第 2 章、第 3 章、第 7 章、第 8 章。其他各章,第 1 章、第 9 章、第 11 章由李家龙执笔;第 6 章、第 10 章由马勇执笔;第 4 章、第 5 章由朱彤执笔。

在编写过程中,除了参编人员的团结协作外,还得到了有关同事的大力支持,得到重庆大学出版社马宁编辑的支持和鼓励,在此特向有关同志表示真诚的感谢。

由于编者水平有限,缺点和不足之处在所难免,也敬请读者批评、指正。

作者于深圳西丽湖
2006 年 4 月 1 日